中小学和幼儿园教师资格国家考试教材
江苏省教育学会教师教育专业委员会组织编写

丛书主编　傅康生　潘百齐

保教知识与能力（幼儿园）

本册主编　尹坚勤

南京师范大学出版社

图书在版编目(CIP)数据

保教知识与能力：幼儿园 / 尹坚勤主编. — 南京：南京师范大学出版社，2017.10
(中小学和幼儿园教师资格国家考试教材)
ISBN 978-7-5651-3517-0

Ⅰ.①保… Ⅱ.①尹… Ⅲ.①学前教育－幼教人员－资格考试－自学参考资料 Ⅳ.①G61

中国版本图书馆 CIP 数据核字(2017)第 248547 号

书　　名	保教知识与能力（幼儿园）
主　　编	尹坚勤
责任编辑	张岳全
出版发行	南京师范大学出版社
地　　址	江苏省南京市玄武区后宰门西村9号(邮编：210016)
电　　话	(025)83598919(总编办)　83598412(营销部)　83598297(邮购部)
网　　址	http://www.njnup.com
电子信箱	nspzbb@163.com
印　　刷	扬州市文丰印刷制品有限公司
开　　本	787毫米×1092毫米　1/16
印　　张	15.25
字　　数	352千
版　　次	2017年10月第1版　2018年7月第2次印刷
书　　号	ISBN 978-7-5651-3517-0
定　　价	45.00元

出 版 人　彭志斌

南京师大版图书若有印装问题请与销售商调换
版权所有　侵犯必究

《中小学和幼儿园教师资格国家考试教材》丛书编写委员会

主　任

傅康生　潘百齐

副主任

杨作东　彭志斌

委　员

（按姓氏笔画排序）

尹坚勤　王迎春　叶　忠　刘自然　华桂宏　孙　沁　许　宏
张岳全　邵泽斌　陈双林　陈玉祥　陈留生　林荣芹　姜爱萍
项雷达　倪晨娟　顾建国　温潘亚　滕　飞　潘　文　戴斌荣

前 言

2013年，教育部印发了《中小学教师资格考试暂行办法》《中小学教师资格定期注册暂行办法》两个办法，标志着我国的中小学和幼儿园教师资格考试进入了国家统考的新时代。根据上述两个《暂行办法》规定，2015年起全国将全面实行中小学和幼儿园教师资格统一考试，所有申请幼儿园、小学、初级中学、普通高级中学、中等职业学校教师和中等职业学校实习指导教师资格的人员必须参加教师资格考试，新入学的全日制普通院校师范类专业学生，申请教师资格也同样需要参加教师资格考试。

教师资格考试包括笔试和面试两部分，"笔试主要考查申请人从事教师职业所应具备的教育理念、职业道德和教育法律法规知识；科学文化素养和阅读理解、语言表达、逻辑推理和信息处理等基本能力；教育教学、学生指导和班级管理的基本知识；拟任教学科（专业）领域的基本知识，教学设计、实施、评价的知识和方法，运用所学知识分析和解决教育教学实际问题的能力"。幼儿园教师资格考试笔试为"综合素质""保教知识与能力"两个科目；小学教师资格考试笔试为"综合素质""教育教学知识与能力"两个科目；初级中学和高级中学教师资格考试笔试为"综合素质""教育知识与能力""学科知识与教学能力"三个科目；申请认定中等职业学校专业课和实习指导教师资格的人员参加高级中学教师资格考试"综合素质"和"教育知识与能力"两个科目的考试。

为了帮助广大申请教师资格的考生进行有效的学习和系统复习，提高考试成绩，同时也为了配合教师资格考试在全国推广后师范院校的课程设置和教学计划的调整，方便师范院校和社会培训机构对参加教师资格考试的考生进行有效指导和系统培训，我们组织了从事教师教育专业课程教学、科研和培训的专家教授联合编写了这套"中小学和幼儿园教师资格国家考试教材"丛书。

本套教材具有如下鲜明特色：

1. 权威。丛书的作者大多为师范院校从事教师教育研究以及教师培养、教师培训的专家教授，有的是长期从事教师资格考试培训指导工作的能人高手，他们学识渊博，有着较为丰富的教师资格考试培训经验。本套教材严格按照教育部最新颁布的《中小学和幼儿园教师资格考试标准（试行）》和《中小学和幼儿园教师资格考试大纲（试行）》编写，做到涵盖所有考点、逻辑严密、概念准确、原理明确，从而保证了本套教材的权威性。

2. 清晰。本丛书编委会编写了工作时间表和实施线路图，各分册主编和编写作者的写作思路清晰明了,繁简要点掌控适度。在知识的呈现上,本套教材力求简洁明晰,知识点的讲解做到简明扼要,条分缕析。

3. 实用。在编写体例上,丛书做到了理论与实践的结合,在精讲知识的同时,精选了优秀的教育教学案例,让读者能够从感性知识上升到理性知识,循序渐进,加深理解。这一设计既特别强调了考生必须具备的基本能力,也更加提高了考生解决实际问题的能力。

4. 高效。丛书做到了知识学习与复习应考之间的平衡,在编写体例上做到讲练结合,安排了"真题链接""拓展训练"等栏目,使考生可以全面地把握考试的形式、内容、要点,掌握学习方法、重点难点,从而帮助考生深入学习、从容应考。

教师是履行教育教学的专业人员;承担教书育人,培养社会主义事业建设者和接班人,提高民族素质的崇高使命。教师是直接教育儿童青少年的特殊群体,直接关系到儿童青少年的健康成长,关系到国家和民族的未来。因此,国家和社会对教师有着较高的要求,教师必须具有良好的道德素养,能够做到为人师表;教师必须具备正确的教育教学理念和过硬的教育教学能力;教师必须树立终身学习理念,拓宽知识视野,更新知识结构;教师必须掌握儿童青少年的心理学知识,并依据这些知识做到因材施教、因生施教。

苏联教育家克鲁普斯卡娅曾经说过:"教师的职业是一种责任最重大、最光荣的职业。"亲爱的读者,如果您已经立志从事教师这一光荣的职业,树立了远大的理想,那么接下来您要做的就是:脚踏实地,认真备考。南京师范大学出版社基础教育分社着力打造的"中小学和幼儿园教师资格国家考试教材"系列丛书一定会帮助到您!

预祝您顺利通过考试!

丛 书 编 委 会
2015 年 8 月 1 日

目　录

第一章　学前儿童发展 ………………………………………… 1

第一节　婴幼儿发展概述 ……………………………………… 1
第二节　儿童发展理论 ………………………………………… 3
第三节　婴幼儿的身心发展 …………………………………… 7
第四节　幼儿的身体发育与动作发展 ………………………… 11
第五节　婴幼儿认知发展 ……………………………………… 14
第六节　幼儿的情绪、情感发展 ………………………………… 22
第七节　幼儿个性、社会性发展 ………………………………… 25
第八节　幼儿发展的个体差异及其原因 ……………………… 30
第九节　幼儿教育研究的基本方法 …………………………… 33
第十节　幼儿身心发展中的常见问题或障碍 ………………… 35

第二章　学前教育原理 ………………………………………… 41

第一节　教育概论 ……………………………………………… 41
第二节　中外幼儿教育的发展 ………………………………… 44
第三节　幼儿教育概述 ………………………………………… 52
第四节　幼儿园班级管理 ……………………………………… 57
第五节　《幼儿园教育指导纲要（试行）》解读 ………………… 59
第六节　我国幼儿教育的改革动态与发展趋势 ……………… 67

第三章 生活指导 …… 72

第一节 幼儿园的一日生活 …… 72
第二节 幼儿生活常规教育 …… 76
第三节 幼儿保健常规及疾病预防 …… 79
第四节 幼儿安全与急救 …… 90

第四章 环境创设 …… 103

第一节 幼儿园环境创设概述 …… 103
第二节 幼儿园常见活动区的创设 …… 110
第三节 幼儿园心理环境的创设 …… 114
第四节 幼儿园与家庭、社区的合作 …… 118

第五章 游戏活动的指导 …… 126

第一节 幼儿游戏的概述 …… 126
第二节 幼儿各年龄阶段的游戏特点及指导 …… 134

第六章 教育活动的组织与实施 …… 153

第一节 幼儿园教育活动概述 …… 154
第二节 幼儿园语言领域教育活动 …… 160
第三节 幼儿园科学领域教育活动 …… 170
第四节 幼儿园社会领域教育活动 …… 177
第五节 幼儿园音乐教育活动 …… 191
第六节 幼儿园美术教育活动 …… 201
第七节 幼儿园健康领域教育活动 …… 206

第七章 幼儿园教育评价 …… 220

《保育知识与能力（幼儿园）》模拟试题 …… 232

后　记 …… 236

第一章 学前儿童发展

学习导航

> 学前儿童主要指0—6岁的孩子，包括0—3岁的婴儿和3—6岁的幼儿。婴幼儿发展是指婴幼儿在成长过程中生理和心理有规律地进行量变与质变的过程，也是婴幼儿生理成熟与个性心理品质形成与变化的复杂过程。
>
> 本章学习要求：了解幼儿身体发育的规律和特点以及认知、情绪情感、个性、社会性等心理发展的规律和特点，理解各领域心理发展的规律和特点，能够运用相关知识进行实际分析。
>
> 本章希望学习者能从教育情境出发，理解相关知识点，并能运用这些观点分析教育如何顺应并促进儿童发展。

第一节 婴幼儿发展概述

聚焦考试大纲

理解婴幼儿发展的涵义、过程及影响因素等。

一、婴幼儿发展的涵义和过程

（一）婴幼儿发展的涵义

婴幼儿发展，是指婴幼儿在成长过程中生理和心理有规律地进行量变与质变的过程，也是婴幼儿生理成熟与个性心理品质形成与变化的复杂过程。

（二）婴幼儿发展的过程

婴幼儿发展的过程包括从胚胎形成到出生和从出生到幼儿期不同阶段的连续生长发育

的过程。婴幼儿时期,是指0—3岁的婴儿期和3—6岁的幼儿期。

二、婴幼儿发展的影响因素

(一)客观因素

1. 生物因素

遗传与生理成熟,是影响婴幼儿发展的生物因素。

(1)遗传是指从上代继承下来的生理解剖上的特点,也叫遗传素质。如机体的构造、形态、感官和神经系统的特征等。

遗传对婴幼儿心理发展的作用体现在:遗传因素是婴幼儿身心发展的生物前提和自然条件,为个体的身心发展提供了可能性。遗传为婴幼儿发展提供自然前提和可能性,但不能预定或决定婴幼儿的发展。一个言语器官生来很健全的婴儿,如果出生以后不与人类社会接触,就不可能学会说话,甚至不可能形成人的心理。

(2)生理成熟,又叫生理发展,是指身体结构和机能生长发育的程度和水平。

生理成熟对婴幼儿心理发展的作用体现在:生理成熟的程序制约着婴幼儿发展的顺序,为婴幼儿心理发展提供物质前提,生理成熟的个体差异是婴幼儿心理发展个体差异的生理基础。

2. 社会因素

环境和教育是影响婴幼儿心理发展的社会因素。

环境是指个体体外一切能影响其身心发展的因素,有自然环境和社会环境两种。自然环境提供个体生存所需要的物质条件,如空气、阳光、水分、养料等。社会环境指社会生活条件,如社会的生产发展水平、社会制度、家庭状况、社会气氛、受教育状况等。教育作为社会环境中最重要的因素,一定程度上对婴幼儿的心理发展水平起着主导作用。环境对婴幼儿心理发展的作用具体表现在以下两方面。

(1)环境使遗传所提供的心理发展的可能性变为现实。尽管遗传提供了心理发展的可能性,但如果不生活在社会环境里,这种可能性就不会变成现实。野兽抚养大的孩子虽然具有人类的遗传素质,却不具备人类的正常心理。剥夺婴幼儿生活的社会环境,其心理将难以正常发展。

(2)社会生活条件和教育制约着个体心理发展的水平和方向。婴幼儿心理发展主要靠社会生活条件和教育的影响,社会生活条件和教育是形成个性差异的最重要因素。

(二)主观因素

环境和教育是婴幼儿心理发展的外部客观因素,它们不能机械地决定婴幼儿心理的发展,而是通过婴幼儿心理发展的主观因素起作用。婴幼儿心理主观因素的作用主要有两个方面。

1. 婴幼儿心理主观因素是婴幼儿心理发展的内部原因

影响婴幼儿心理发展的主观因素,包含婴幼儿的全部心理活动。具体地说,包括婴幼儿的需要、兴趣爱好、能力、性格、自我意识以及心理状态等,这些心理活动是婴幼儿心理发展的内部原因。

2. 婴幼儿心理的内部矛盾是推动婴幼儿心理发展的根本原因

婴幼儿心理的内部矛盾是在婴幼儿积极活动过程中,社会和教育向婴幼儿提出的要求所引起的新需要和婴幼儿已有的心理水平和状态之间的矛盾,是婴幼儿心理发展的动力。新的需要总是否定着已有的心理水平或状态,即已有的心理发展水平或状态无法满足日益增长的需要,必须提高现有的心理水平,去满足新的需要,适应新的环境。婴幼儿心理的内部矛盾是推动婴幼儿心理发展的根本原因。

第二节 儿童发展理论

聚焦考试大纲

了解儿童发展理论主要流派的基本观点及其代表人物,并能运用有关知识分析论述儿童发展的实际问题。

一、格塞尔的成熟势力说

格塞尔是美国著名儿童心理学家,他提出了心理发展的成熟势力说,简称成熟论。格塞尔认为,个体的发展都是按照基因规定的顺序有序进行的,是由遗传因素控制的。格塞尔认为支配儿童心理发展的因素有两个:成熟和学习。他更看重成熟对发展的作用,认为儿童的学习取决于生理的成熟,没有足够的成熟就没有真正的发展,而学习只是对发展起一种促进作用。格塞尔通过他的著名的双生子爬梯实验得出结论:不成熟无从产生学习,学习只是对成熟起一种促进作用,因而成熟前的学习或训练均不起作用。

二、行为主义的观点

(一)华生的经典行为主义

华生是美国心理学家,行为主义的创始人。华生认为心理的本质就是行为,一切行为的发生和变化都可以用S(刺激)—R(反应)这一公式来解释。行为可以预测和控制,通过刺激可以预测反应,通过反应可推测刺激。对于儿童来说,想要习得预期的行为,只需控制刺激,以产生相应的反应,并使之习惯化,这样就能达到塑造行为的目的。华生否认遗传在个体发展中的作用,认为环境和教育对儿童行为的塑造起着决定性的作用。

(二)斯金纳的操作行为主义

美国心理学家斯金纳在华生行为主义的基础上,用操作性条件作用来解释行为的学习和获得。斯金纳认为,人的行为大部分是操作性的,行为的习得与及时强化有关,强化是塑造行为的基础。儿童偶然做了某个动作而得到了教育者的强化,这个动作后来出现的概率就会大于没有受到强化的动作。强化的次数增多或强度增大,这个动作后来出现的概率也随之增大。

强化分为正强化和负强化。正强化是由于一个刺激的加入而增强了一个操作性行为发生的概率作用。负强化是由于几个刺激的排除而加强了某一操作性行为发生的概率作用。如果某一个操作性行为发生后,儿童获得的是正强化,如食物、玩具、称赞等,那么该行为的出现频率就会增加;如果得到的是负强化,如体罚、责骂等,那么该行为的出现频率就会降低。

(三)班杜拉的社会学习理论

班杜拉是美国心理学家,社会学习理论的创设人。社会学习理论阐明人怎样在社会环境中学习,从而形成和发展其个性。班杜拉的理论主要强调观察学习和强化。

(1)观察学习。班杜拉提出的观察学习的概念,是指通过观察他人的行为及其结果而习得新行为。例如,儿童看到同伴因分享而受到表扬,就会学习这种分享行为;当他看到同伴因骂人而受到惩罚时,就会抑制骂人的冲动。

(2)强化的种类。强化有直接强化、替代强化和自我强化。

直接强化是观察者的行为直接受到外部因素的干预。例如,幼儿园小朋友做一件好事,老师就给他一朵小红花,激励小朋友做好事的动机。

替代强化是观察者自己本身没有受到强化,在观察学习的过程中,他看到榜样的行为受到强化。这种强化也会影响观察者的行为。例如,儿童看到榜样的攻击行为受到奖励时,就倾向于模仿这类行为;当看到榜样的攻击行为受到惩罚时,就会抑制这种行为。

自我强化是观察者根据自己设立的标准来评价自己的行为,从而对榜样示范和行为发挥自我调整的作用。儿童在发展过程中通过观察学习获得了自我评价的标准和自我评价的能力,当儿童认为自己或榜样的行为合乎标准时就给予肯定的评价,不符合标准时则给予否定的评价,这样儿童就能够对行为进行自我调节。儿童就是在这种自我调节的作用下,改变着自己的行为,形成自己的观念和个性。

三、弗洛伊德的精神分析理论

(一)弗洛伊德的人格结构

弗洛伊德是精神分析学派的创始人,他把人格结构分为三个部分:本我、自我和超我。

(1)本我。本我是人格结构中最原始的部分,从出生之日起即已存在。构成本我的成分是人类的基本需求,如饥、渴、性等。当本我中的需求产生时,个体要求立即满足,故而从支配人性的原则来看,支配本我的是快乐原则。

(2)自我。个体出生后,在现实环境中由本我中分化发展而产生自我,由本我而来的各种需求,如不能在现实中立即获得满足,他就必须迁就现实的限制,并学习如何在现实中获得需求的满足。自我的机能是寻求"本我"冲动得以满足,而同时保护整个机体不受伤害,它遵循的是"现实原则",为本我服务。

(3)超我。超我是人格结构中代表理想的部分,它是个体在成长过程中通过内化道德规范,内化社会及文化环境的价值观念而形成的,其机能主要在监督、批判及管束自己的行为,超我的特点是追求完美,所以它与本我一样是非现实的,它所遵循的是"道德原则"。

(二)心理性欲发展阶段说

弗洛伊德根据不同阶段儿童的集中快感活动,将儿童心理发展划分为五个阶段。

(1)口唇期(0—1岁)。这一时期,婴儿的快感主要集中在口唇部位,婴儿会时时将手指头或其他东西放到嘴里吸吮,即使他并不饥饿。口唇期又分为初期和晚期,口唇初期快感主要来自嘴唇和舌的吸吮与吞咽活动,口唇晚期快感主要来自撕咬和吞咽等活动。从出生到成年以后,出现的因吸吮或咬东西(如吸奶嘴、吃指头、咬铅笔、嚼口香糖等)的愉快,都是口唇快感的延续。

(2)肛门期(1—3岁)。这一时期,儿童的快感主要集中在肛门。排泄过程和排泄后肛门区域的感觉使儿童产生愉悦,排泄时产生的轻松与快感,使儿童体验到了操纵与控制的作用。

(3)性器期(3—6岁)。这一时期的快感区是生殖器。在弗洛伊德看来,这一时期的男孩的爱恋对象是自己的母亲,称为恋母情结。女孩的爱恋对象是父亲,把母亲作为多余的而置于一边,称为恋父情结。儿童希望自己取代同性父母一方。由于儿童惧怕自己的同性父母一方的惩罚,便必须压抑这种情结,而被迫与他们认同。此时,超我便产生了,继而在认同同性父母一方的过程中,形成与各自性别相符的价值观和性格。

(4)潜伏期(6—12岁左右)。这一时期,一方面由于超我的发展,另一方面由于儿童活动范围的扩大,儿童的性欲被其他的活动所替代,其性欲对象为年龄相仿的同性别者,并有排斥异性的倾向。6岁至青春期,儿童很少再有性欲的表现,性欲的发展呈现出一种停滞或退化现象。

(5)生殖期(12岁以后)。生殖期由青春期性器官成熟后即开始,性需求从两性关系中获得满足,有导向地选择配偶,成为较现实的和社会化的成人。

四、埃里克森的人格发展理论

埃里克森是美国精神分析医生,他强调自我在个性结构中的作用。埃里克森认为,儿童人格的发展是一个逐渐形成的过程,必须经历八个顺序不变的阶段,每一阶段都有其特殊的目标、任务和冲突。每一阶段的发展中,个体均面临一个发展危机,每一个危机都涉及一个积极的选择与一个潜在的消极选择之间的冲突,如果冲突解决得好,儿童相应地发展积极的方面,冲突解决得不好,就有可能影响儿童以后的发展。

表1-1 埃里克森人格发展阶段

人格发展阶段	年龄(岁)	发展危机	发展任务
婴儿期	0—1.5	信任感 VS 不信任感	发展信任感,克服不信任感,体验希望的实现
儿童早期	1.5—3	自主感 VS 羞怯感和怀疑	获得自主感,克服羞怯和疑虑,体验意志的实现
学前期	3—6	主动性 VS 内疚感	获得主动感,克服罪疚感,体验目的的实现
学龄期	6—12	勤奋感 VS 自卑感	获得勤奋感,克服自卑感,体验能力的实现
青春期	12—18	同一性 VS 同一性混乱	建立自我同一性,防止同一性混乱,体验忠实的实现
成年早期	18—25	亲密感 VS 孤独感	获得亲密感,避免孤独感,体验爱情的实现
成年中期	25—65	繁殖 VS 停滞	获得繁殖感,避免停滞感,体验关怀的实现
成年晚期	65岁以后	自我整合 VS 绝望	获得完善感,避免失望和厌倦感,体验智慧的实现

> **真题链接**
>
> (2014年上)照料者对婴儿的需求应给予及时回应是因为:根据埃里克森的观点,在生命中第一年的婴儿面临的基本冲突是（　　）。
>
> A. 主动性对内疚　　　　　　　　B. 基本信任对不信任
> C. 自我同一性对角色混乱　　　　D. 自主性对害羞
>
> 【参考答案】　B

五、皮亚杰认知发展理论

(一)认知发展的实质

皮亚杰认为,认知发展是个体在和环境的交互作用中,认知结构不断形成和更新的结果。新的认知结构的建构要通过三个不同的心理过程:同化、顺应和平衡。

(1)同化。同化是指有机体将外界刺激纳入到主体的图式中,是个体获得新经验的过程。比如,婴儿通过吸吮小奶瓶,发展了一种吸吮图式,当他试图吸吮大奶瓶的时候,就运用了这种吸吮图式,这就是同化。

(2)顺应。顺应是指当有机体不能利用原有图式接受和解释新的刺激时,有机体对自身图式做出相应的改变,以适应新的情境。比如,婴儿需要从吃奶改为吃饭,这就需要改变原来的图式以适应环境,这就是顺应。

(3)平衡。皮亚杰认为,平衡并不是一种固定的状态,而是一个持续地调节行为的动态过程。平衡状态是平衡过程的结果,同时又是下一个平衡过程的起点。

(二)认知发展的阶段

皮亚杰把儿童的思维发展划分为四个阶段。

(1)感知运动阶段(0—2岁)。儿童依靠感知动作适应外部世界,构筑动作格式,开始认识客体永久性,末期出现智慧结构,开始区分自己和物体,逐渐了解动作与效果之间的关系,获得初步的时空观念。

(2)前运算阶段(2—7岁)。这一阶段,儿童已出现象征性功能,运用象征性符号进行思维。象征性思维又叫前概念思维,这些概念是具体的、动作的,而不是抽象的、图式的。这一阶段,儿童思维的主要特征是直觉行动性,它受知觉到的事物的显著特征所左右,没有建立守恒概念。

(3)具体运算阶段(7—11岁)。这个阶段的标志是守恒概念的形成。儿童思维具有可逆性,这一阶段,儿童开始独立组织各种方法进行正确的逻辑运算,但还离不开具体事物或形象的支持。

(4)形式运算阶段(11岁以后)。这个时期的儿童根据假设对各种命题进行逻辑推理的能力不断发展,思维具有可逆性、补偿性和灵活性。

> **真题链接**
>
> （2014年下）按照皮亚杰的观点，2—7岁儿童的思维处于（　　）。
>
> A. 具体运算阶段　　　　　　　　B. 形式运算阶段
>
> C. 感知运算阶段　　　　　　　　D. 前运算阶段
>
> 【参考答案】　D

六、维果茨基的心理发展观

（一）心理发展的实质

维果茨基认为，发展是指心理的发展，是指一个人的心理在低级的心理机能的基础上逐渐向高级的心理机能的转化过程。

（二）最近发展区

最近发展区是指儿童在有指导的情况下，借助成人的帮助所能达到的解决问题的水平与独自解决问题所达到的水平之间的差异。实际上是两个邻近发展阶段间的过渡状态。第一种水平是现有发展水平，第二种水平是在有指导的情况下借别人的帮助所达到的水平。

（三）教学走在发展的前面

维果茨基强调教学不能只适应发展的现有水平，走在发展的后面，而应适应最近发展区，走在发展的前面，并最终跨越最近发展区而达到新的发展水平。

第三节　婴幼儿的身心发展

聚焦考试大纲

> 了解婴幼儿身心发展的年龄阶段特征、发展趋势，能运用相关知识分析教育的适宜性。

婴幼儿的身心发展包括身体发展和心理发展两方面，身体发展是心理发展的基础，心理发展反过来也会促进身体的发展。比如，一个被老师辱骂或惩罚的婴幼儿，如果其情绪长期处于消极不安中，这种消极压抑的情绪就会影响该幼儿的食欲、睡眠和免疫等功能，进而影响其正常的身体发展。

一、婴幼儿身心发展的一般特点

（一）连续性与阶段性

个体的心理发展是一个由低级到高级连续发展的过程，连续性表现在前后发展之间的联系，即低级心理是高级心理发展的前提。发展的阶段性表现为个体心理发展是由量变到质变的过程，呈现出阶段性。发展既是连续的，又是分阶段的，前一阶段是后一阶段出现的基础,后一阶段又是前一阶段的延伸。旧质中孕育着新质,新质中又包含着旧质,但每个阶段占优势的特质是主导该阶段的本质特征。

(二)定向性与顺序性

个体心理发展总是朝着一定的方向并遵循一定的顺序在进行,这种顺序不可逆,也不可逾越。比如,儿童的言语发展总是遵循从单词句到电报句,从简单句到复杂句的顺序,而动作的发展也是从上到下,从中心到边缘。

(三)不均衡性

个体的发展从出生到成熟的进程并不是匀速发展的,而是快慢不均的。比如身高、体重在出生后的第一年发展最为迅速,以后逐渐放慢,到青春期又高速发展,出现第二次发育高峰期。

个体发展的不均衡性还表现为各种心理机能在成熟时间和速度上都不均衡,有的方面较早发展,有的方面较晚发展。比如,感知觉发展比较早,而逻辑思维的发展要到青春期之后。

(四)差异性

发展既有共同规律,又有个别差异。通常一个正常儿童的发展要经历一些普遍的规律,但在发展速度、发展优势和发展最终达到的水平上存在个体差异性,有人语言能力强,有人动作水平高;有人少年英才,有人大器晚成。这些都表明发展具有差异性。

二、婴幼儿心理发展的年龄特征

婴幼儿身心发展的年龄特征是指,婴幼儿在各年龄阶段中具有的一般的、典型的、本质的心理特征,可以分为三个阶段:婴儿期(0—1岁)、幼儿前期(1—3岁)、幼儿期(3—6岁)。

(一)婴儿期身心发展的年龄特征(0—1岁)

1. 新生儿期(0—1月)

心理发生的基础:惊人的本能。如吸吮反射、眨眼反射、怀抱反射、抓握反射、巴宾斯基反射等,这些都是无条件反射,是建立条件反射的基础。

心理的发生:条件反射的出现。条件反射的出现,使新生儿获得了维持生命、适应新生活需要的新机制。条件反射既是生理活动,又是心理活动,其出现预示心理的发生。

新生儿出生后就开始认识世界,最初的认知活动突出表现在知觉发生和视听觉的集中。视听觉集中是注意发生的标志。注意的出现,是选择性反映,是人们心理能动性反映客观世界的原始表现。

人际交往的开端。通过情绪和表情表现出交往的需要。

2. 婴儿早期(1—6月)

这段时期婴儿心理的发展,突出表现在视听觉的发展,在此基础上依靠定向活动认识世界,眼手动作逐渐协调。

(1)视觉、听觉迅速发展。半岁内的婴儿认识周围事物主要靠视听觉,因为动作刚刚开始发展,能直接用手、身体接触到的事物很有限。

(2)手眼协调动作开始发生。手眼协调动作,指眼睛的视线和手的动作能够配合,手的运动和眼球的运动协调一致,即能抓住看到的东西。婴儿用手有目的地认识世界和摆弄物体的萌芽,使婴儿的手成为认识器官和劳动器官的开端。

(3) 主动招人。这是最初的社会性交往需要。这一时期要注意亲子游戏的教育性。

(4) 开始认生。这是婴儿认知发展和社会性发展过程中的重要变化,明显表现了感知辨别能力和记忆能力的发展;表现出情绪和人际关系发展上的重大变化,出现对人的依恋态度。

3. 婴儿晚期(6—12月)

这一阶段的明显变化是动作灵活了,表现在身体活动范围比以前扩大,双手可模仿多种动作,逐渐出现言语萌芽,亲子依恋关系更加牢固。

(1) 身体动作迅速发展。坐、爬、站、走等动作形成,这些动作有利于婴儿的发展。

(2) 手的动作开始形成。五指分工动作和手眼协调动作同时发展。五指分工,指大拇指和其他四指的动作逐渐分开,活动时采取对立方向。

(3) 言语开始萌芽。这时的婴儿发出的音节较清楚,能重复、连续。

(4) 依恋关系发展。出现分离焦虑,即亲人离去后会长时间哭闹,情绪不安,这是依恋关系受到阻碍的表现。开始出现用"前语言"方式和亲人交往,孩子理解亲人说出的一些词语,做出亲人所期待的反应,使亲人开始理解他的要求。

(二) 1—3岁幼儿身心发展的年龄特征

(1) 言语的形成。在3岁前,幼儿基本完成了日常生活言语的发展,不仅能理解成人对他说的话,也能够较为清楚地表达自己的想法,具有一定的语言运用能力。

(2) 思维的萌芽。人类特有的言语和思维活动,是在2岁左右真正形成的。这一阶段出现最初的概括和推理,想象也开始发生,但思维具有直觉行动性,依靠动作进行。

(3) 自我意识的萌芽。2岁左右的幼儿建立起客体永久性,逐渐认识到作为客体的外部世界与作为主体的"我"之间的区别,开始有了自我意识。

(三) 3—6岁幼儿身心发展的年龄特征

1. 幼儿初期(3—4岁)

幼儿3—4岁时处于幼儿期的初期阶段,也是幼儿园的小班年龄。这一时期的幼儿的主要特点如下。

(1) 生活范围扩大。幼儿3岁以后,开始进入幼儿园。新的环境对幼儿最大的影响是:从只和亲人接触的小范围扩大到有老师、更多同伴的新环境。生活范围的扩大,引起了幼儿心理上的许多变化,使幼儿的认识能力、生活能力以及人际交往能力得到了迅速发展。

(2) 认识依靠行动。3—4岁儿童的认识活动往往依靠动作和行动来进行。3—4岁幼儿的认识特点是先做再想,而不能想好了再做。3—4岁的幼儿在听别人说话或自己说话时,也往往离不开具体动作,他们的注意也与动作联系在一起。

(3) 情绪作用大。在幼儿期,情绪对幼儿的作用比较大。3—4岁的幼儿情绪作用更大,他们常常为一件微不足道的小事哭起来。这一时期幼儿情绪很不稳定,很容易受外界环境的影响,他们的情绪还很容易受周围人感染。

(4) 爱模仿。3—4 岁的幼儿模仿性很强，对成人的依赖性也很大。幼儿还常常模仿老师，对老师说话的声调、坐的姿势等都会模仿，所以老师的言传身教非常重要。

2. 幼儿中期(4—5 岁)

4—5 岁是幼儿中期，也是幼儿园的中班年龄。4—5 岁幼儿的心理较 3—4 岁时有很大的发展，主要表现如下。

(1) **活泼好动**。活泼好动是幼儿的天性，这一特点在幼儿中期表现尤为突出。

(2) **思维具体形象**。具体形象思维是幼儿思维的主要特点，这一特点在幼儿中期的表现最为典型。这一时期的孩子主要依靠头脑中的表象进行思维。

(3) **开始能够遵守规则**。4—5 岁的幼儿已经能够在日常生活中遵守一定的行为规范和生活规则。在进行集体活动时，能初步遵守集体活动规则。幼儿规则意识的建立，有助于幼儿合作游戏的开展和游戏水平的提高，也有助于幼儿社会性的发展。

(4) **开始自己组织游戏**。游戏是幼儿的主要活动形式，他们已经能够理解和遵守游戏规则，能够自己组织游戏，自己确定游戏主题。由于幼儿中期能够遵守一定的规则，所以，这个时期幼儿的合作水平也开始提高。

3. 幼儿晚期(5—6 岁)

5—6 岁属于幼儿晚期，幼儿园大班年龄，这一时期幼儿的年龄特点主要有以下几点。

(1) **好问好学**。幼儿在这一时期有强烈的求知欲和学习兴趣，好奇心比以前更强。

(2) **抽象思维开始萌芽**。大班幼儿思维仍是具体形象思维，但明显有抽象逻辑思维的萌芽。

(3) **开始掌握认识方法**。幼儿出现有意地自觉控制和调节自己心理活动的能力，在认知方面有了方法，开始运用集中注意的方法和有意记忆。

(4) **个性初具雏形**。这一时期的幼儿有较稳定的态度、兴趣、情绪、心理活动，思想活动不那么外露。

三、婴幼儿心理发展的基本趋势

(一) 从简单到复杂

婴幼儿最初的心理活动，只是非常简单的反射活动，以后越来越复杂化。这种发展趋势又表现在两个方面。

(1) **从不齐全到齐全**。婴幼儿的各种心理过程在出生的时候并非已经齐全，而是在发展过程中先后形成的。

(2) **从笼统到分化**。婴幼儿最初的心理活动是笼统、弥漫而不分化的。无论是认识活动还是情绪，发展趋势都是从混沌或暧昧到分化和明确。

(二) 从具体到抽象

婴幼儿的心理活动最初是非常具体的，以后越来越抽象和概括化。婴幼儿思维的发展过程就典型地反映了这一趋势。幼小儿童对事物的理解是非常具体形象的，而抽象逻辑思维在学前末期才开始萌芽发展。

(三) 从被动到主动

婴幼儿心理活动最初是被动的,心理活动的主动性后来才发展起来,并逐渐提高,直到成人所具有的极大的主观能动性。婴幼儿心理发展的这种趋势主要表现在两个方面:① 从无意向有意发展;② 从主要受生理制约发展到自己主动调节。

(四) 从零乱到成体系

婴幼儿的心理活动最初是零散杂乱的,心理活动之间缺乏有机的联系。比如,幼儿一会儿哭,一会儿笑,一会儿说东,一会儿说西,都是心理活动没有形成体系的表现。正因为不成体系,所以婴幼儿的心理活动非常容易变化。随着年龄的增长,幼儿的心理活动逐渐有了系统性,有了稳定的倾向,出现每个人特有的个性。

真题链接

(2013年上)婴儿手眼协调的标志性动作是（   ）。

A. 无意触摸到的东西　　　　B. 伸手拿到看见的东西
C. 握住手里的东西　　　　　D. 玩弄手指

【参考答案】　B

真题链接

(2017年上)下列哪一种活动重点不是发展幼儿的精神动作能力?（   ）

A. 扣纽扣　　　　　　　　B. 使用剪刀
C. 双手接球　　　　　　　D. 系鞋带

【参考答案】　C

第四节　幼儿的身体发育与动作发展

聚焦考试大纲

掌握幼儿身体发育、动作发展的基本规律和特点,并能够在教育活动中应用。

一、婴幼儿身体发育的特点

1. 身长中心点随着年龄的增长下移

婴幼儿身长的增长主要是下肢长骨的增长。刚出生时,婴儿的身体比例不协调,下肢很短,身长的中点位于脐以上。随着年龄的增长,幼儿的下肢增长的速度加快,身长的中点逐渐下移。

2. 体围发育的顺序由上而下,由中心而末梢

体围是指绕身体某个部位周围线的长度,通常由头围、胸围、腰围、臀围等指标组成。婴

幼儿身体发育的顺序是由上而下，由中心而末梢。头部最先发育，然后是躯干、上肢，最后才是下肢。

3. 婴幼儿各器官系统的发育不平衡，有先后快慢的差别

婴幼儿各器官系统的发育呈现不平衡的特点，其神经系统最先发育成熟，而生殖系统到儿童期末才加快发育。儿童肌肉的发育有两个高峰，一个是在五六岁以后，一个是性成熟期以后。肺的发育要在青春期才完全成熟。

二、幼儿身体发育的规律

幼儿身体发展遵循头尾原则和近远原则，头尾原则是指幼儿的身体发育从头部延伸到身体下半部，近远原则是指幼儿的身体发育从身体的中部开始，延伸到边缘部分。

1. 生长发育是阶段性和程序性的连续过程

生长发育是一个连续的过程，在这一过程中有量的变化，也有质的变化，因而形成了不同的发展阶段，譬如婴儿期、托儿所年龄期、幼儿园年龄期。每个阶段不可逾越。前一阶段的生长发育为后一阶段奠定基础，但若前一阶段的发育出现障碍，那么会对后一阶段产生不良影响。

2. 生长发育的速度曲线是波浪式的，身体各部分的生长速度也不均等

个体生长发育的速度曲线呈波浪式，在整个生长发育期间，全身和大多数器官、系统有两次生长突增高峰，第一次生长突增在胎儿中后期至1岁以内，第二次生长突增是在青春发育初期，其间身高和体重有着最为明显的变化。

在出生至整个生长发育过程中，身体各部分的增长幅度不均等，譬如，头颅增1倍，躯干增2倍，上肢增3倍，下肢增4倍，因而身体形态从出生时的头颅特大、躯干较长和四肢短小，发育到成人时的头颅较小、躯干较短和四肢较长。

3. 各系统生长发育不均衡，但统一协调

一般来说，全身的肌肉、骨骼、心脏、血管、肾、脾、呼吸器官、消化器官等，其生长与身高、体重呈同样的模式，即分别在出生后第一年及青春期出现两次生长突增，而脑、脊髓、视觉器官以及反映脑大小的头围等，只有一次生长突增，淋巴系统较早发育并于少年期达到成熟的阶段，而生殖系统发育较迟。可见，机体各个系统的生长发育是不均衡的。

4. 生长发育具有个体差异性

由于遗传基因及环境条件的差异，即使是同年龄、同性别的幼儿，其发育速度、发育水平等也都存在差异，可以说，没有两个幼儿的发育过程和发育水平完全一样。但是，一般情况下，幼儿个体的生长发育过程在群体中上下波动的幅度是有限的，幼儿个体的发展过程基本稳定，生长发育水平不远离同龄群体幼儿，否则应视为生长发育异常。

三、婴幼儿动作发展的特点

1. 婴幼儿头部动作的发展

头部动作是婴幼儿最早发展、完成也较早的动作。婴幼儿头部动作的发展顺序大体是这样的：出生时，仰卧时头会左右转动，俯卧时会抬头片刻。这时如果不用手接着婴儿的头，头就会下垂。1个月，头仍不能竖直，俯卧时能抬起下巴。2个月，抱着时头能竖直，但还是

摇摆不稳。3个月,头能竖直而且平稳。4个月,头能平稳竖直,俯卧时能抬头,抱着时头能保持平稳。7个月,仰卧时能抬头。

2. 婴幼儿躯体动作的发展

婴幼儿躯体动作的发展,主要表现为翻身和坐的动作的发展。2个月,能挺胸。3个月,能从侧卧翻到仰卧。4个月,能扶着坐。5个月,能从仰卧翻到侧卧。6个月,会坐在有扶栏的椅子上;坐着时身体前倾,会用手支撑身体。7个月,能从仰卧翻到俯卧;能不靠成人或其他东西的扶持独自坐一会儿。10个月,能毫不费力地从躺着坐起。12个月,站着时能自己坐下。

3. 婴幼儿行走动作的发展

婴幼儿行走动作的发展,要经历爬行、站立和行走三个阶段。7个月,试着爬行,主要依靠膝盖和大腿的移动。8个月,匍匐爬行,腹部贴地,用腹部、手臂带动身体和两腿前进;扶着能站立。10个月,用手和膝盖爬行,身体不着地,手臂和腿交替移动;能扶着东西自己站起。12个月,能扶着行走。14个月,能独自站立。15个月,能独自行走。18个月,跑步不稳,容易摔倒。2岁,行走自如,能大步稳跑,会踢皮球,能自己上楼下楼。2.5岁,能双脚跳,会用单脚站立片刻(2秒钟左右);能踮着脚,用脚尖走几步,能从椅子上跳下。3岁,能单脚站立,会踮着脚走,跑步稳当,会骑三轮脚踏车。

4. 婴幼儿抓握动作的发展

婴幼儿抓握动作的发展,是手的动作发展的重要标志。婴幼儿抓握动作的发展,以眼睛注视物体和手抓握物体动作的协调,五个手指活动的分化为特点。婴儿出生后6个月,抓握动作才开始发展。3个月以前的婴儿,他的手基本上是捏成拳头,手脚一起乱伸乱动的,4—5个月的婴儿,虽然会伸手抓身旁的东西,但往往是整个手一把抓,拿不住。这种手的动作带有很大程度的无意性,手接触到什么就抓什么。6个月,婴儿捏物体时还是一把抓,不会使用拇指,能够把东西从一只手换到另一只手;手眼协调,看到物体后能用手抓住它。8个月,婴儿抓握物体时能大拇指和其他四个指头分开,使用拇指抓握住物体。10个月,婴儿能协调地配合手眼动作,把一样东西放到另一样东西上。18个月,幼儿能将2—3件东西搭叠起来,能推拉玩具;会同时使用四个手指和拇指,抓握动作得到充分发展。2岁,幼儿能用手一页一页地翻书。2.5岁,幼儿的手与手指的动作相当协调,手指活动自如,会用手指拿筷子、拿笔。3岁,幼儿能用手拿笔画圆圈,会自己往杯子里倒水,能自己解开和扣上纽扣。

婴幼儿的动作发展,虽然主要由身体发育的成熟而产生,但是也与环境影响有关系。例如,行走动作,是随着腿、腰部骨骼、肌肉发育而成熟的,婴幼儿到一定时间,就会扶着东西站立和行走。但是独立行走的动作,却是在成人的帮助下习得的,练习越多越熟悉。有些动作,没有相应的环境和练习,不可能得到很好的发展。印度狼孩卡玛拉由于长期在狼群中生活,没有行走动作发展的环境,到14岁时,走路还没2岁儿童稳。到17岁死去时,她始终没有平稳地走或跑过。因此,父母应当根据婴幼儿动作发展的规律和顺序,帮助婴幼儿完善动作,为他们提供动作练习的机会,促进儿童动作的发展。

四、婴幼儿动作发展的规律

1. 从整体动作到分化动作

婴幼儿最初的动作是全身性的、笼统的、散漫的，以后才逐步分化为局部的、准确的、专门化的动作。

2. 从上部动作到下部动作

婴儿最早的动作发生在头部，其次是躯干，最后是下肢。其顺序是沿着抬头—翻身—坐—爬—站立—行走的方向发展。

3. 从大肌肉动作到小肌肉动作

婴儿首先出现的是身体肌肉大肌肉动作，如头部动作，以后才是灵巧的小肌肉动作，以及准确的视觉动作。

4. 从无意识动作到有意识动作

婴儿最初的动作是无意的，以后越来越多地受到心理有意识的支配。

第五节　婴幼儿认知发展

聚焦考试大纲

掌握幼儿认知发展的基本规律和特点，并能够在教育活动中应用。

一、婴幼儿感知觉的发展

（一）感知觉的概念

（1）感觉。感觉是人脑对直接作用于感觉器官的客观事物的个别属性的反映，包括视觉、听觉、味觉、嗅觉、肤觉、运动觉等。

（2）知觉。知觉是人脑对直接作用于感觉器官的客观事物的整体属性的反映，包括空间知觉、时间知觉、运动知觉等。

（二）婴幼儿感觉的发展

1. 视觉的发展

婴幼儿视觉的发展主要表现在两个方面：视敏度和颜色视觉的发展。

视敏度是指精确地辨别细致物体或一定距离之外物体的能力，也就是发觉一定对象在体积和形状上最小差异的能力，即通常所说的视力。新生儿最佳视觉距离在 20 厘米左右。婴儿生命的头半年是视敏度迅速发展的关键期。6 个月—1 岁左右的婴儿的视力已经达到成人正常水平。颜色视觉是指区别颜色细微差异的能力，也称辨色力。新生儿看不见彩色，一般从 3、4 个月起就能分辨彩色与非彩色，4—8 个月的婴儿喜欢波长较长的温暖色，不喜欢波长较短的冷色。3 岁的幼儿能认清基本颜色，但不能很好地区别各种颜色的色调。如不能区分蓝和天蓝,红和粉红等。从 4 岁开始,幼儿区别各种色调细微差别的能力逐渐发展起来,并开始认识一些混合色。

2. 听觉的发展

听觉是个体对声音的高低、强弱、品质等特性的感觉。新生儿出生后就能听到声音,逐渐能区分声音的高低、强弱、品质和持续时间。

婴儿的听觉敏感性随年龄的增长而不断提高。研究表明:在十二三岁以前,儿童的听觉感受性一直在增长;成年以后,听力有所降低。

3. 触觉的发展

触觉是肤觉和运动觉的联合,是幼儿认识世界的重要手段。婴幼儿的触觉主要有两种形式:口腔探索和手的探索。1 岁前,口腔探索是婴儿最重要的学习方式。婴儿出生后,不但有口腔触觉,而且通过口腔触觉认识物体。婴儿对物体的触觉探索最早是通过口腔的活动进行的。口腔触觉作为探索手段早于手的触觉探索。当婴儿手的触觉探索活动发展起来以后,口腔触觉探索逐渐退居次要地位。

当婴儿满周岁以后,手的触觉是主要学习方式。手眼协调动作,即视觉和手的触觉协调活动的出现,是婴儿认知发展的重要里程碑,也是真正的手的触觉探索的开始。积极主动的触觉探索是在 7 个月左右发生的。婴儿在学会了手眼协调之后,逐渐学着用手去摆弄物体,把东西握在手里,挤它或把它转来转去。

(三)婴幼儿知觉的发展

1. 空间知觉

空间知觉是指对物体距离、形状、大小、方位等空间特性的知觉。

(1) 形状、大小知觉。

形状和大小是物体的空间特性。婴幼儿正发展着客体的实物概念(即各类事物具有不同的物理属性,因此能彼此加以区别),也发展着对形状和大小的认知。对婴幼儿来说,对不同几何图形的辨别的难度有所不同,由易到难的顺序是:圆形—正方形—半圆形—长方形—三角形—八边形—五边形—梯形—菱形。

(2) 深度知觉。

深度知觉即立体知觉,是对同一物体的凹凸程度或不同物体的近远距离的知觉。深度知觉是距离知觉的一种。研究表明,6 个月大的婴儿已有深度知觉。

吉布森和沃克曾选取 36 名 6 个月半到 14 个月的婴幼儿进行"视崖"实验,结果发现大多数婴幼儿只爬到浅滩,即使母亲在深滩一侧呼喊,婴幼儿也不过去,或因为想过去又不能过去而哭喊。该实验说明婴幼儿已有深度知觉,但无法判断深度知觉是否是先天的。

(3) 方位知觉。

方位知觉是对物体所处方向的知觉。

婴儿出生后,已经有对来自左边的声音向左侧看或转头,对来自右边的声音则有向右侧看或转头的表现。也就是说,虽然婴儿两耳之间的距离比成人短,声音到达两只耳朵的时间差比成人小,但是,婴儿已有听觉定位能力。

婴幼儿方位知觉的发展主要表现在对上下、前后、左右方位的辨别。一般来说,3 岁幼儿能正确辨别上下方位,4岁能正确辨别前后,5岁开始能以自身为中心辨别左右,7岁后才能以他人为中心辨别左右以及两个物体之间的左右方位。

2. 时间知觉

幼儿的时间知觉表现出以下特点和发展趋势。

(1) 时间知觉的精确性与年龄呈正相关,即年龄越大,精确性越高。7—8岁可能是时间知觉迅速发展的时期。

(2) 时间知觉的发展水平与幼儿的生活经验呈正相关。生活制度和作息制度在儿童的时间知觉中起着极其重要的作用,幼儿常以作息制度作为时间定向的依据。

(3) 幼儿对时间单元的知觉和理解有一个"由中间向两端""由近及远"的发展趋势。大量研究表明,幼儿最先能理解的是"天"和"小时",然后是"周""月"或"分钟""秒"等更大或更小的时间单元。在"天"中,最先理解的是"今天",然后是"昨天""明天";再后才是"前天""后天"。对于"正在""已经""就要"三个与时间有关的常用副词的理解,同样也是以现在为起点,逐步向过去和未来延伸。

(4) 理解和利用时间标尺(包括计时工具)的能力与其年龄呈正相关。年幼儿童常常不能理解计时工具的意义。妈妈告诉孩子时钟走到6点半就可以打开电视看《猫和老鼠》,孩子等得不耐烦了,就要求妈妈把钟拨到6点半。有研究表明,大约到7岁,儿童才开始利用时间标尺估计时间。

(四) 幼儿观察力的发展

观察是有目的、有计划、比较持久的知觉,是知觉的高级形式。观察力的发展在3岁以后比较明显,幼儿期是观察力初步形成的阶段。观察力的发展主要表现在以下几个方面。

1. 目的性加强

随着年龄的增长,幼儿观察目的性逐渐增强。小班幼儿常常不能自觉地去观察,观察中常常受事物突出的外部特征以及个人兴趣、情绪的支配。中、大班幼儿观察的目的性有所提高,他们能够按照成人规定的观察任务进行观察。总之,任务越具体,幼儿观察的目的性越明确,观察的效果越好。

2. 持续性延长、细致性增加、概括性提高

幼儿观察的时间与兴趣有关,随着年龄的增长,有意注意水平的提高,观察的持续性不断延长。幼儿的观察一般是笼统的,观察不够细致,经过系统培养,观察的细致性有所提高。幼儿观察的概括性也会随着年龄的增长和认识水平的提高而提高,会从观察个别阶段发展到认识对象的整体。

3. 观察方法的形成

幼儿早期,观察往往是无顺序的,常常边看边用手指点,到了幼儿末期,逐渐能够借助内部言语来控制和调节自己的知觉。幼儿的观察是从跳跃式、无序的逐渐向有顺序性的观察发展。

二、婴幼儿注意的发展

(一) 注意的概念

注意是一种心理状态,它是心理活动对一定对象的指向和集中。指向性和集中性是注

意的两个基本特点。

(1) 注意的指向性,指在某一时刻人的心理活动选择了某个对象而离开了另外一些对象,能使人有选择地反映事物,从而获得清晰印象。

(2) 集中性,指心理活动不仅指向某一对象,而且把精力都集中到该对象上。注意力高度集中时,对周围发生的事往往视而不见,听而不闻。

(二) 注意的分类

根据注意的目的性和维持注意是否需要意志努力,可以将注意分为无意注意、有意注意和有意后注意。

1. 无意注意

无意注意是事先没有预定目的,也不需要付出意志努力的注意,又称不随意注意。无意注意无预定目的,自觉性较差,保持时间较短,但人在无意注意状态下消耗精力少,不容易疲劳。

2. 有意注意

有意注意是事先有预定目的,需要付出意志努力的注意,又称随意注意。例如,学生按教师的要求比较两种相似植物的特点时所表现出的注意,就是有意注意。

3. 有意后注意

有意后注意是事先有预定目的,但不需要付出意志努力的注意。有意后注意是心理活动对个体认为有意义或有价值的对象的指向与集中,是在一定的条件下由有意注意转化而来的。

(三) 幼儿注意发展的主要特征

1. 幼儿的无意注意占优势

小班幼儿的无意注意占优势,新异、强烈以及活动着的刺激物很容易引起他们的注意,但注意也容易被其他新异的刺激所转移。中班幼儿无意注意进一步发展,且比较稳定,对于有兴趣的活动能较长时间保持注意。大班幼儿无意注意进一步发展和稳定,对于有兴趣的活动比中班幼儿更长时间保持注意,对于干扰其注意的活动会表示出不满,并设法排除。

2. 幼儿的有意注意初步发展

小班幼儿逐渐能依照成人要求,指向并集中应该注意的对象,但注意的稳定性很低。注意集中的时间大约是3—5分钟。中班幼儿有意注意继续得到发展,注意集中的时间延至10分钟左右。大班幼儿有意注意迅速发展,适宜条件下,注意集中的时间可延长到10—15分钟。

(四) 幼儿注意规律在教育中的应用

1. 创设良好的环境,防止幼儿分散注意

幼儿注意的分散,常常是因为无关刺激物的干扰,使其注意力分散。活动环境不安静,活动室的墙面布置太花哨,空间布置凌乱等都会影响幼儿注意力。教师应当创设良好的、防止幼儿分散注意的环境。

2. 选用新颖的教具,吸引幼儿注意

幼儿的注意以无意注意为主,新颖富于变化的材料容易引起他们的兴趣和注意,教育过程中选用新颖的教具可以吸引幼儿注意。区域活动中的材料投放保证新颖有趣和可操作性，集中教学活动的教具也需要颜色鲜明、对比性强、形象生动等，有助于保持幼儿的注意。

3. 明确活动目的，帮助幼儿发展有意注意

随着幼儿年龄的增长，有意注意会逐步发展。大多数知识经验的获得有赖于有意注意。在各项活动中，教师要提出具体的活动目的和方式，激发幼儿完成任务的愿望和积极性，增强幼儿的自我控制力，促进他们有意注意的发展。

三、幼儿记忆的发展

（一）记忆的概念和过程

记忆就是通过识记、保持、再现等方式积累和保存个体经验的心理过程。记忆活动所加工的信息可以是感觉、知觉、想象、思维等认知活动的产物，也可以是情绪活动和意志活动的产物。

记忆的基本过程由识记、保持、再现三个环节组成。识记是记忆过程的开端，是对事物的识别和记住。保持是巩固已经获得的知识经验的过程，是再现的重要保证。再现是在不同情况下恢复过去经验的过程，包括再认和回忆。

（二）幼儿记忆的发展规律

1. 无意识记占优势，有意识记逐渐发展

幼儿的记忆带有很大的无意性，他们所获得的许多知识都是通过无意识记得来的。凡是幼儿感兴趣的、印象鲜明强烈的事物就容易被他们记住，尤其是对直观、具体、生动、形象和鲜明的事物记忆效果较好。但幼儿期的有意识记只是初步的，远远未占优势地位。

2. 机械识记占优势，意义识记逐渐发展

从记忆方法上，记忆可以分为机械识记和意义识记。前者是机械重复，死记硬背，后者是在理解意义的基础上记住内容。由于幼儿经验少，缺乏记忆的方法，所以只能以机械识记为主要方法。但幼儿期也有意义识记，并逐渐发展。例如，幼儿复述故事时，他绝不是一字一句地照背，而是在理解的基础上或多或少地经过了组织加工。

3. 形象记忆占优势，语词记忆逐渐发展

形象记忆或表象记忆是借助具体的形象或表象来记忆材料。语词记忆是利用词的标志来记忆材料，它在幼儿言语系统出现之后才产生。幼儿阶段，形象记忆效果高于语词记忆的效果，这主要是由于学龄前儿童思维的具体形象性的特点所致。随着幼儿抽象逻辑思维与言语的发展，幼儿形象记忆和语词记忆的能力也都随之提高，而且语词记忆的发展速度大于形象记忆，语词记忆的效果逐渐接近形象记忆的效果。

（三）幼儿记忆发展的规律在教育中的应用

1. 为幼儿提供形象、鲜明、生动、富有浓厚情绪色彩的识记材料

幼儿的记忆以无意识记为主，凡是直观形象又有趣味，能引起幼儿强烈情绪体验的事物一般都能使他们自然而然地记住。

2. 向幼儿提出具体、明确的记忆任务

幼儿阶段，有意识记逐渐发展。为了培养幼儿有意识记的能力，在日常生活和各种有组

织的活动中,成人要经常有意识地向幼儿提出具体、明确的识记任务,促进幼儿有意识记的发展。

3. 丰富幼儿的生活经验,帮助幼儿理解识记的材料

幼儿对他们理解的事物,记忆效果比较好。幼儿的机械记忆多于意义记忆,这和他们的知识经验缺乏、理解力低有关。丰富幼儿的生活经验,帮助他们理解识记的材料有助于提高他们理解识记的水平。

4. 教给幼儿记忆策略

记忆策略是幼儿采用的接受信息、提取信息的方式,幼儿常见的记忆策略有反复背诵或自我复述、使记忆材料系统化和间接地意义识记等。记忆策略的获得与运用将有效地提高幼儿的记忆水平与效果。

> **真题链接**
> （2014年下）按顺序呈现"护士、兔子、月亮、救护车、胡萝卜、太阳"的图片让幼儿记忆,有些幼儿回忆说:"刚才看到了救护车和护士、兔子和胡萝卜,还有太阳和月亮。"这里幼儿运用的记忆策略是（   ）。
> A. 复述　　　　　B. 精细加工　　　　　C. 组织　　　　　D. 习惯性
> 【参考答案】　C

四、幼儿想象的发展

（一）想象的概念

想象是人脑对已储存的表象加工改造形成新形象的心理过程。

（二）想象的种类

根据产生想象时有无目的意图,可将想象划分为无意想象和有意想象。

无意想象指没有特定目的、不自觉的想象,是最简单的、初级的想象。

有意想象是带有目的性、自觉性的想象。根据有意想象的新颖性、独立性和创造性程度不同,可以把有意想象分为再造想象和创造想象。

（1）再造想象,是根据言语的描述和图样的示意,在人脑中形成相应新形象的过程。再造想象对理解别人的经验是十分必要的。幼儿期主要以再造想象为主,如几个小朋友在一起拿着玩具锅、铲、勺子等"过家家",用笔给洋娃娃打针等,整个游戏过程就是以再造想象为线索。

（2）创造想象,指的是在开创性活动中,人脑创造新形象的过程。创造想象的主要特点是,它的形象不仅新颖而且是开创性的,比如幼儿想象太阳能够播种,全世界就没有寒冷的地方了等。

（三）幼儿想象的特点

1. 以无意想象为主,有意想象开始发展

在幼儿的想象中,无意想象占主要地位,有意想象在教育的影响下逐渐发展起来,如大班幼儿的活动中出现了更多有目的、有主题的想象,但这种有意想象的水平还很低,并且受

条件的左右。幼儿的无意想象主要有以下特点。

（1）想象无预定目的，由外界刺激直接引起。如幼儿看见小凳子就开"车"等。

（2）想象的主题不稳定，内容零散。如幼儿在绘画活动中，一会儿画人，一会儿画树，一会儿又去画小虫等等。

2. 以再造想象为主，创造想象开始发展

幼儿期主要以再造想象为主，创造想象在再造想象的基础上逐渐发展起来。幼儿再造想象的特点是：想象依赖于成人的语言描述；想象常常根据外界情境的变化而变化；实际行动是幼儿想象的必要条件。2—3岁是幼儿的创造想象发展的最初阶段，此时幼儿的想象依赖成人的语言提示和感知动作的辅助；3—4岁是幼儿的创造想象迅速发展的阶段，幼儿的绘画、音乐、游戏等活动中都出现了再造想象的成分；4—5岁幼儿逐渐开始独立地而不是根据成人的语言描述去进行想象，想象的内容已有独立创造的萌芽；5—6岁幼儿的创造想象已相当明显，想象内容开始新颖而富有创造性。

3. 想象有时和现实混淆

幼儿常常将想象和现实混淆，主要表现在三个方面：把渴望得到的东西说成已经得到；把希望发生的事情当成已发生的事情来描述；在参加游戏或欣赏文艺作品时，往往身临其境，与角色产生同样的情绪反应。随着幼儿年龄的增加，知识经验的积累和丰富，幼儿想象的内容会越来越符合现实、符合逻辑。

五、幼儿思维的发展

（一）思维的概念

思维是人脑对客观事物间接的概括的反映，它反映的是客观事物的本质及其规律性的联系。思维是人类认识的高级阶段，它是在感知基础上实现的理性认识形式。

（二）思维的特点

1. 思维的间接性

思维的间接性是指思维能对感官所不能直接感知的事物，借助于某些媒介与头脑加工来进行反映。

2. 思维的概括性

思维的概括性是指思维所反映的是一类事物所具有的共性，反映的是事物之间普遍的必然的联系。由于这一特性，人能通过事物的表面现象和外部特征认识事物的本质和规律。

（三）幼儿思维发展的规律

幼儿的思维发展表现出三种不同的方式：直觉行动思维、具体形象思维和抽象逻辑思维。幼儿早期的思维以直觉行动思维为主，幼儿中期的思维以具体形象思维为主，幼儿末期抽象逻辑思维开始萌芽。

1. 直觉行动思维

直觉行动思维是指利用直观的行动和动作解决问题的思维。直觉行动性是直觉行动思维的重要特征。这种思维的进行离不开幼儿自身对物体的感知，也离不开幼儿自身的动作。直觉行动思维活动的典型方式是尝试错误，其活动过程依靠具体动作。2岁前的幼儿以直觉行动思维为主。

2. 具体形象思维

具体形象思维是指利用事物的形象以及事物形象之间的关系解决问题的思维。这一阶段的幼儿虽然摆脱了对动作同步性的依赖,但仍受到具体事物的形象和动作的影响。3—6岁的幼儿以具体形象思维为主。

3. 抽象逻辑思维

抽象逻辑思维是指利用抽象的概念或词,根据事物本身的逻辑关系解决问题的思维。在幼儿末期即幼儿6—8岁这一时期,幼儿开始出现抽象逻辑思维。

(四)幼儿思维发展规律在教育中的应用

1. 了解幼儿的心理需要和发展水平

在被动的情况下,幼儿的思维可能是不活跃的。如果能了解幼儿的需要,就能更好地激发幼儿的学习热情,培养幼儿爱学习的习惯,这对于幼儿的发展是相当重要的。

2. 在活动、操作中培养幼儿的思维

3岁前幼儿的思维都带有直观动作的性质,这个年龄的幼儿习惯用直接动作解决他们面临的问题。在此阶段,可以利用幼儿的这一特点教幼儿学会如何利用工具,如匙子、叉子、剪刀等。幼儿在运用这些工具的同时,也能逐渐学会利用工具解决问题。

3. 尊重幼儿的探索和创造性

创造性是幼儿思维重要的特征,要尊重幼儿的探索和创造性,在探索和创造的过程中不要过分强调给幼儿一个唯一正确的标准答案,要允许他们充分探索,自主表达和创造,从而促进幼儿整体思维能力的提高。

六、幼儿言语的发展

(一)幼儿语音的发展

3—4岁是幼儿语音发展的飞速期,4岁幼儿基本能掌握本民族的全部语言。但当幼儿掌握母语后,发音趋于稳定,再学习其他方言或新的语音时,就会出现困难和干扰。

(二)词汇的发展

(1)词汇数量逐渐增加。幼儿期是人一生中词汇量增加最快的时期。

(2)词类范围不断扩大。幼儿一般先掌握实词,即意义比较具体的词,包括名词、动词、形容词、数量词、代词、副词等,后掌握虚词。

(3)对词义的理解逐渐加深。幼儿在语言发展过程中对词义的理解会出现词的使用范围扩张和缩小这两种情况。如"妈妈",幼儿会认为妈妈特指自己的妈妈,"小狗"指所有和小狗长得相似的动物。

(三)句子的发展

(1)句子从简单到复杂,从不完整到完整。幼儿在句子的习得过程中,最初出现的是主谓不分的单词句,后发展为双词句,又称为电报句,而后又发展到简单句,最后出现结构完整、层次分明的复合句。

(2) 句子从无修饰语到有修饰语,长度由短到长。幼儿最初使用的句子无修饰语,随着幼儿词汇量的增加,他们对修饰语的使用能力逐渐增强,句子的长度也随之由短变长。

(3) 句子功能的发展表现在从混沌一体到逐步分化。幼儿早期语言的功能中表达情感、意动和指物三方面是紧密结合、没有分化的,表现为同一句话在不同场合可以表达不同的内容。例如儿童说出单词句"饼饼",既可能是指"我要吃饼饼",也可能意思是"这是饼饼"。

(四)幼儿语言发展规律在教育中的应用

锻炼幼儿言语能力可以利用幼儿日常生活中一切可以利用的机会,开展多种形式的言语活动,如介绍游戏的过程,家庭生活,假日生活等;引导他们看图讲话、复述儿歌、编故事。同时,根据不同年龄的幼儿以及针对个别幼儿的语言发展,因材施教。在平时的教育活动中,教师坚持说普通话,语言规范,通过创设良好的语言环境,影响幼儿的言语发展。

真题链接

(2013年上)冬冬边玩魔方边自己小声嘀咕:"转一下这面试试,再转这面呢?"这种语言被称为( )。

A. 角色语言　　B. 对话语言　　C. 内部语言　　D. 自我中心语言

【参考答案】 D

真题链接

(2014年下)1.5—2岁左右的儿童使用的句子主要是( )。

A. 单词句　　B. 电报句　　C. 完整句　　D. 复合句

【参考答案】 B

第六节　幼儿的情绪、情感发展

聚焦考试大纲

掌握幼儿情绪、情感发展的基本规律和特点,并能够在教育活动中应用。

情绪和情感是人对客观事物是否符合自己的需要而产生的态度体验,反映的是客观事物与人的需要之间的关系。这种关系表现在事物是否能够引起人的情绪反映,是以人的需要为中介的。当客观事物满足人的需要或符合人的愿望时,就会产生愉快、喜爱等肯定的情绪体验;当客观事物不符合人的需要或违背人的愿望时,就会产生烦闷、厌恶等否定的情绪体验。

一、幼儿情绪、情感发展的一般趋势

幼儿情绪、情感的发展趋势主要体现在三个方面:情绪的社会化,情绪的丰富化和深刻化,情绪的自我调节化。

1. 情绪的社会化

幼儿最初的情绪与生理需求紧密联系,随着幼儿的成长,情绪逐渐与社会适应有关,社会化是幼儿情绪发展的重要趋势。幼儿的情绪活动中,涉及社会性交往的内容随年龄的增长而增加,3—4 岁幼儿的情感需求不仅局限于吃饱睡足等基本生活需要的满足,与他人交往的需求极大地影响着幼儿的情绪,而表情所提供的信息,对幼儿社会性交往的发展特别重要。

2. 情绪的丰富化和深刻化

随着年龄的增长,幼儿相继出现许多高级社会情感,情绪过程越来越分化,所指向的事物也不断增加,幼儿的情感逐渐从指向事物的表面到指向事物内在的特点。

3. 情绪的自我调节化

随着年龄的增长,幼儿的情绪越来越受到自我意识的支配,幼儿对情绪过程的自我调节也越来越强。幼儿常常控制不了自己的情绪,经常大哭大闹,短时间内无法平静,情绪的冲动性逐渐减少。幼儿的情绪也非常不稳定,很容易受外界环境和刺激的影响,而年幼儿童的情绪完全表露在外,丝毫不加以掩饰和控制。

二、幼儿情绪、情感发展的特点

幼儿情绪具有易冲动、不稳定、外露性等几个特点。

1. 情绪的易冲动性

幼儿常常处于激动状态,而且来势强烈,不能自制。年龄越小,冲动越明显。如:高兴时马上会手舞足蹈,笑逐颜开;愤怒时马上会咬牙切齿,暴跳如雷。

2. 情绪的不稳定性

幼儿的情绪非常不稳定,容易变化,表现为两种对立的情绪在短时间内互相转换,这与他们易受情境的影响有关。幼儿的情绪常常受外界情境所支配,某种情绪往往随着某种情境的出现而产生,又随着情境的变化而消失。

随着年龄的增长,幼儿情感的稳定性会逐渐增强,但仍容易受家长和教师的感染,所以家长和教师在幼儿面前必须控制自己的不良情绪。

3. 情绪的外露性

婴幼儿的情绪完全表露在外,丝毫不加控制和掩饰。到 2 岁左右,幼儿从日常生活中逐渐了解了一些初步的行为规范,知道有些行为是要加以克制的。中、大班幼儿调节自己情绪的能力已有一定的发展,如 6 岁左右的孩子在打针时可以不哭,在需要得不到满足时,能克制自己的消极情绪,很快就能愉快地游戏。

三、幼儿基本情感的发展

幼儿的基本情感主要有道德感、理智感和美感。

1. 道德感

道德感是用一定的道德标准去评价自己、他人的思想和言行时产生的情感体验。3

岁前幼儿只有某些道德感的萌芽。小班幼儿的道德感主要是指向个别行为的,如认为打人、咬人不好。中班幼儿不但关心自己的行为是否符合道德标准,而且开始关心别人的行为,并由此产生相应的感情。大班幼儿的道德感进一步发展和复杂化。他们对好与坏、好人与坏人有明显的不同感情,这不仅表现在想法上,还表现在更概括的观念体验上,如爱小朋友、爱集体等。羞愧感从幼儿中期开始明显发展起来,对错误行为感到羞愧,大都是在模仿成人。执行成人的口头要求,是在集体活动中和在成人的道德评价下逐渐发展起来的。

2. 理智感

理智感是在认识客观事物的过程中所产生的情感体验,与人的求知欲、认识兴趣、解决问题的需要等满足与否相联系。幼儿期是儿童的理智感开始发展的时期。幼儿的理智感主要表现为强烈的好奇心和求知欲。

3. 美感

美感是使用一定的标准评价事物时所产生的情感体验。美感是幼儿对客观事物的美的感受和体验,是培养幼儿审美能力的基础。艳丽的色彩、优美的线条、和谐的造型、完美的构图等,都能引起幼儿愉快的体验、美好的感受。虽然它是不明确、不深刻的,但却具有一定的审美特质。在幼儿时期,美感会得到显著的发展。但年龄小的幼儿往往就事物的单个属性去体验美,而年龄大的幼儿则从整体属性上去体验事物的美。幼儿美感发展要受多种心理因素的影响,如感知觉、表象、思维、情感等。根据幼儿的心理特点进行美育,可主要采取训练感知觉、丰富表象和联想、加深情感体验等方法。

四、幼儿情绪、情感的培养

受情绪困扰的幼儿,在行为上会有明显的特征:坐立不安,东张西望,拍桌子,踢凳子,乱摔东西;面部肌肉紧张或呈现痉挛;口吃或吃力地深呼吸;咬指甲和乱抓头,睡眠不稳,常做噩梦,说梦话。

1. 重视并加强幼儿情绪和情感的培养

在以往的教育中,人们常注重知识技能的发展,而对情绪情感的发展重视不足,导致幼儿在情绪情感发展中出现情绪障碍,社会适应不良。

2. 营造良好的生活环境

(1) 营造良好的物质环境。环境要宽敞、整洁、充满生机,并有各种活动区,方便幼儿的操作实践。

(2) 营造良好的心理环境及和谐的氛围。

3. 帮助幼儿调节不良情绪

(1) 转移法。

(2) 冷却法。

(3) 想象和暗示法。

(4) 情绪的宣泄。

4. 榜样示范

父母和教师是幼儿良好的情绪示范,所以要注意收敛、控制自己的情绪。

在教育活动中,教师首先要根据幼儿的情绪、情感特点设计教案,幼儿情绪表现是不稳定的,所以要安排紧凑的活动,防止消极等待环节,让幼儿全身心地投入到活动中去。其次,作为幼儿园教师,要善于发现幼儿感兴趣的事物和问题,发挥其教育价值,否则会打消幼儿的积极性,使幼儿的情绪变得失落和消极,甚至有的幼儿会表现出不配合的行为。最后,教师在活动中的语言要积极,以鼓励为主,这有利于幼儿积极情感的产生,从而提高幼儿对于活动的积极性,使幼儿的情绪情感更趋于积极。

第七节 幼儿个性、社会性发展

聚焦考试大纲

掌握幼儿个性、社会性发展的基本规律和特点,并能够在教育活动中应用。

一、个性

(一)个性的概念

个性是一个人比较稳定的、具有一定倾向性的各种心理特点或品质的独特组合。个性是一个复杂、多侧面、多层次的系统,由个性倾向性、个性心理特征和自我意识三个密切联系、不可分割的子系统构成。

(1)个性倾向性。个性倾向性是决定个体对客观事物的态度与行为的内部动力系统,包括需要、动机、兴趣、理想、信念和世界观。个性倾向性不仅制约一个人的心理活动方向,而且决定了心理活动的动力和积极性。

(2)个性心理特征。个性心理特征是指个体身上经常表现出来的本质的、稳定的心理特征,主要包括能力、气质和性格。个性心理特征是个性中的特征结果,是个体差异性的集中表征,表明一个人的典型心理活动和行为。

(3)自我意识。自我意识是个体对自己的所作所为的看法和态度,主要包括自我认知、自我体验和自我控制。自我认识是个体对自身特点、特征的认识,涉及生理、心理和社会诸方面,是自我意识中的认识成分。自我体验是指人在自我评价的基础上对自己产生的情绪体验,是自我认识中的情绪成分。自我调控指人对自己心理和行为的主动控制和调节,通过这种控制使个体更符合自己的预期,是自我意识中的行为成分。

(二)幼儿自我意识的形成标准、发展趋势及培养

1. 幼儿自我意识的形成标准

学前幼儿自我意识随年龄的增长而发展。在2岁以后,幼儿逐渐学会使用代词"我",自我评价发生于3—4岁之间,自我体验发生于4岁左右,自我控制则开始于4—5岁之间。

2. 幼儿自我意识的发展趋势

自我认识的内容从外部的、可观察的、具体的、有明确参照系统的自我特点到反映内部

的、不能自己观察的、抽象的、参照系模糊的自我特点。

自我的结构从简单的结构到分化的、多重的结构,并逐渐出现层次性,最后形成复杂的、整合的自我结构系统。

3. 幼儿自我意识的培养

(1) 对幼儿进行正确恰当的评价。幼儿自我意识的一个很重要的特点就是依赖、轻信他人,尤其是成年人的评价,他们往往以别人的评价为依据来评价自己。

(2) 明确行为要求。获得成功感是幼儿形成自信心的基础。2—3岁幼儿就开始强烈地要求自己做事。

(3) 增加交往机会。幼儿从个人经验中获得的知识与通过交往积累的关于自己的评价和认识的协调结合是形成确切的自我概念的前提。

(4) 在专项活动中进行教育。如设计"我长大一岁""我的姓名""我的名片""我的家庭"等活动。活动要贴近幼儿自身的经验,既有益于幼儿认识自己,又有益于幼儿认识别人。

(三) 幼儿期是个性初步形成的时期

幼儿期是儿童个性初步形成的时期。幼儿在幼儿期心理活动的完整性、独特性和稳定性都得到了明显的发展。幼儿在幼儿期的个性发展主要表现在自我意识、需要、气质、性格及能力的发展等几个方面。具体表现在以下三点。

(1) 各种心理现象开始表现齐全。

(2) 心理活动独特性形成,个别差异日益明显,并逐渐趋向稳定。

(3) 心理活动的主观能动性开始形成。

(四) 幼儿气质的发展

1. 气质的概念

气质是一个人特有的、相对稳定的心理活动的动力特征,主要表现在心理活动的强度、平衡性、灵活性和指向性四个方面。幼儿气质具有个体差异,又具有一定的稳定性。气质虽然是比较稳定的心理特征,但并不是不会发生变化的。

2. 气质的类型

根据心理活动的强度、平衡性及灵活性的不同,一般将人的气质划分为胆汁质、多血质、黏液质和抑郁质。每种类型的人都有其各自典型的特征。

胆汁质:精力旺盛,表里如一、刚强、易感情用事。

多血质:反应迅速、有朝气、活泼好动、动作敏捷、情绪不稳定、粗枝大叶。

黏液质:稳重有余而灵活性不足,踏实但有些死板,沉着冷静但缺乏生气。

抑郁质:敏锐、稳重、多愁善感、怯懦、孤独、行动缓慢。

3. 幼儿气质和教育

要了解幼儿的气质特征,可以利用生理实验或医学检测的方法来鉴定幼儿的神经活动类型,也可以通过行为评定法。针对幼儿的气质特点,应采取适宜的教育措施。

容易兴奋、不可遏制的幼儿,要教会他们自制,如午睡醒来时要安静躺着、不喊叫、不吵闹别人,养成安静、遵守纪律的习惯;对于容易抑郁、行动畏怯的幼儿,要多肯定他们的成绩、培养他们的自信心,激发他们活动的积极性;对于热情活泼、难以安定的幼儿,要着重培养他们专心学习、耐心做事的习惯;对于反应迟钝、沉默寡言的幼儿,要鼓励他们多参加集体活动,引导他们多与同伴交往,教给他们各种活动技巧和学习方法。

气质本身没有好坏之分,每一种气质都既有优点又有缺点,教育的目的不是设法改变幼儿原有的气质,而是克服气质的缺点,发展它的优点,使幼儿在原有气质的基础上建立优良的个性特征。对于胆汁质的幼儿要培养其勇于进取、豪放的品质,防止任性、粗暴;对于多血质的幼儿,要培养其积极探索精神,肯定其踏实、认真的特点,防止墨守成规、谨小慎微;对于黏液质的幼儿,要培养其做事的条理性以及稳定、谨慎的特质,防止其惰性;对于抑郁质的幼儿,要培养其机智、敏锐和自信心,防止疑虑、孤僻。

(五)幼儿性格的形成

性格是表现在人对现实的态度和惯常的行为方式中的比较稳定的心理特征,是个性特征中最具核心意义的心理特征。

1. 幼儿性格的发展

幼儿期是人的性格初步形成的时期,也是为其今后性格发展奠定基础的重要时期。这一时期性格发展的特点有以下方面。

(1)活泼好动。活泼好动是幼儿的天性,也是幼儿期个体性格的最明显特征之一,不论是何种类型的幼儿都有此共性。

(2)喜欢交往。儿童进入幼儿期后,在行为方面最明显的特征之一是喜欢和同龄或年龄相近的小伙伴交往。

(3)好奇好问。幼儿有着强烈的好奇心和求知欲,主要的表现是积极探索和好奇好问。好问是幼儿好奇心的一种突出表现。

(4)模仿性强。小班幼儿的这种表现尤为突出。幼儿模仿的对象可以是成人,也可以是同伴,又分为即时模仿和延迟模仿。

(5)好冲动。情绪不稳定是幼儿性格在情绪方面的表现。

2. 幼儿性格的塑造

(1)加强思想品德教育。

(2)引导幼儿参加集体生活和实践活动,集体生活有助于幼儿能力的培养和良好性格的形成。

(3)树立良好榜样。

(4)巩固良好的性格特征,克服性格方面的缺点。

3. 幼儿能力的发展

能力是指人们成功地完成某种活动所必须具备的个性心理特征,能力是通过人的心理活动体现的。反过来,这些能力又是人们成功地完成某种活动的必备条件。

心理学家从不同的角度将能力划分为两大类。

(1)一般能力与特殊能力。一般能力指参与大多数活动所共同需要的能力,也就是通常所说的智力。观察力、记忆力、思维力、想象力和注意力都是一般能力。一般能力以抽象概括能力为核心。特殊能力指参与某项专门活动所必需的能力,又称专门能力。它只在特殊领域内发挥作用,是完成有关活动不可缺少的能力,如数学能力、音乐能力、美术能力等。在幼儿期,有些特殊能力已经开始有所表现,如音乐、绘画、体育、数学、语言等。

(2)认识能力、操作能力和社交能力。认识能力就是学习、研究、理解、概括和分析的能力。操作能力就是操纵、制作和运动的能力,如平常所说的动手能力、体育运动能力等。社交能力就是人们在社会交往活动中所表现出来的能力,如组织管理能力、言语感染能力等。

二、幼儿社会性发展

(一)社会性概念

社会性是作为社会成员的个体为适应社会生活所表现的心理和行为特征。社会性发展(也称儿童的社会化)是指儿童从一个自然人逐渐掌握社会的道德行为规范与社会行为技能,成长为一个社会人,逐渐步入社会的过程。这是在个体与社会群体、儿童集体以及同伴的相互作用、相互影响的过程中实现的。

(二)社会性发展的内容

1. 人际关系的建立

社会性的核心内容就是人际关系。幼儿的人际关系主要包括两个方面,一是幼儿与成人的关系,主要指幼儿与父母的关系(亲子关系);二是幼儿与同伴的关系。

2. 性别行为的发展

性别行为是人按照特定社会对男性和女性的期望而逐渐形成的行为。不论在服装,还是在行为举止方面,男人就应该像个男人,女人就应该像个女人。

3. 亲社会行为的发展

亲社会行为的发展是幼儿道德发展的核心问题。道德的发展是指符合社会规则的道德品质即品德的形成和发展,包括对各种是非标准的掌握、道德情感体验及道德行为。幼儿亲社会行为的形成和发展就是这三者有机结合的产物,包括分享、合作、谦让、援助等。

4. 攻击性行为的发展

攻击性行为也称侵犯行为,即伤害他人或物的行为,如打人、咬人、故意损坏东西、向他人挑衅、引起事端等。攻击性行为是一种不受欢迎却经常发生的行为。

(三)幼儿需要和动机的发展

1. 需要和动机的概念

需要是人脑对生理和社会的要求的反映。它在心理上通常体现为一种不满足感,或者是有获得某种对象和现象的必要感。需要是个性积极性的源泉。需要分生理需要和社会需要两种。动机是在需要刺激下直接推动人进行活动以达到一定目的的内部动力。动机可能是意识到的,也可能是未被意识到的。需要和动机既有联系又有区别。

2. 幼儿需要的发展

幼儿需要的发展遵循着一个规律,即年龄越小,生理需要越占主导地位。幼儿期儿童的社会性需要逐渐增强。同时,需要的发展已经显现出明显的个性特点,比如:开始出现多层次、多维度的整体结构。

3. 幼儿活动动机的发展

进入幼儿期以后，随着幼儿社会性需要及其目的性的发展，幼儿的活动动机有了较大发展。表现在以下三个方面：从动机互不相干到形成动机之间的主从关系；从直接、近景动机占优势发展到间接、远景动机占优势；从外部动机占优势到内部动机占优势。

（四）幼儿社会性发展的规律和特点

1. 幼儿社会性发展是简单、粗浅的

幼儿心理发展遵循了从简单到复杂的规律，再加上幼儿的生活环境简单，生活经验相对贫乏，这些都使得他们绝大多数的社会认知与情感只涉及其生活周围有限、真实和简单的社会现实。幼儿现有的生活经验和学习能力制约着社会教育的广度和深度。在选择教育内容时，必须立足于幼儿已有的生活经验，并有的放矢地恰当扩展，选择较简单、较浅显以及最具启蒙价值的教育内容，使其能够真正为幼儿所掌握。

2. 幼儿社会性发展是具体的、直观的

幼儿的心理发展具有从具体到抽象的发展特点。幼儿主要是通过感知觉和动作，依靠表象来认识事物的，具体形象的表象左右着幼儿的整个认识过程，他们的思维过程必须依靠具体的形象作支柱。因此，生活经验是幼儿教育内容的主要来源。教育内容需要通过各种生动、具体的直接经验形式加以呈现，以使幼儿更容易理解和接受。

3. 幼儿社会性发展是熏陶、感染和模仿学习的结果

幼儿心理发展是逐渐从无意到有意的发展，在这一过程中，幼儿主要是通过社会实际生活的熏陶和生活经验的无意体验与积累而获得社会性发展的。家长、教师与同伴是幼儿观察模仿学习的榜样，特别是教师、家长的言行举止往往直接或间接地感染和影响着幼儿。幼儿社会性发展受家庭、幼儿园与社会教育共同作用影响。例如合作与分享是幼儿需要学习的非常重要的社会品质，这种品质的获得不是成人简单枯燥说教的结果，而是幼儿在日常生活中通过与他人交往，尤其是与同伴交往体验学习来的。幼儿体验到与人交往的乐趣，感受到与人交往合作是快乐的，在交往中与他人分享，并由此得到积极的强化，如愉悦的体验、鼓励、夸奖等，这种亲社会行为就会因此得到强化，从而形成特定的行为模式和社会品质。

真题链接

（2014年上）（单项选择题）幼儿园促进幼儿社会性发展的主要途径是（ ）
A. 人际交往　　　B. 操作练习　　　C. 教师讲解　　　D. 集体教学
【参考答案】 A

（五）影响幼儿社会性发展的教育

在教育活动中，首先要了解到幼儿已经出现个性的萌芽，尤其是在大班，幼儿的个性迅速发展。一个直观的现象就是，说起班上的某位小朋友，教师可能一时想不起来，造成这一现象的原因，一是对班上小朋友不够熟悉，二是他们的个性不够鲜明。在组织活动时对于幼儿的个性表现，要给予合理的引导，如幼儿表现出个性好的一面，要及时地给予鼓励，这样一

方面肯定了这名幼儿,一方面又给其他幼儿做了榜样。甚至可以组织一次"夸夸我们班的小男生"之类的活动,既能肯定幼儿身上的优点,激励他们更加努力,将个性往更好的一面去推动;同时,又能够推动他们感激同组甚至班上其他人员,促进其社会性的发展,可谓一举数得。

第八节 幼儿发展的个体差异及其原因

聚焦考试大纲

理解幼儿发展中存在个体差异,了解个体差异形成的原因,并能运用相关知识分析教育中的有关问题。

一、幼儿个体差异的类型

个体差异一般指个性差异,即个体在稳定的心理特点上的差异。幼儿个体差异指幼儿在幼儿园学习与教学情景下,在性别、智力、认知方式及性格等方面的差别。幼儿个体差异主要有以下几种类型。

1. 幼儿学习能力的差异

幼儿具有多种学习差异,首先是学习能力方面的差异。幼儿学习能力包括智力、先前知识、创造能力等。加德纳提出的多元智能理论反映了儿童在智能方面的差异。

2. 幼儿学习类型的差异

学习能力是单极的,从零到最大的级别排列。可以说,学习能力差异是以水平层次体现的,学习类型或学习方式差异则常常是两极的。

3. 幼儿学习的性别差异

性别差异更多是社会建构的,而非生物遗传的单一影响。性别差异主要源于社会实践和风俗习惯的不同,而不是个体固有的性别属性差异。许多社会学家否认性别的二分法观点,认为男女之间的相似性远远超过了他们间的差异。随着社会变迁,性别之间的差异逐渐减少。

二、个体差异形成的原因

个体差异形成的原因有客观因素和主观因素两个方面。

(一)个体差异形成的客观因素

个体在生长发育过程中在一定范围内受遗传、环境等因素的影响,会出现个体差异。

1. 遗传因素

遗传对儿童心理发展的作用表现为:提供人类发展的前提条件,奠定儿童心理发展个别差异的基础。

2. 孕期状况

孕妇患病、用药、营养、情绪、烟酒、放射线和环境污染等因素会直接或间接影响胎儿的生长发育。

3. 生理成熟

生理成熟指身体生长发育的程度和水平,也称生理发展。儿童身体生长发育的规律明显表现在发展的顺序和发展速度上。生理成熟为儿童心理发展提供自然物质的前提。

4. 环境和教育因素

环境可分为自然环境和社会环境。自然环境提供儿童生存所需的物质条件,如阳光、空气、水和养料等。社会环境是指儿童的社会生活条件,包括社会生产力发展水平、社会制度、儿童所处的社会经济地位、家庭状况、教育状况、周围的社会氛围等。教育作为社会环境中最重要的因素,在一定程度上对儿童的心理发展水平起着主导作用。环境使遗传和生理成熟所提供的心理发展的可能性变为现实。社会生活条件与教育水平影响儿童心理发展的水平。

(二)个体差异形成的主观因素

影响儿童发展的主观因素包含需要、兴趣爱好、能力、性格、自我意识以及心理状态等全部心理活动。

1. 需要是最活跃的因素

儿童从出生时起,就有对食物、温暖的需要。稍大的孩子,有和人交往的需要、认识的需要、游戏的需要等。对儿童进行教育时,如果不能引起儿童接受教育的需要,那么教育也不可能奏效。

2. 兴趣和爱好是引起个体差异的重要因素

比如爱好弹琴的儿童很快就掌握了一些基本能力,不喜欢弹琴的儿童学习起来特别费力或始终学不会。

3. 自我意识在心理活动中起突出作用

比如自尊心强的儿童,心理活动的积极性就比较突出。

4. 心理状态

心理状态包括注意、激情、心境等,是心理活动的背景,即心理活动进行时所处的相对稳定的水平,起着提高或降低心理活动积极性的作用。

5. 不同的儿童具有不同的气质

儿童各方面的气质特点具有一定的年龄稳定性,婴儿时期的某些气质特点会持续到入学,甚至成年以后。但儿童的气质特点并非一成不变。环境因素,尤其父母的教养方式可以在一定程度上改变儿童某些方面的情绪反应模式。

儿童心理活动的各种心理成分或因素之间既不可分割,又对立统一。比如,有的儿童有完成任务的动机,却缺乏坚持到底的意志力。儿童心理的内部因素之间的矛盾,是推动儿童心理发展的根本原因,也是个体差异性产生的主要原因之一。

三、针对个体差异的适宜性教学

有效的幼儿教学应是符合幼儿身心发展的、有针对性的教学。它应适应幼儿的年龄特征及个体差异。美国幼儿教育协会在1987年的"符合孩子身心发展的专业幼教"声明中提出了适宜性教学的主张。该主张认为幼儿教学包括年龄适宜与个别差异适宜两个方面的适宜。

（一）适宜性教学的主要方式

1. 资源利用模式

资源利用模式是指在教学过程中充分利用幼儿的长处和优点，以求人尽其才。在传统的大班教学下，很难使每一个幼儿都能各尽所长。因此，教师要多开展区角活动，发展幼儿的优势领域。

2. 治疗模式

治疗模式是指针对幼儿某一方面的能力缺陷，给予幼儿有针对性的教育。如补偿教育就是为促进社会经济地位不利的儿童基本认知学习技巧的治疗教学模式。补偿教育是指针对在经济上和地位上处于不利地位，没有机会享受正规教育，丧失良好教育权利的儿童进行的教育。补偿教育是以"文化剥夺理论"为基础的。该理论认为经济上处于贫困状况的儿童，之所以在学校难以获得学业上的成功，是由其在语言、阅读、认知、社会性以及情感等方面存在的能力不足或缺陷造成的。造成这种能力不足的根本原因是他们受社会和文化背景限制。所以，补偿教育的目的是通过向这些所谓的文化欠缺的儿童提供特殊的教育计划以弥补他们在语言、阅读、认知、社会性以及情感等方面的不足。

3. 个别化教育方案

个别化教育方案最先被用于特殊儿童的干预和矫正，由于对幼儿个体差异与发展的关注，它逐渐被应用于幼儿教育领域，即为每个幼儿的发展提供个别化、适宜的教育方案。

个别化教学的特色在于它是一种"评价—教学"的过程，即先了解、鉴定每个儿童的学习情况与特殊需要，然后为其提供适当而且必需的教学。个别化教学的策略大体有三种，即通过调整儿童的学习速度适应其需求；为不同的学生设计、提供不同程度的多样性教材；适当调整教师的角色，减少教师的权威色彩，以温馨、尊重、包容的态度面对儿童，启发儿童主动学习。在个别化教育方案中最常用的是档案袋评价，即为每个幼儿设立相应的学习档案袋，根据其不同的学习特点进行个别化指导。

（二）尊重个体差异，促进幼儿个性发展

1. 细心观察、全面了解幼儿

观察是一切教学研究最基本的手段，教师通过有目的、有意识的观察，可以获得大量具体、真实的信息。要关注幼儿的个体差异就需要教师细心观察，全面了解幼儿。

2. 识别优势与弱势，寻求突破口

幼儿的优势和弱势并不一定是显性的，教师应关注幼儿在活动中的表现，准确分析其行为，同时要分析其造成弱势的原因，帮助幼儿找到其擅长的领域，让幼儿乐于探索，并逐渐建立良好的自我感觉和成功的体验。只有真正了解、分析幼儿成长的特点，才能找到突破口，让优势带动弱势，最终促进幼儿全面和谐的发展。

3. 用心琢磨，读懂幼儿，满足需求

每个幼儿来自不同的家庭环境，他们的个性也截然不同，有的活泼开朗，有的内向文静，有的善意表达,有的沉默寡言……教师应了解他们的个性,努力进入幼儿的内心世界,了解他们的需求,发现他们的闪光点,通过循序渐进的教育,帮助他们树立信心。还要善于发现不同幼儿在不同发展领域的差异性,要满足不同幼儿的兴趣需要,给予他们不同的关爱,实施不同的教育方法,让每个幼儿都能在原有的基础上得到提高。

第九节　幼儿教育研究的基本方法

> **聚焦考试大纲**
>
> 掌握观察、谈话、作品分析、实验等基本研究方法,能运用这些方法初步了解幼儿的发展状况和教育需求。

幼儿教育研究的基本方法主要有观察法、谈话法、作品分析法、实验法等。

一、观察法

观察法是指在自然条件下,教师有目的、有计划地对所要研究的教育现象或幼儿行为进行观察、记录和评价的一种方法,所得材料是自然、真实的。

（一）观察法的分类

从时间上分,观察法可分为长期观察和定期观察;从范围上分,观察法可分为全面观察和重点观察;从观察者的参与性上分,可分为参与性观察和非参与性观察;从规模上分,可分为群体观察和个体观察。

（二）观察法的优缺点

（1）观察法的优点。观察法作为科学研究最基本的方法,是收集第一手资料的最直接的手段。观察法简便易行,资料较客观可靠;对幼儿的身心发展特点最为尊重;关注个体差异,对幼儿的行为能做出正确的判断和评价。

（2）观察法的局限性。观察法不适用于对内部核心问题、事物内部联系及较为隐蔽的事物进行研究;观察法所得资料带有一定的主观性;观察法不适用于大样本研究;自然状态下的观察可能会使观察结果缺乏科学性。

（三）运用观察法的注意事项

（1）一定要让观察对象保持在自然状态下,这样的观察才是有效、合理的。如果告诉幼儿"我要观察你",会使幼儿产生一种戒备的心理,本能上产生抗拒,这样的观察不具有效度。

（2）观察后的记录一定要详细,不光要记录事件本身,还要记录事件发生的前因后果。

二、谈话法

谈话法是指研究者根据研究目的,"寻访"被调查对象,通过谈话的方式了解被研究者对某个人、某件事情、某种行为或现象的看法和态度。

(一)谈话法的分类

根据研究者对谈话结构的控制程度,谈话法可分为结构型、无结构型和半结构型谈话;根据谈话对象范围,谈话法可分为个别谈话和集体谈话;根据谈话次数,可分为一次性谈话和多次谈话;根据研究者对谈话对象的接触方式,可分为直接谈话和间接谈话。

(二)谈话法的优缺点

(1)谈话法的优点。谈话法的最大优点是灵活性强;能通过动作表情等非言语信息获得资料;能根据谈话中对方的反应,通过适当的解释或变换问题的角度,适时调整谈话方式;可从多角度对研究的对象有一个比较广阔、整体性的客观了解。

(2)谈话法的局限性。谈话法的局限性主要有两个方面,一是比较费时,一般不适合大范围调查;二是极易产生偏差。

(三)运用谈话法的注意事项

(1)要准备好谈话的话题,提出的问题一定要简洁明了,重点在于让幼儿明白你的问题,而不要过于讲究深度,让幼儿无话可说。

(2)跟幼儿进行谈话的时候,必须随机应变,随时提出足以了解有关幼儿心理状态的具有灵活性而又恰当的话题。

(3)谈话的过程和结果应当由研究者本人或共同工作者做出详细的记录,如能用录音、摄像设备记录,则更为方便、可靠。

三、作品分析法

作品分析法是指研究者运用一定的心理学、教育学原理和有效经验,对研究对象专门活动的作品进行分析研究,从而了解研究对象心理活动的一种方法。作品分析法的特点是:以作品为依据,具有客观性;按科学程序分析,具有系统性;受研究者自身的"倾向性"影响,作品分析的视角和结果有多样性。

采用作品分析法,要注意以下事项:① 作品分析法需要有明确的目的和计划,对要分析的作品确定范围和分析的重点;② 对于作品进行分析,不要带有主观的想法,评价一定要趋于客观;③ 作品分析法多用于个案研究或群体的心理品质和个性特征等方面的研究。

四、实验法

实验法是指研究者根据研究目的对某些条件加以控制,有计划地改变某种教育因素,从而考察该因素与随之产生的结果之间的因果关系的一种研究方法。常用的实验法有自然实验法和实验室实验法两种。

(一)自然实验法

自然实验法又称现场实验法,即在儿童日常生活活动(游戏、学习、劳动)的自然情况下,引起或改变影响儿童某种行为的因素,来研究儿童心理特征的变化规律。

教育心理实验是自然实验的一种重要的形式。教育心理实验是儿童心理研究与一定的教育教学过程结合起来,从而研究儿童在一定的教育教学过程的影响下,某些心理过程或个性品质形成和发展的规律。

自然实验,特别是教育心理实验,是研究儿童心理的重要方法。因为这种方法可以在很大程度上结合教育实际,为教育实践服务。但是这种方法的缺点是实验条件不容易控制,因而在运用这种方法的时候,需要与实验室实验结合起来。

(二) 实验室实验法

实验室实验法是指在实验中严格控制实验条件,并借助专门的实验仪器引起和记录儿童心理现象,并进行研究的方法。例如,在研究儿童的感觉、知觉、记忆、思维等心理过程发展特点的时候,常常采用实验室实验法。

实验室实验法主要有以下特点:随机取样和随机安排;对实验情景和实验条件进行严格控制;实验结果量化,记录客观、准确;使用大量的实验仪器。实验室实验法的最大优点是能够精密地控制实验条件;缺点是有很多人为性质,与儿童实际生活隔离。因此,用它来研究一些复杂的心理现象,如儿童的活动特点或个性品质的特点,就有一定的局限性。

真题链接

（2013年下）（单项选择题）为了了解幼儿同伴交往特点,研究者深入幼儿所在班级,详细记录其交往过程的语言和动作等,这一研究方法属于（　　）。
　A. 访谈法　　　　B. 实验法　　　　C. 观察法　　　　D. 作品分析法
【参考答案】　C

第十节　幼儿身心发展中的常见问题或障碍

聚焦考试大纲

了解幼儿身体发育和心理发展中容易出现的问题或障碍,如发育迟缓、肥胖、自闭倾向等。

教师应帮助家长准确识别幼儿存在的身心问题,并采用有效措施或配合专门机构来矫治相关问题。幼儿尚处于身心迅速发育的时期,可塑性很大,这为幼儿身心问题的矫治提供了有利的时机。

一、幼儿身体发展中的常见问题

（一）发育迟缓

发育迟缓是指生长发育过程中出现速度放慢或顺序异常的现象。表现为体格发育落后、运动发育落后、语言发育落后、智力发育落后、心理发展落后等方面。

1. 发育迟缓的影响因素

不良饮食习惯或饮食不均衡导致的营养不足;疾病;家族性矮小和体质性生长发育迟

缓;精神因素;先天性遗传、代谢性疾病;甲亢、垂体性侏儒等。

2. 发育迟缓的预防

(1) 应合理营养,均衡饮食,培养幼儿良好的饮食习惯,促进其食欲。

(2) 若是因全身疾病引起的矮小,应积极治疗原发疾病。

(3) 因家族性矮小和体质性生产发育迟缓引起的矮小,可通过各种调养,发挥生长潜力,也可酌情使用生长激素。

(4) 改善生活环境,使幼儿得到精神上的安慰和生活上的照顾。

(5) 对于先天性遗传、代谢性疾病,应根据情况进行特殊治疗。

(二) 肥胖症

幼儿体内脂肪积聚过多,体重超过按身高计算的标准体重的20%—30%者为轻度肥胖,超过30%—50%者为中度肥胖,超过50%者为重度肥胖。

1. 肥胖症的影响因素

病理性肥胖多能查出原发疾病,原发疾病有内分泌性疾病、中枢神经系统疾病、脑血管病变或脑瘤、脑外伤、遗传性疾病等。

单纯性肥胖查不出原发疾病,多因幼儿进食过多,运动过少所致;少数有家族史,为遗传性因素所致;因神经精神疾患,幼儿有时也可能发生肥胖。

2. 肥胖症的预防

(1) 重点在于培养幼儿良好的进食习惯,避免糖果、糕点等过甜的零食和油炸类零食。

(2) 禁止暴饮暴食。

(3) 积极参加体育运动。

(4) 一旦出现肥胖,就应及早进行综合治疗,以便尽早得到控制。

(三) 自闭症

自闭症又称孤独症,是一种由于神经系统失调导致的发育障碍。

1. 自闭症的表现

典型的儿童自闭症主要表现如下。

(1) 言语发育障碍。自闭症儿童开始讲话往往比别人晚,经常沉默不语,不能主动与人交谈,不会使用手势、面部表情等肢体语言来表达自己的需要和喜怒哀乐。

(2) 社会交往障碍。自闭症儿童往往逃避与别人对视,缺乏面部表情及肢体语言;对人态度冷淡,对别人的呼唤不理不睬;害怕时也不会主动寻求保护。

(3) 行为异常,兴趣奇特。自闭症儿童常以奇异、刻板的方式对待某些事物。对一般儿童喜欢的玩具、游戏、衣物不感兴趣,往往对一般儿童不喜欢的物品非常感兴趣。

(4) 还可能伴有感知障碍、癫痫发作等表现。

2. 自闭症的预防与矫正

要为幼儿创设正常的生活环境,最好让患儿上普通幼儿园,这样有利于幼儿交往能力、语言能力的发展。教师和家长应密切配合,共同制订康复计划。康复训练的重点放在提高幼儿基本生存能力,加强幼儿生活自理训练、语言训练、购物训练等。要对幼儿的康复充满信心,国内外自闭症康复训练的结果表明,绝大多数自闭症患儿,随着年龄的增长和训练的加强,症状都会得到不同程度的改善。

(四)多动综合征

儿童多动综合征简称多动征,是一种儿童时期较为常见的行为障碍。

1. 多动征的表现

(1)注意力不集中。注意力集中困难是该类幼儿突出的、持久的临床特征。幼儿不能专注于一件事,容易从一个活动转向另一个活动。

(2)活动过多。这是多动征的主要特征。学龄前期表现为多动、好哭闹、不安静,随着年龄增长,活动量增多,干事情不能专心。

(3)冲动性。多动征儿童的行为是不经过思考就产生的,不分场合,不顾后果,无法自制。如乱翻东西,突然吵闹,离座奔跑,抢别人东西或攻击别人等。

2. 多动征的预防与矫正

对多动征幼儿首先注重心理治疗,消除各种紧张因素,严格作息制度,增加文体活动;同时可进行行为疗法,对幼儿进行特殊训练,重点在于培养和发展幼儿自制力、注意力,如进行视觉注意力训练、听觉注意力训练、动作注意力训练等活动。近年来有研究发现,限制西红柿、苹果、橘子、人工调味品等含甲醛、水杨酸类食品的摄入,对儿童多动征有明显疗效。

二、幼儿心理发展中的常见问题

(一)情绪障碍

儿童情绪障碍的发生率仅次于儿童行为障碍。儿童情绪障碍是发生在儿童时期,以沮丧、抑郁、焦虑、恐惧为主要临床表现的一种疾病。随着儿童年龄的增长,儿童情绪障碍的大部分症状会自然消失,只有少数到成年期仍有神经症障碍或抑郁表现。

1. 焦虑

焦虑是面对即将发生的事情产生紧张、不安、焦急、忧虑等,并交织而成的一种情绪状态。儿童焦虑主要有以下三种形式。

(1)分离焦虑。幼儿刚上幼儿园时,可能会存在分离焦虑。主要表现是紧紧抓住父母不放,父母一离开就哭闹不停,或者在父母离开后行动迟缓,对外人感到恐惧等。分离焦虑源于依恋障碍,主要是依恋对象的消失。分离焦虑一般会持续几周,有些甚至长达数月之久。

(2)情境性焦虑。当幼儿身处陌生环境或面临突发事件时会变得焦虑。脱离或适应环境后,焦虑就会消失。

(3)特征性焦虑。患有特征性焦虑的幼儿一般比较敏感,自信心不足,自尊心很强,容易紧张,多疑多虑。家长要注意言传身教,不要在幼儿面前焦虑不安,以免对幼儿的情绪产生负面影响。

2. 沮丧

幼儿的沮丧情绪常常和家庭中的人际关系不良或家庭突然变故有关。陷入沮丧中的幼儿可能会不时哭哭啼啼,也有些幼儿将沮丧的情绪加以伪装,变得易怒、敏感或多动。紧张和沮丧往往同时出现。教师和家长要认真对待幼儿的紧张和沮丧,分析引起幼儿紧张、沮丧的原因,允许他们自由地表露自己的情感,并尽可能地为幼儿提供精神上的支持,用拥抱和爱抚来缓解幼儿紧张沮丧的情绪。尽可能减少可能引起幼儿沮丧的情景,并教给幼儿用更好的方式及心态去面对。

3. 恐惧

在学龄前期,恐惧是幼儿经常产生的情绪。恐惧状态下的幼儿会产生一系列生理变化,如脸色苍白、四肢无力、发抖、心跳加速、呼吸短促或停顿等,这种生理功能的紊乱有损幼儿的健康。除非恐惧对幼儿造成了严重的、持续性的适应困难,否则通常情况下无须给予正式的治疗。

预防恐惧的关键在于教育。成人不要恐吓幼儿,而要鼓励幼儿观察和分析各种自然现象,鼓励儿童多参加集体活动,培养幼儿勇敢、坚强的意志,还要帮助幼儿养成良好的睡眠习惯,睡前用热水洗脚,放松神经、肌肉,自然入睡。

(二) 行为问题

任性、自损和攻击性行为是幼儿常见的行为问题。主要表现是哭闹、缠人、耍赖、发脾气、咬指甲、打人、骂人、乱扔玩具等。

1. 任性

从心理学角度来看,任性是个性偏执、意志薄弱和缺乏自我约束能力的表现。任性主要表现为以下三种类型:第一,主动抗拒型,表现为儿童常以哭闹、发脾气的形式来坚持自己的立场;第二,消极对抗型,表现为拖延服从的时间,生气、闷闷不乐,或对将要做的事发牢骚等;第三,逆反型,不听父母劝告,和父母对着干。

任性的矫治:转移幼儿的注意力,暂时回避,用理解与约束并存的方式增强其自我控制能力。

2. 自损

儿童偶发的自损行为多数会随着年龄增长而自行消失,但如果经常出现就属于异常。自损行为的临床表现有:拔头发;吸吮手指,以致手指皮肤浸润肿胀;反复无意识啃咬指(趾)甲,导致指(趾)甲残缺不全和甲沟炎;紧缚某一部位使之长期受压,引起皮下组织萎缩;个别患儿咬伤自己的口唇、手臂,或反复碰撞头部,造成头部创伤,等等。

对有自损行为的幼儿,不应指责、打骂,也不宜采用强制手段加以制止,而是应该耐心地说服他,采用多种沟通方式,使他的需求能获得正确的满足,避免用自损行为来表达需求。鼓励幼儿参加集体生活,多做有益的游戏。对于较严重的自损行为,可以在医生指导下采用厌恶疗法进行矫治。

3. 攻击性行为

攻击性行为是一种不受欢迎但却经常发生的行为。幼儿期攻击性行为存在如下特点。

(1) 幼儿攻击性行为频繁,主要表现为因争夺玩具或其他物品而争吵,直接争夺或破坏玩具、物品。

(2) 幼儿主要依靠身体攻击,而不是言语攻击。

（3）幼儿的攻击性行为存在明显的性别差异。男孩更容易卷入攻击性事件，也更容易在受到攻击后发动报复行为。

三、儿童心理辅导

要做好儿童心理辅导工作，必须遵循以下基本原则：面向全体儿童的原则、预防与发展相结合原则、尊重与理解儿童的原则、儿童主体性原则、个别化对待原则、整体性发展原则。心理辅导的目标是使儿童学会调适、得到发展。

在进行心理辅导时，不论采用何种方法，都必须以建立良好的辅导关系为前提。辅导教师与受辅导者之间要建立一种新型的、建设性的、具有辅导与治疗功能的人际关系，其主要特点是：积极关注、尊重、真诚与同感。同感是指辅导教师设身处地地去体会受辅导学生的内心感受，进入到他的内心世界之中。

★拓展训练

一、单项单选题

1. 能够迅速、准确而有效地收集到大量的数据资料，较易得出结论的一种研究方法是（　　）。
   A. 调查法　　　　B. 测验法　　　　C. 观察法　　　　D. 实验法
2. 根据弗洛伊德的人格结构理论，自我的追求原则是（　　）。
   A. 快乐原则　　　B. 现实原则　　　C. 理想原则　　　D. 实用原则
3. 设计双生子爬梯实验的心理学家是（　　）。
   A. 华生　　　　　B. 格塞尔　　　　C. 皮亚杰　　　　D. 弗洛伊德
4. 幼儿先会抱球，后会灵活拍球，体现了儿童动作发展的（　　）。
   A. 首尾原则　　　B. 大小原则　　　C. 远近原则　　　D. 无有原则
5. 幼儿记忆发展中最重要的质的飞跃是（　　）。
   A. 无意识记的发展　　　　　　　　B. 有意识记的发展
   C. 随意识记的发展　　　　　　　　D. 形象识记的发展

二、简答题

1. 简述幼儿观察力培养的方法。
2. 简述幼儿期思维发展的一般特点。

三、案例分析题

4岁的童童上幼儿园中班，每天到家后，妈妈就给他打开电视，并把书、玩具、吃的东西都放在他的身边，让童童可以一边画画，一边吃东西，同时还能看书、玩积木等，童童经常玩到很晚。妈妈经常夸奖童童不"烦人"。但是，老师却反映，童童在幼儿园的活动中，总是做小动作，不能集中精力完成任务，在玩游戏时也是一会儿玩这个，一会儿玩那个，而且游戏经常半途而废。

问题：童童的表现属于哪种心理现象？并分析该现象形成的原因。

参考答案

一、单选题

1. B 2. B 3. B 4. B 5. B

二、简答题

1. （1）使幼儿明确观察的目的任务。（2）使幼儿具有相应的知识准备。（3）指导幼儿观察的方法，培养观察的技能。（4）重视观察结果的处理和运用。

2. 幼儿期思维发展的一般特点：以表象思维为主，抽象思维开始萌芽；幼儿的表象思维具有象征性、经验性、拟人性、表面性和刻板性等特点。

三、案例分析题

童童的表现是注意分散现象。

原因：（1）无关刺激过多。新异、多变、强烈的刺激物容易使幼儿的注意分散。活动室的布置繁杂、嘈杂声、电话声等也会成为幼儿注意分散的外在无关刺激。

（2）目的要求不明确。家长或教师对幼儿提出的要求不具体，或者活动的目的不明确，都会影响幼儿积极参加相应的活动，导致幼儿出现注意力分散。

（3）幼儿的注意分配和转移能力较差。有意注意和无意注意是幼儿注意的两种形式，幼儿的注意以无意注意为主，但有意注意也在发展中。刺激强烈、对比鲜明和变化多动的事物容易引起幼儿的无意注意，无意注意和有意注意在活动过程中相互补充、交替进行。幼儿不能很好地进行两种注意的转换，容易导致注意的分散。

（4）疲劳。幼儿长时间处于单调的活动状态下，容易疲劳，注意力容易分散。

（5）注意的转移差。幼儿的注意转移能力差，不能根据活动的需要及时将注意集中在当前应该注意的事物或活动上，这样会出现注意的分散。

第二章 学前教育原理

学习导航

> 学前教育是教育活动的最初阶段。广义的学前教育是指来自社会、学校、家庭各个方面,所有对学龄前儿童身心发展有影响的活动。狭义的学前教育是指专门的学前教育机构所实施的教育,即托儿所、幼儿园的教育。
>
> 本章学习要求:理解教育、学前教育的性质和意义、目的和任务、原则与特点、班级管理的目的、意义,掌握《幼儿园教育指导纲要(试行)》在幼儿园教育活动的目标、内容、实施和评价上的基本观点和要求,了解中外幼儿教育发展简史和著名教育家的儿童教育思想、我国幼儿教育的改革动态与发展趋势,并能结合实际问题进行分析。
>
> 本章希望学习者在复习时能与教育实际联系起来,应用相关原理去解释、分析和解决实际问题,建议从问题出发,应用相关原理判断和分析问题,然后再提出解决方法。

第一节 教育概论

聚焦考试大纲

> 理解教育的本质、目的和作用,理解教育与政治、经济和人的发展的关系,能够运用教育原理分析教育中的现实问题。

一、教育的基本概念

教育是一种有目的地培养人的活动。从广义上来讲,凡是增进人们知识技能、影响人们思想观念、增进人们体质的活动,都具有教育的作用。广义的教育包括社会教育、学校教育和家庭教育。

狭义的教育主要指学校教育,指学校根据一定的社会要求,对人的身心发展有目的、有计划、有组织地施加影响,促使人朝着教育者期望的方向变化的活动。

一般来说,教育的要素包括教育者、学习者和教育影响。教育者是指从事教育活动的人。学习者是指在各种教育活动中以学习为基本任务的人,既包括在各级各类学校中学习的儿童、少年和青年,也包括在各种形式的成人教育组织中学习的成年人。教育影响指教育活动中教育者作用于学习者的全部信息。它是置于教育者和学习者之间并把他们联系起来的中介或条件。

(一) 教育的本质属性

教育的本质属性是有目的地培养人的社会活动。对教育的本质属性可以从以下三个方面进行理解。首先,教育是人类所特有的社会现象,教育是把自然人转化为社会人的过程,动物界是不存在教育的;其次,教育是有意识、有目的、自觉地进行的,虽然其他社会现象也对人的发展有影响,如社会生产对人的发展影响也很大,但不是自觉的、有目的的;最后,在教育的过程中,存在着教育者、学习者和教育影响之间的矛盾运动。

(二) 教育的功能

教育的功能是指教育活动对个体和社会发展起到的作用。根据不同的标准,教育的功能可分为个体功能和社会功能、正向功能和负向功能、显性功能与隐性功能。

1. 个体功能与社会功能

教育的个体功能指的是教育对个体发展的作用。教育的社会功能指的是教育对社会发展的作用。教育的社会功能主要包括政治功能、经济功能和文化功能。

2. 正向功能和负向功能

教育的正向功能指教育对个体、社会发展所起的积极作用。教育的负向功能指的是教育对个体、社会发展所起的消极作用。

3. 显性功能与隐性功能

教育的显性功能指的是教育对个体、社会发展所起到的外显的影响和作用。教育的隐性功能指的是教育对个体、社会发展所起到的内隐的影响和作用。

(三) 教育与政治、经济制度的关系

教育与政治、经济制度是相互制约的关系。一定社会的政治、经济制度决定着该社会教育的性质,而一定社会的教育又给予一定社会的政治、经济制度以积极的影响作用。

1. 政治、经济制度对教育的制约作用

(1) 政治、经济制度决定着教育的领导权。

在阶级社会中,政治、经济上占统治地位的阶级控制着教育的领导权。统治阶级通过国家所颁布的政策和法令,规定办学的宗旨和方针,并以强制手段监督其执行,同时还通过任免各级教育机构的领导人和教师,控制着教育的领导权。此外,在经济方面,统治阶级还通过拨款、捐献教育经费等办法控制教育的领导权。

(2) 政治、经济制度决定着教育目的。

教育目的对教育培养什么样的人做出了规定,在教育中处于核心地位。在阶级社会,教育的目的是为统治阶级服务,具有鲜明的阶级性。可见,在一定社会,培养什么样的人是由

政治、经济制度决定的。

(3) 政治、经济制度决定了受教育的权利。

一般来说,人们的受教育权利是由社会的政治、经济制度决定的。不同社会的政治、经济制度不同,人们享受的教育权利是不一样的。在原始社会,没有阶级和剥削,人人享有平等的教育权利。在阶级社会,由于各阶级在经济、政治上的地位不同,人们接受教育的权利是不平等的。

2. 教育对政治经济制度的反作用

教育由一定社会的政治、经济制度所决定,同时教育对政治、经济制度又起着反作用。

(1) 教育培养出具有一定阶级意识的人,维护和巩固一定的政治、经济制度。

教育通过培养大批统治人才,直接为政治、经济制度服务。任何一种政治、经济制度要想得以实现、巩固和发展,就必须有一定量的统治人才直接为其服务。而这些人才的培养,在很大程度上依赖于教育。此外,教育通过帮助个人的社会化来为一定的政治、经济制度服务。教育在帮助个人形成一定的政治观点、道德品质和社会行为规范方面具有重要作用。

(2) 教育通过影响社会舆论、道德风尚为政治、经济制度服务。

学校教育既向学生灌输一定的政治思想意识,又通过在校师生的言论和行为、学校的教材和刊物向社会宣传一定的思想意识,制造社会舆论,影响社会的风俗习惯和道德面貌等。

(3) 教育对政治、经济制度不起决定作用。

教育对社会政治、经济制度起着巨大的影响作用,但它不能起决定作用。因为教育不能决定社会的政治、经济发展方向,更不能成为政治、经济发展的根本动力。社会政治、经济制度的根本动力是生产力和生产关系的矛盾运动,教育在其中只能起到加速或延缓的作用,而不能起决定作用。

三、教育与人的关系

1. 教育在人的发展中的作用

教育在人的发展中起主导作用,这种作用在年轻一代的成长中表现得更为明显。主要表现在以下几个方面:教育是一种有目的地培养人的活动,它规定着人的发展方向;教育特别是学校教育给人的影响比较全面、系统和深刻;学校有专门负责教育工作的教师。

当然,教育的主导作用又是相对的、有条件的。只有当社会影响和家庭教育与学校教育一致,且学生又能积极主动地参与教育活动时,学校教育才能发挥主导作用。

2. 人的发展对教育的制约

教育要充分地发挥主导作用,就必须遵循人的发展规律,主要是遵循下列四个方面的规律。

(1) 教育要适应人的发展的顺序性,循序渐进地促进人的发展。

人的发展具有一定的顺序性,是一个由低级到高级、由简单到复杂、由量变到质变的连续不断的发展过程。如人的生理发展是沿着头部向下肢和从中心部位向全身的边缘方向进行的。人的心理发展也是循序渐进的。如记忆发展是从机械识记到意义识记,思维发展是从具体形象思维发展到抽象逻辑思维。因此,教育必须尊重个体身心发展的顺序性,循序渐进地促进人的发展,做到由浅入深、由易到难,不能"揠苗助长"。

（2）教育要适应人的发展的阶段性，对不同年龄阶段的学生，在教育的内容和方法上应有所不同。

人的发展具有一定的阶段性，表现为不同年龄阶段的个体具有不同的年龄特征。年龄特征指在发展的不同年龄阶段中形成的稳定的、典型的和本质的特征。人发展的阶段性决定了教育工作必须根据不同年龄阶段的特点分阶段地进行。教育应根据个体身心发展的不同阶段表现出来的特点开展教育和教学工作，不能"一刀切"。

（3）教育要适应人的发展的不均衡性，在人的身心发展的某一关键期，施以相应的教育。

人的发展具有不均衡性，即个体身心发展并不是匀速进行的，发展的速度和成熟水平都是不均衡的。人发展的不均衡性告诉我们，人的发展具有发展的关键期。关键期是指身心某一方面的发展最适宜形成的时期。教育必须适应人发展的不均衡性，使教育与个体身心发展的成熟状况相适应，提高教育的针对性和有效性。

（4）教育要适应人的发展的差异性，做到因材施教。

人的发展具有差异性，这主要是由遗传素质、环境、教育决定的。因此教育必须适应个体身心发展的差异性，充分发挥个体的潜能和积极因素，有的放矢地选择适宜、有效的教育途径和方法，做到因材施教，"一把钥匙开一把锁"，真正促进学生的最大发展。

第二节　中外幼儿教育的发展

聚焦考试大纲

了解中外幼儿教育发展简史和著名教育家的儿童教育思想，并能结合幼儿教育的现实问题进行分析。

一、中国学前教育实践的发展

（一）中国古代的学前教育

虽然中国古代并无专门化的社会性的学前教育机构，但是对于幼儿教育却是非常重视的。我国是世界上最早提出并实施胎教的国家。据史料记载，最早实施胎教的是西周文王的母亲太任。中国古代非常重视宫廷学前教育。据史料记载，中国古代的宫廷学前教育制度包括乳保制度和保傅教育制度。早在殷商时期就建立了保傅教育制度。西周继承了殷商的传统，也建立了保傅教育制度。其中太保、太傅、太公合称"三公"，少师、少傅、少保合称"三少"。

（二）中国近代学前教育的发展

虽然西方教会开办的学前教育机构对中国人了解学前教育发挥了重要的作用，但是中国人自己开办的学前教育机构，却是从学习日本起步的。

1902年,清政府颁布了由张百熙主持制定的近代第一个教育制度,但未及实施便被废止。1904年1月,清政府又颁布并实施了由张之洞、张百熙、荣庆合订的《奏定学堂章程》,即"癸卯学制"。该学堂章程由一系列具体的学堂规程组成,其中包括为学前教育专门制定的《奏定蒙养院章程及家庭教育法章程》。这是我国近代实施的第一个学前教育的法规,是我国近代学前教育制度化建设的重要标志。中国最早的公立学前教育机构是1903年在湖北武昌设立的湖北幼稚园(1904年清政府将其更名为武昌蒙养院)。

1912年至1913年,南京临时政府颁布了"壬子癸丑学制",将实施学前教育的机构由蒙养院改称蒙养园,招收6岁以前的学龄前儿童。蒙养园去除了清末蒙养院制度鲜明的封建色彩。

(三)现代学前教育制度的建立与发展

1. 中华民国时期的学前教育发展

中华民国北洋政府于1922年颁布了壬戌学制,将蒙养园改称为幼稚园,将幼稚园正式列入教育系统。中国幼稚园制度的发展时期是在20世纪30年代之后。1932年国民政府教育部颁布了我国现代第一个幼稚园课程标准《幼稚园课程标准》。

2. 中国共产党领导的民主根据地的学前教育

民主根据地的学前教育包括20世纪30年代前期以江西中央苏区为中心的学前教育、抗日战争时期以陕甘宁边区为核心的抗日民主根据地的学前教育以及1946年至1949年各解放区的学前教育。中国共产党领导下的民主根据地发展学前教育,始终坚持一切为了孩子、一切为了战争、一切为了革命的教育方针和政策,在极度困难的战争环境下,依然极为关注革命后代的培养,不仅在物质生活方面提供优先待遇,而且极为重视幼儿生活自理、动手能力的培养,重视集体主义、革命意识的教育,将幼儿教育作为革命事业的重要组成部分。

3. 社会主义学前教育发展道路的探索

1949—1957年是我国学前教育的稳步发展时期。1951年10月1日,中华人民共和国政务院颁布了《关于改革学制的决定》,将幼儿教育纳入学制之中,作为初等教育系统的一部分,并规定实施幼儿教育的组织为幼儿园。1952年3月,教育部颁布试行了在苏联学前教育专家指导下拟订的《幼儿园暂行规程(草案)》和《幼儿园暂行教学纲要(草案)》,这是新中国颁布的最早的幼儿教育的法规性文件,它标志着我国幼儿园制度的正式确立。1958—1965年间,我国的学前教育经历了曲折的发展过程,出现了盲目发展、教育质量大幅度下降的情况,阻碍了学前教育理论研究的顺利发展。在1966年至1976年的10年"文革"期间,我国学前教育遭受到全面破坏。

1978年,国家开始实行改革开放政策,学前教育才真正开始重新起步。1989年6月,国家教委制订颁布了《幼儿园工作规程(试行)》。1989年9月,国家教委发布了《幼儿园管理条例》,这是中华人民共和国成立以来第一个真正意义上的幼儿教育行政法规,该条例对幼儿园的基本条件、行政管理、保教工作等做出了详细的规定。

二、中国学前教育思想的发展

(一)康有为

1. 生平和教育活动

康有为(1858—1927),近代著名的政治家、思想家、教育家。他首次提出了一整套儿童公育思想,设想了从胎教到幼教的完整的学前公共教育体系。

2. 学前教育思想

康有为的学前教育思想包括以下几个方面。(1)公共的学前教育体系。康有为在《大同书》中设计了一种理想的公共教育体系,其中包含公共的学前教育体系。该学前教育体系由人本院、慈幼院、育婴院组成,或者将慈幼院并入育婴院,由人本院、育婴院构成整个学前教育机构。(2)康有为特别重视环境因素对人的影响。为了实施胎教,康有为对专为孕妇设立的人本院的环境、建筑、设备、医疗、卫生、保健、教育、服务等方面提出了40多条要求。

(二)陶行知

1. 生平和教育活动

陶行知(1891—1946),中国现代杰出的人民教育家,在长期实践的基础上建构了生活教育的理论体系。1927年11月,他在陈鹤琴、张宗麟的协助下,办起了我国第一个乡村幼儿园——南京燕子矶幼稚园。

2. 学前教育思想

陶行知的教育思想主要包括以下几个方面。(1)生活教育理论。生活教育理论是陶行知的基本理论,贯穿在他的教育思想和实践的各个方面。他的生活教育理论包括三个观点:"生活即教育""社会即学校""教学做合一"。(2)民主性的儿童教育观。为了解放儿童的创造力,他提出了六大解放的观点:解放儿童的头脑,解放儿童的双手,解放儿童的眼睛,解放儿童的嘴巴,解放儿童的空间,解放儿童的时间。(3)学前教育师资的培养。1929年,陶行知在晓庄学校开设了蟠桃学院,即幼稚师范学院。他实行艺友制培养幼儿教师。所谓艺友制,便是学生(艺友)与有经验的教师(导师)交朋友,在实践中学习当教师,方法是边干边学。

(三)陈鹤琴

1. 生平和教育活动

陈鹤琴(1892—1982),中国现代教育史上著名的儿童心理学家和幼儿教育家,"活教育"理论体系的提出者。1923年春天,陈鹤琴创办了鼓楼幼稚园。这所幼儿园是我国第一所实验幼稚园。1925年,陈鹤琴的《儿童心理之研究》和《家庭教育》由商务印书馆出版。1940年,陈鹤琴在江西泰和县设立了我国历史上第一所公办幼儿师范学校——江西实验幼稚师范学校。

真题链接

(2012年上)我国第一所公立幼稚师范学校——江西实验幼师的创办者是( )。

　　A. 陈鹤琴　　　　B. 陶行知　　　　C. 黄炎培　　　　D. 张雪门

【参考答案】 A

2. 学前教育思想

陈鹤琴提出了"活教育"理论,内容包括以下几个方面。(1)"活教育"的目的论。陈鹤琴"活教育"的目的论是"做人,做中国人,做现代的中国人"。陈鹤琴认为,要做一个现代中国人必须具备五个条件:第一个条件是要有健全的身体,第二个条件是要有创造的能力,第三个条件是要有服务的精神,第四个条件是要有合作的态度,第五个条件是要有世界的眼光。(2)"活教育"的课程论与教学论。陈鹤琴"活教育"的课程论是"大自然、大社会都是活教材"。陈鹤琴深受杜威影响,主张探讨研究向活的直接的知识宝库——大自然、大社会。他曾以形象的"五指活动"的概念来指称其为幼稚园设计的课程体系。所谓"五指活动",一是指幼稚园的课程包括五个方面的活动,即健康活动、社会活动、科学活动、艺术活动和文学活动;二是指这五个方面活动如同人的五指,它们是活的,可以伸缩,又互相联系。(3)"活教育"的教学论。陈鹤琴"活教育"的教学论是"做中教,做中学,做中求进步"。"做"是"活教育"的出发点。陈鹤琴认为,教师教儿童学习大自然中的实际事物,不能单单靠书本,而需要教师与学生共同去做,必要时给予学生指导。他将整个教学过程分为四个步骤:实验与观察、阅读和参考、发表与创作、批评与研讨。

(四)张雪门

1. 生平和教育活动

张雪门(1891—1973),我国著名的幼儿教育家。二十世纪三四十年代曾与陈鹤琴并称为"南陈北张"。1918年,张雪门在宁波市创办了第一所中国人自办的幼稚园——星荫幼稚园,任首任园长。张雪门提出了"行为课程"的理论和实践体系。

2. 学前教育思想

张雪门的学前教育思想主要包括以下几个方面。(1)幼稚教育的目的。张雪门认为幼稚教育以改造中华民族为目标。(2)行为课程。张雪门受杜威的影响,认为幼稚园的课程就是给3足岁到6足岁的孩子所能做而又喜欢做的经验的预备,其目的在于满足儿童身心发展的需要、养成扩充经验的方法和习惯以及使之形成有系统的组织。他将其课程理论体系明确命名为"行为课程"。(3)论幼儿教师的培养问题。张雪门认为,幼儿师范教育是幼儿教育的根本。关于幼稚师范的开办原则,他提出骑马要在马背上学。学做幼稚园教师要在幼稚园的实际活动中学。为此他特别强调实习的作用。

三、西方学前教育实践的发展

(一)西方古代的学前教育

自从有人类社会就有了教育。在原始社会初期,公养公育是学前教育的主要形式。学前教育的内容包括生产劳动教育,社会知识及道德规范教育,宗教、艺术等方面的知识。幼儿的学习,主要是在社会生活和生产劳动的过程中,通过观察、模仿进行的。

进入阶级社会以后,学前教育主要在家庭中进行。父母及家庭教师是主要的教育者。柏拉图最早论述了学前儿童的教育问题,亚里士多德在婴幼儿保育方面也提出了许多宝贵意见。

西欧中世纪教育受到基督教的影响,过分强化了性恶论、预成论的儿童观,在学前教育中实施畏神禁欲的教育,忽视儿童的身心特点,带有浓厚的成人化色彩。

(二)西方近现代学前教育的发展

西方近现代的学前教育可以分为三个时期:初创时期、确立阶段、发展阶段。

1. 初创时期(18世纪末至19世纪末)

学前教育的初创阶段与生产力的发展息息相关。这一阶段,欧美各国先后创建了第一批幼儿学校及幼儿园等幼教机构。英国空想社会主义者欧文1816年在英国新拉纳克创办了幼儿学校,这是世界上第一所幼儿教育公共机构。德国教育家福禄贝尔1837年在勃兰根堡创办了幼儿园,这是世界上的第一所幼儿园。美国的学前教育机构是在福禄贝尔思想影响下发展起来的。1856年,德国人卡莱·舒尔茨夫人在威斯康星州奥格顿的家中创办了美国历史上的第一所幼儿园。

2. 确立阶段(19世纪末至第二次世界大战前)

随着各国经济的发展以及初等义务教育的普及,社会对学前教育的需求日益增强,公共学前教育得到迅速发展。世界各国通过立法的形式确立了学前教育在整个教育体系中的地位和重要作用。学前教育机构中的"教育"因素超过了保育因素。一些学前教育的理论和方法体系得以形成,如杜威的实用主义教育理论对世界各国的学前教育实践产生了深远的影响。1907年蒙台梭利在罗马成立了"儿童之家",并形成了独具特色的蒙台梭利教育法。

3. 发展阶段(第二次世界大战以后)

第二次世界大战后,在新技术革命的推动之下,生产力发展有了进一步提高,社会对人的素质提出了前所未有的要求。教育学、心理学的发展,使得重视早期教育的思想深入人心。这个时期,世界各国制定了有关学前教育的法律法规,保证了学前教育的实施和发展。学前教育领域的国际交流和合作日益加强,第二次世界大战中,成立了联合国儿童基金会,这是世界上第一个为儿童谋福利的国际组织。1959年,联合国大会通过了《儿童权利宣言》。1989年,联合国大会通过了《儿童权利公约》。

四、西方学前教育思想的发展

(一)夸美纽斯

1. 生平及教育代表作

夸美纽斯(1592—1670),是17世纪捷克教育家。学前教育是其教育理论中最有建树的领域之一。夸美纽斯的教育代表作有:(1)《母育学校》,1633年出版,这是历史上第一部学前教育专著,详细论述了在家庭中进行幼儿教育的各种问题;(2)《大教学论》,1632年出版,此书是夸美纽斯的教育代表作,被称为近代教育理论的奠基之作;(3)《世界图解》,1658年出版,这是历史上第一部依据直观原则编写的对幼儿进行启蒙教育的看图识字课本。

【真题链接】

(2012年上)世界上第一部论述学前教育的专著是(   )。
A.《母育学校》   B.《爱弥尔》   C.《社会契约论》   D.《学记》

【参考答案】　A

2. 学前教育思想

夸美纽斯的学前教育思想包括以下几个方面。(1)"教育适应自然"。"教育适应自然"或称"自然适应性",是夸美纽斯提出的教育主导原则。夸美纽斯眼中的适应自然,主要指的是遵循自然界的"秩序"。他认为,在自然界——即客观世界中存在着一种起支配作用的"秩序",即普遍法则,夸美纽斯将人也看作是整个自然界的一部分,因此人的发展以及对人进行教育,也应服从这一普遍法则。(2)母育学校的任务及内容。夸美纽斯认为儿童到成人的发展分为婴儿期、童年期、少年期和青年期4个阶段,每一个发展阶段都有专门的教育任务。其中他认为从出生到6岁,为婴幼儿期,儿童应在母育学校接受家庭教育。他在历史上第一次把学前教育纳入其充满民主色彩的单轨学制。

(二)卢梭

1. 生平及教育代表作

卢梭(1712—1778),是18世纪法国启蒙思想家、哲学家和教育思想家。他被认为是历史上第一位直接深入研究儿童教育的思想家。他的教育代表作《爱弥儿》详细阐述了自然教育思想。

2. 学前教育思想

卢梭的学前教育思想包括以下几个方面。(1)自然教育思想。从性善的观点出发,卢梭提出了自然教育思想。他要求教育适应人的内在自然发展的要求,促进人身心的自然发展,尊重并研究儿童,在此基础上决定教育的程序、内容与方法。自然教育的培养目标是培养"自然人",实质上是资产阶级新人。(2)儿童教育的阶段和内容。卢梭把儿童的教育划分为4个年龄阶段。婴儿期(出生至2岁)以身体的养护为主;儿童期(2—12岁)以体育锻炼和感官训练为主;青年期(12—16岁)以智育为主;青春期(16—20岁)以道德教育为主。(3)学前教育的方法。卢梭认为学前教育的方法主要包括:给予儿童行动的自由,合理的养护与锻炼,注意语言的发展,善于运用感官教育与模仿本能,在道德教育上反对体罚,主张"自然后果法"。卢梭主张从出生到12岁对儿童采取"消极教育"。教育者或采取自己不教也不让别人教的方针,或只锻炼他的身体、器官、感觉和体力,而尽可能让他的心闲着不用,能闲多久就闲多久。他还倡导"自然后果法",通过让儿童体验其过失的不良后果,来纠正他们的过失。

(三)裴斯泰洛齐

1. 生平及教育代表作

裴斯泰洛齐(1746—1827),瑞士教育家。他在教育史上第一次明确提出了教育心理化的口号,开启了19世纪欧洲教育心理化运动。他提出要素教育思想并在此基础上建立初等教育分科教学法体系,极大地推动了近代国民教育的普及与发展。他的主要教育著作有《林哈德与葛笃德》(1781—1787)、《葛笃德如何教育她的子女》(1800)等。

2. 学前教育思想

裴斯泰洛齐的学前教育思想包括以下几个方面。(1)和谐发展的教育。裴斯泰洛齐提出了和谐发展的教育,强调教育应适应自然,按照儿童心理的特点和发展顺序,激发和发展儿童的天赋能力和力量。和谐发展的教育包括体育、劳动教育、德育和智育。(2)教学心理化。教学心理化是裴斯泰洛齐新式教学的总的原则。他认为,只有使教学过程本身与儿童的心理的自然发展相一致,才能使儿童的天性及能力得到和谐的发展。(3)要素教育。裴斯泰洛齐认为,在一切知识中都存在着一些最简单的"要素"。教育过程应从一些最简单的、能为儿童所理解和接受的要素开始,逐步过渡到更加复杂的要素,促使儿童各种天赋能力的和谐发展。智育的要素是数、形、词,体育的要素是各种关节活动,德育的要素是儿童对母亲的爱。

(四)福禄贝尔

1. 生平及教育代表作

福禄贝尔(1782—1852),是德国近代著名的教育家、幼儿园的创始者,近代学前教育理论的奠基人。1826年,他的教育代表作《人的教育》出版。1837年,他在德国勃兰根堡开办了一所学校,专收3—7岁的儿童,并把以往发明的教具材料付诸实用。1840年,他把这所学校命名为"幼儿园"。福禄贝尔的教育实践和教育理论推动了德国以及世界学前教育的发展,故后人称他为"幼儿教育之父"。

2. 学前教育思想

福禄贝尔的学前教育思想包括以下几个方面。(1)幼儿园的任务与原则。福禄贝尔认为幼儿园确定的教育任务是,通过游戏与各种活动,培养儿童的社会态度和民族美德,使他们认识人和自然,发展其体力与智力以及做事或生产的技能技巧,从而为他们升入小学做好准备。此外,培训幼儿园教师和推广幼儿教育的新方法和新经验,也应是幼儿园的重要任务。幼儿园教育的基本原则是自我活动。(2)"恩物"。"恩物"是福禄贝尔对他创制的一套供儿童使用的玩具或教学用品的称谓,意为上帝的恩赐。(3)游戏。游戏被福禄贝尔看作儿童自我活动的集中体现。福禄贝尔不仅主张把游戏作为幼儿园的教育方式,更提出要在市镇设立公共游戏场,以发展儿童的公民品质与社会参与精神。(4)作业。作业主要体现了福禄贝尔关于创造的思想,主要要求是将此前所学的恩物的知识运用于实践。因此,作业是以"恩物"教学为前提的。

(五)杜威

1. 生平及教育代表作

杜威(1859—1952),是美国著名的哲学家和教育家。杜威以实用主义哲学为基础,构建起庞大的实用主义教育思想理论体系。主要著作有《我的教育信条》(1897)、《学校与社会》(1899)、《儿童与课程》(1902)、《民主主义与教育》(1916)。

2. 学前教育思想

杜威的实用主义教育思想包括以下几个方面。(1)教育的本质。杜威认为教育的本质是"教育即生长""教育即生活""教育即经验的改造"。"教育即生长"指教育的本质和作用就是促进儿童的本能生长。"教育即生活"意味着教育就是儿童现在生活的过程,而不是生活的准备。因此,要把教育与儿童眼前的生活融合起来,教儿童学会适应眼前的生活环境。"教育即经验的改造"指教育过程是个人亲身经验不断改造和重组的过程;通过新经验和原有经验的结合,达到对经验的改组和改造,就增加了经验的意义。(2)"从做中学"。"从做中学"是杜威教育理论的基本原则,即从活动中学,从经验中学。儿童应该从自身的活动中进行学习,教学应该关注儿童的实际需要,从学生的经验和活动出发。(3)"学校即社会"。根据"教育即生活"的观点,杜威提出了"学校即社会"。他要求把学校办成和现有社会制度一样的环境,以便培养出完全能适应眼前社会生活的人。

> **真题链接**
>
> (2017年上)(单项选择题)对杜威"教育即生长"的正确理解是(　　)。
> A. 教育以儿童的本能和能力为依据
> B. 儿童的生成以教育目标为依据
> C. 教育以促进教师的专业成长为基础
> D. 教育应促进儿童的身体发育
> 【参考答案】 A

(五)蒙台梭利

1. 生平及教育著作

蒙台梭利(1870—1952),毕生致力于探索"科学的教育学",创办了"儿童之家",创立了独特的幼儿教育方法,并通过撰写教育理论著作和开办国际训练班等方式,促进了现代幼儿教育的改革和发展。她于1909年出版了《适用于儿童之家的幼儿教育的科学教育方法》(英译本将书名简化为《蒙台梭利方法》)。除此之外,她主要的教育著作还有《教育人类学》(1908)、《童年的秘密》(1933)等。

2. 学前教育思想

蒙台梭利的学前教育思想包括以下几个方面。(1)教育有两方面的目的:一是生物的目的,即帮助个人的自然发展;另一个是社会的目的,即使个人能适应并利用环境。(2)蒙台梭利认为儿童的心理发展具有下列三大特点:具有心理胚胎期、具有吸收心理、具有敏感期。(3)有准备的环境。蒙台梭利认为新的教育包括教师、环境和儿童,三者之间彼此都应发生作用,而这个环境是"有准备的环境",即通过成人的帮助,提供给儿童一个适合其发展的环境。(4)论感官教育与教具。蒙台梭利非常重视儿童的感官训练和智力培养。她设计了一套"感官练习材料"(也称蒙台梭利教具),让儿童通过操作教具,达到训练感官的目的。这套"感官练习材料"包括训练听觉、视觉、嗅觉、触觉等感官的材料,其中以触觉为主。

(六)皮亚杰

1. 生平及教育代表作

皮亚杰(1896—1980),是瑞士著名的儿童心理学家和教育家。皮亚杰一生所著极丰,其中影响较大的几部著作是《儿童的语言和思维》(1923)、《儿童的道德判断》(1932)、《儿童的智力起源》(1936)、《儿童心理学》(1966)、《结构主义》(1968)、《发生认识论》(1970)等。

2. 学前教育思想

皮亚杰的学前教育思想包括以下几个方面。(1) 儿童智力结构及认知发展。皮亚杰依据结构主义的基本原理,提出了儿童思维发展结构理论,即"发生认识论",主要研究儿童认识发展的过程和结构。皮亚杰的"发生认识论"涉及"图式""同化""顺应""平衡"四个基本概念。(2) 制约儿童心理发展的因素。皮亚杰对制约儿童心理发展的各种因素进行分析,认为儿童心理发展是内因和外因相互作用的结果。制约儿童心理发展的主要因素如下:成熟、物体经验、社会经验、平衡化。(3) 儿童思维发展阶段理论。皮亚杰把儿童的发展划分为既相互连接,但又具有质的差异的四个阶段:感知运动阶段(0—2岁)、前运算阶段(2—6、7岁)、具体运算阶段(6、7—11、12岁)、形式运算阶段(11、12—14、15岁)。在感知运动阶段出现儿童思维(智力)的萌芽;在前运算阶段出现表象思维和直觉思维;在具体运算阶段出现初步的逻辑思维;到形式运算阶段,才出现比较复杂的逻辑思维。

第三节 幼儿教育概述

> **聚焦考试大纲**
>
> 理解幼儿教育的性质和意义,理解我国幼儿教育的目的和任务。
> 理解幼儿教育的基本原则,理解幼儿园教育的基本特点,能对教育实践中的问题进行分析。

一、幼儿教育的概念

为了促进不同年龄阶段的人适时充分的发展,我们会给不同年龄阶段的人实施不同的教育影响:学前教育、小学教育、中等教育、高等教育、成人教育,而学前教育就是对胎儿直至进入小学前的儿童所进行的教育、组织的活动及施加的影响。按照年龄的差异,我们又可以把学前教育分为胎儿教育、婴儿教育和幼儿教育。幼儿教育就是对3岁至入小学前的幼儿所进行的教育、组织的活动及施加的影响。从形式上来讲,我国的幼儿教育主要包括家庭教育和机构教育,本书讨论的主要是幼儿机构教育,即幼儿园教育。

二、幼儿教育的性质

幼儿教育是我国社会主义教育事业的组成部分,是我国基础教育的重要组成部分,是我国学校教育和终身教育的奠基阶段。国家通过立法、制定方针政策来保证它的实施,并通过行政管理体系来领导和贯彻落实。

1. 基础性

教育是民族振兴的基石,是社会发展的基础。世界各国已经认识到,教育落后阻碍着国家的发展,所以教育就成为社会发展的一种基础性措施。学前教育是基础教育的基础、终身教育的开端,是国民教育体系的重要组成部分,对于促进个体早期的全面健康发展,巩固和提高义务教育质量与效益,提升国民素质,缩小城乡差距,促进教育和社会公平具有重要意义,这是学前教育基础性的体现。

2. 公益性

学前教育的公益性是指学前教育活动应当尊重社会全体成员的共同利益。《中华人民共和国教育法》明确规定,"我国的教育事业是一项公益性的事业""教育活动必须符合国家和社会公共利益,任何组织和个人不得以营利为目的举办学校及其他教育机构"。坚持教育的公益性是我国教育事业健康发展的基本要求。

三、幼儿教育的意义

幼儿教育对于幼儿的成长至关重要,只有遵循幼儿身心发展的规律,根据其发展的年龄特点和个性特点实施适宜的影响,才能促进幼儿体、智、德、美的全面发展。

1. 促进生长发育,提高身体素质

幼儿生长发育不成熟,缺乏自我保护意识,容易受到伤害,幼儿园能够合理地安排营养保健和一日生活,科学地组织体育锻炼,培养幼儿形成良好的生活卫生习惯,增强其对疾病的抵抗能力和对环境变化的适应能力等,帮助幼儿增强体质,健康成长。

2. 开发大脑潜能,促进智力发展

幼儿期是智力发展的关键期,幼儿处于大脑开发,特别是语言、感知觉等方面发展的敏感期,需要开展适宜的早期教育。

3. 发展个性,促进人格的健康发展

人的个性、性格、思想道德和行为习惯都是在一定的教育影响下逐渐形成和发展起来的,在幼儿期受到的教育影响,常常会在一生中留下痕迹。

4. 培养美感,促进想象力、创造力的发展

学前教育以美熏陶、感染幼儿,满足其爱美的天性,萌发其美感和审美情趣,激发他们表现美、创造美的欲望,发展他们艺术的想象力、创造力,促进健全人格的发展。

四、我国幼儿教育的目标与任务

(一)幼儿教育的目标

幼儿教育目标是教育目的在幼儿教育阶段的具体化,是国家对幼儿园提出的培养人的规格和要求,是全国各种类型幼儿教育机构统一的指导思想。

1996年原国家教育委员会公布实施的《幼儿园工作规程》,明确规定的幼儿园教育目标是:(1)促进幼儿身体正常发育和机能的协调发展,增强体质,培养良好的生活习惯、卫生习惯和参加体育活动的兴趣;(2)发展幼儿智力,培养正确运用感官和运用语言交往的基本能力,增进对环境的认识,培养有益的兴趣和求知欲望,培养初步的动手能力;(3)萌发幼儿爱家乡、爱祖国、爱集体、爱劳动、爱科学的情感,培养诚实、自信、好问、友爱、勇敢、爱护公物、克服困难、讲礼貌、守纪律等良好的品德行为和习惯,以及活泼、开朗的性格;(4)培养幼儿初步的感受美和表现美的情趣和能力。

2001年教育部公布实施的《幼儿园教育指导纲要(试行)》从健康、语言、社会、科学、艺术五个领域的角度出发,提出了幼儿全面发展的培养目标。(具体见本章第五节)

1. 制定幼儿教育目标的依据

制定幼儿教育目标的依据是教育目的、幼儿身心发展特点和可能性。

幼儿教育目标是根据教育目的并结合幼儿教育的性质、任务而提出来的。鉴于幼儿的身心发展特点,幼儿教育目标与学校教育目标的提法有所不同,例如把"体"的发展放在第一位,这是因为幼儿阶段的身体发育与机能的健全发展较之以后各年龄阶段更为重要。

教育从根本上说就是培养人的活动,所以教育目标既要符合社会要求,也要符合教育对象的身心发展规律。如果不符合幼儿发展规律,不符合个体幼儿的发展需要与可能性,教育目标是无法成为现实的。

2. 制定幼儿具体教育目标时应注意的问题

(1) 教育目标分解的方法要恰当。制定幼儿具体教育目标的过程,就是将国家的教育目的、幼儿园的教育目标层层分解,逐步具体化、落实的过程。而制定具体教育目标时,制定者一定要根据实际情况,采用不同的分解方法。

(2) 教育目标要涵盖全面。在将教育目标层层分解、具体化的过程中,制定者要保证教育目标的整体结构不受影响,要指向幼儿身心全面发展的各个方面,避免重德轻智或者重智轻德、重知识轻能力或者轻情感、重技能轻创造性等偏差做法。

(3) 教育目标要有连续性和一致性。教育目标的完成是一个长期的过程,是若干阶段相互衔接共同完成的。每个阶段的教育目标要相互衔接,体现幼儿身心发展的渐进性和连续性;同时,上层目标与下层目标之间、整体目标与局部目标之间要协调一致,以保证每个阶段目标都得以实现,并为上层目标、整体目标的实现奠定基础。

(二) 幼儿教育的任务

1996年原国家教育委员会公布实施的《幼儿园工作规程》,明确规定了幼儿园教育的工作任务:实行保育和教育相结合的原则,对幼儿实施体、智、德、美全面发展的教育。同时,幼儿园要为家长参加工作、学习提供便利条件。

1. 幼儿园对幼儿实施保育和教育

以幼儿园为代表的各类幼儿教育机构是我国对幼儿实施保育和教育的组织,因此幼儿园通过对幼儿实施体、智、德、美诸方面全面发展的教育,促进其身心和谐发展,来体现自身的社会价值,为社会主义建设服务。

2. 幼儿园为家长工作、学习提供便利条件

幼儿园不仅是一个教育机构,也是一个社会福利机构,负有为在园幼儿的家长服务的任务。幼儿园保护、照顾幼儿有助于解决家长因参加工作、学习而子女无人照顾的问题。

五、幼儿教育的原则

幼儿教育的原则包括两部分:教育的一般原则和幼儿教育的特殊原则。前者是各教育阶段教师均应遵守的,后者是根据幼儿教育特点而提出的,是对幼儿园教师的特殊要求。

(一) 教育的一般原则

1. 尊重幼儿的人格尊严和合法权益的原则

(1) 尊重幼儿的人格尊严。幼儿与教师之间是平等的人与人的关系,教师要将幼儿作

为具有独立人格的人来对待,尊重他们的思想感情、兴趣、爱好、要求和愿望等。教师要在言行中处处体现对幼儿的尊重,注意倾听幼儿的想法,尊重他们的意愿,使幼儿意识到他们是有价值、有能力、不可缺少的,从而建立起自信心,为更好地发展奠定基础。

(2)保障幼儿的合法权利。幼儿是不同于成人的正在发展中的社会成员,享有不同于成人的许多特殊的权利,如生存权、受教育权、受抚养权、发展权等,这反映了人类对幼儿在社会中的地位和权利的认可与尊重。家庭、学校、社会应当保障幼儿的合法权益不受侵犯。

2. 促进幼儿全面发展的原则

促进幼儿全面发展的原则是指教师在制订教育计划、设计教育活动时,应当注意以下要求。

(1)幼儿的发展是整体的发展而不是片面的发展。教育必须促进幼儿体、智、德、美诸方面的全面发展,不能偏废任何一个方面。

(2)幼儿的发展应当是协调的发展。协调发展包括幼儿身体的各个器官、各系统机能的协调发展;幼儿各种心理机能,包括认知、情感、性格、社会性、语言等的协调发展;幼儿的生理和心理的协调发展;幼儿个体需要与社会需求之间的协调发展,等等。

(3)幼儿的发展是有个性的发展。教育除了使每个幼儿达到国家统一要求的标准之外,还允许根据每个幼儿的特点和可能性,充分发挥他们各自的潜能。

3. 面向全体,重视个体差异的原则

在教育过程中,教育者在关注全体受教育对象的同时,还应重视幼儿的个体差异,因人施教,有针对性地采取最有效、最合理的方式促进每个幼儿的发展。

(1)要促进每个幼儿的发展。教育必须面向每个幼儿,使每个幼儿都能达到教育目标提出的要求。教师要保证每个幼儿在学校里有同等的受教育机会。

(2)教育要促进每个幼儿在原有基础上的发展。由于每个幼儿的需要、兴趣、性格、能力、学习方式等不尽相同,因此教师必须考虑每个幼儿的特殊需要,因材施教,使每个幼儿都能发挥其优点和特长,在原有水平上得到应有的发展。

(3)多种组织形式促进幼儿的发展。教师应注意在教育中灵活地使用集体活动、小组活动、个别活动等教育组织方式。

4. 充分利用幼儿、家庭、社会等教育资源的原则

教育者必须认识到幼儿自身、幼儿群体,以及家庭、社会都是宝贵的教育资源,要充分发挥这些教育资源的教育作用。如与家庭、社会合作,充分利用幼儿的经验和幼儿之间的相互作用,利用大众媒体等。

(二)幼儿教育的特殊原则

1. 保教结合原则

教师要从幼儿身心发展特点出发,在全面、有效地对幼儿进行教育的同时,重视对幼儿生活上的照顾和保护,使幼儿健康、全面地发展。把握该原则要明确如下几点:第一,保育和教育是幼儿园两大方面的工作,是幼儿园教育的全部内容;第二,保育和教育工作相互联系、相互渗透;第三,保育和教育是在同一过程中实现的。

2. 以游戏为基本活动的原则

游戏是幼儿园的基本活动，游戏最符合幼儿的身心发展特点，能最大限度满足幼儿的发展需要，具有其他活动所不能替代的教育价值。因此，幼儿园必须以游戏为基本活动，保障幼儿游戏的权利，要创设丰富的游戏环境，让幼儿愉快、自主地游戏。

3. 生活化原则

对于幼儿来说，除了认识周围世界、启迪其心智的学习内容之外，一些基本的生活和"做人"所需要的态度和能力，诸如文明卫生习惯、生活自理能力、自立意识、与人相处时应有的态度和能力等，都是需要学习的。儿童只能在生活中学生活、在交往中学交往、在做人中学做人。即使是认知方面的学习，离开幼儿的生活经验，脱离幼儿的生活实际，也会变成难以理解其意义，难以唤起其兴趣的抽象、枯燥的知识灌输。生活是幼儿园教育内容的重要来源与实施途径。

六、幼儿教育的特点

幼儿教育的特点是由幼儿身心发展规律，幼儿教育的性质、目标等因素决定的，主要体现为以下几个方面。

第一，启蒙性。幼儿园是对三周岁以上的学龄前阶段儿童实施保育、教育的机构，是基础教育的组成部分，是学校教育的基础阶段。所以，幼儿园教育对幼儿实施的是启蒙性教育，为其全面发展奠定良好、扎实的基础。

第二，生活化。"生活即教育"，只有紧密结合幼儿生活经验的教育内容，才能被幼儿理解和接受，因此幼儿园教育要具有浓厚的生活化的特征。幼儿园教育内容要来自于幼儿的生活，同时幼儿园教育活动的实施也要贯穿于幼儿的每日生活。

第三，游戏性。游戏是幼儿教育的基本活动，也是幼儿的基本活动方式，游戏性是幼儿教育的显著特点之一。

第四，直接经验性。幼儿主要是通过感知觉器官和动作，在与事物直接接触的过程中，通过操作获取直接经验，进而认识世界的。同时，由于幼儿的思维方式具有具体形象性特征，幼儿只有在与事物具体接触的过程中，操作它们，才能理解接受它们。所以，教师要为幼儿提供丰富的实物操作材料和真实的生活情景，帮助幼儿获得直接经验。

真题链接

（2017年上）（单项选择题）适合幼儿发展的内涵是指（   ）。

A. 追随幼儿的兴趣　　　　　　B. 适合幼儿发展的规律与特点

C. 任其自由发展　　　　　　　D. 跟随幼儿

【参考答案】　B

第四节 幼儿园班级管理

> **聚焦考试大纲**
>
> 理解幼儿园班级管理的目的和意义。

一、幼儿园班级管理的概念

幼儿园班级管理是指幼儿园班级教师通过计划、组织、实施、调整等环节,把幼儿园的人、财、物、时间、空间、信息等资源充分运用起来,以便于达到预定的目的。该概念具有四层含义:一是班级管理的主体是人,即是由人来实施班级管理的,实施者可以是一个人,也可以是一群人;二是班级管理是通过计划、组织、实施、调整等环节来实现的;三是班级管理的对象是幼儿园的人、财、物、时间、空间、信息等资源;四是班级管理是有预定目标的。

幼儿园班级管理是指教师通过协调教育者之间的教育行为,提供适当的教育环境,积极与幼儿进行沟通等方法,使幼儿得到最佳发展的管理活动。

二、幼儿园班级管理的目的

班级是幼儿园的核心单位,班级所在的教室是幼儿学习、游戏的主要场所。幼儿日常行为习惯的养成,一日生活的组织,教师与家长的沟通、交流等,都是依托班级进行的。

幼儿园班级管理的内在目的是把幼儿培养成个体生活和社会生活的主体。班级管理中最重要的和最直接的管理对象是幼儿,幼儿既是自然存在的生命体,又是社会存在的生命体。因此,对幼儿进行管理首先要了解幼儿的自然天性,遵循其发展规律,使其成为个体生活的主体;其次,让幼儿在自然的基础上获得人的生命的自由,成为社会生活的主体。

幼儿园班级管理的外在目的,是形成办园特色,打造办园品牌。幼儿园的发展需要通过班级管理来实现,幼儿园班级管理工作从规范化到特色化的迈进,是形成幼儿园办园特色和办园品牌的关键。

三、幼儿园班级管理的意义

提高幼儿园的保教质量,需要良好的师资、设备和足够的资金。这些资源能否充分利用,能否发挥应有作用,依赖于管理者对人、财、物等因素的合理组织和调配。只有恰当利用这些资源,才能发挥其应有作用与价值。因此,班级管理是做好幼儿园管理工作的基础,是提高幼儿园保教工作的基本保证。

四、幼儿园班级管理的内容

由于幼儿园的一切教育活动最终都要通过班级管理来实现,所以班级管理的内容不仅涵盖幼儿园管理中的一切管理内容,还包括教师之间的协调工作、幼儿园班级建设工作和针对幼儿个体的具体工作。以幼儿在园活动为划分标准，幼儿园班级管理主要由生活管理和教育管理两方面组成，其他管理工作服务于幼儿的生活、教育管理。

（一）生活管理

幼儿园生活管理是为了保证幼儿的身体正常发育、心理健康成长，保教人员围绕幼儿在园起居、饮食等生活活动的需要而进行的管理工作。生活管理包括睡眠、饮食、如厕、衣着等全部生活内容，是保育工作的重要内容，是教育工作的前提与基础，是班级管理的主要内容。生活管理可以满足幼儿在园生活的物质需要，为幼儿健康成长提供物质环境。

（二）教育管理

幼儿园班级教育管理是指保教人员在班主任教师带领下对班级幼儿进行调查研究，对教育过程精心设计、组织，对教育效果进行细致评估的一系列工作。教育管理对于明确教育目标、优化教育方法、保证教育效果起着重要作用。教育管理是幼儿园教师最经常和最基本的管理工作，也是幼儿园各项管理工作的核心内容。

五、幼儿园班级管理的环节与方法

幼儿园班级管理主要由四个环节组成：第一，幼儿园班级管理工作计划的制订；第二，幼儿园班级管理工作的组织与实施；第三，幼儿园班级管理工作的检查与计划调整；第四，幼儿园班级管理工作的总结与评估。这四个环节互为条件和基础。

幼儿园班级管理常用的方法包括规则引导法、情感沟通法、互动指导法、榜样激励法和目标指引法。

（一）规则引导法

规则引导法是指用规则引导幼儿的行为，使其与班级活动的方向、要求保持一致或者确保幼儿自身安全且不危害他人安全的一种管理方法。规则引导法是对班级幼儿最直接和最常用的管理方法。其中，规则是指幼儿与幼儿、幼儿与保教人员、幼儿与环境、幼儿与材料之间互动的关系准则。幼儿必须在这些规则下活动才能取得预期的活动效果。使用规则引导法时要注意：规则的内容要明确且简单易行，要为幼儿提供活动的机会，让幼儿在活动中掌握规则，要保持规则的一致性。

（二）情感沟通法

情感沟通法是指通过激发和利用幼儿对事、对人、对己的情感，引发或影响其行为的方法。幼儿情感易外露、易受暗示，教师可以及时了解幼儿情感，从情感入手，对幼儿的行为加以影响和引导，以达到管理的目的。使用情感沟通法时应注意：教师要注意观察幼儿的情感表现，引发幼儿积极的行为；教师要保持和蔼可亲的个人形象，言谈举止要表达积极而真实的情感；同时还要创设相应的情境，允许幼儿处于丰富的情感世界中，并在积极愉悦的氛围中交往。

（三）互动指导法

互动指导法是指通过指导幼儿与班级人、事、物互动进而达到相应管理目的的方法。因为班级活动的主体是幼儿，因此引导幼儿主动、积极、有效地与他人交往互动就成为班级管理的重要方法。使用互动指导法时要注意:教师对幼儿互动的指导要根据幼儿身心发展水平、个性特色及活动性质、情境来确定;教师要注意指导的适宜性,有些指导是在互动活动开始时进行,有些指导需要在互动过程中进行,有些指导则需要在互动结束后进行;教师的指导不能太笼统,同时也不能太细致,应从幼儿的理解能力、行为水平等条件出发,对幼儿加以指导和帮助。

(四)榜样激励法

榜样激励法是指通过树立榜样并引导幼儿学习榜样以规范幼儿行为,从而达到管理目的的方法。使用榜样激励法时应注意:榜样的选择要健康、形象、具体;榜样的树立要公正;及时对幼儿的行为进行反馈。

(五)目标指引法

目标指引法是指教师以行为结果作为目标规范幼儿行为方式的管理方法。使用目标指引法时应注意:目标要具体、明确、切实可行、具有吸引力;目标与行为之间的联系要清晰。

第五节 《幼儿园教育指导纲要(试行)》解读

> **聚焦考试大纲**
>
> 掌握《幼儿园教育指导纲要(试行)》在幼儿园教育活动的目标、内容、实施和评价上的基本观点和要求。

2001年7月2日,中华人民共和国教育部颁发了《幼儿园教育指导纲要(试行)》(以下简称《纲要》)。

《纲要》呈现

第一部分 总则

一、为贯彻《中华人民共和国教育法》、《幼儿园管理条例》和《幼儿园工作规程》,指导幼儿园深入实施素质教育,特制定本纲要。

二、幼儿园教育是基础教育的重要组成部分,是我国学校教育和终身教育的奠基阶段。城乡各类幼儿园都应从实际出发,因地制宜地实施素质教育,为幼儿一生的发展打好基础。

三、幼儿园应与家庭、社区密切合作,与小学相互衔接,综合利用各种教育资源,共同为幼儿的发展创造良好的条件。

四、幼儿园应为幼儿提供健康、丰富的生活和活动环境,满足他们多方面的需要,使他们在快乐的童年生活中获得有益于身心发展的经验。

五、幼儿园教育应尊重幼儿的人格和权利,尊重幼儿身心发展的规律和学习特点,以游戏为基本活动,保教并重,关注个别差异,促进每个幼儿富有个性的发展。

解读

第一条说明了《纲要》制定的依据、目的。

第二条说明了我国幼儿园教育的性质与任务,即"幼儿园教育是基础教育的重要组成部分,是我国学校教育和终身教育的奠基阶段",幼儿园教育的根本任务是"为幼儿一生的发展打好基础"。

第三条强调幼儿园教育应综合利用各种教育资源。幼儿园教育阶段的教育资源类型非常多,除了常用的幼儿园内部资源之外,教师也要充分利用幼儿园外的各类教育资源,例如社区资源、家庭资源和丰富的自然资源。

第四条指出幼儿园教育要通过提供健康、丰富的生活和活动环境来满足幼儿发展需要,获得有益经验,实现身心全面发展。

第五条指出了幼儿园教育必须遵守的基本原则,例如应尊重幼儿的人格和权力、尊重幼儿身心发展的规律和身心发展特点、以游戏为基本活动等。

《纲要》呈现

第二部分 教育目标与内容要求

幼儿园的教育内容是全面的、启蒙性的,可以相对划分为健康、语言、社会、科学、艺术等五个领域,也可作其他不同的划分。各领域的内容相互渗透,从不同的角度促进幼儿情感、态度、能力、知识、技能等方面的发展。

一、健康

(一)目标

1. 身体健康,在集体生活中情绪安定、愉快;
2. 生活、卫生习惯良好,有基本的生活自理能力;
3. 知道必要的安全保健常识,学习保护自己;
4. 喜欢参加体育活动,动作协调、灵活。

(二)内容与要求

1. 建立良好的师生、同伴关系,让幼儿在集体生活中感到温暖,心情愉快,形成安全感、信赖感。

2. 与家长配合,根据幼儿的需要建立科学的生活常规。培养幼儿良好的饮食、睡眠、盥洗、排泄等生活习惯和生活自理能力。

3. 教育幼儿爱清洁、讲卫生,注意保持个人和生活场所的整洁和卫生。

4. 密切结合幼儿的生活进行安全、营养和保健教育,提高幼儿的自我保护意识和能力。

5. 开展丰富多彩的户外游戏和体育活动,培养幼儿参加体育活动的兴趣和习惯,增强体质,提高对环境的适应能力。

6. 用幼儿感兴趣的方式发展基本动作,提高动作的协调性、灵活性。

7. 在体育活动中,培养幼儿坚强、勇敢、不怕困难的意志品质和主动、乐观、合作的态度。

(三)指导要点

1. 幼儿园必须把保护幼儿的生命和促进幼儿的健康放在工作的首位。树立正确的健康观念，在重视幼儿身体健康的同时，要高度重视幼儿的心理健康。

2. 既要高度重视和满足幼儿受保护、受照顾的需要，又要尊重和满足他们不断增长的独立要求，避免过度保护和包办代替，鼓励并指导幼儿自理、自立的尝试。

3. 健康领域的活动要充分尊重幼儿生长发育的规律，严禁以任何名义进行有损幼儿健康的比赛、表演或训练等。

4. 培养幼儿对体育活动的兴趣是幼儿园体育的重要目标，要根据幼儿的特点组织生动有趣、形式多样的体育活动，吸引幼儿主动参与。

二、语言

（一）目标

1. 乐意与人交谈，讲话礼貌；
2. 注意倾听对方讲话，能理解日常用语；
3. 能清楚地说出自己想说的事；
4. 喜欢听故事、看图书；
5. 能听懂和会说普通话。

（二）内容与要求

1. 创造一个自由、宽松的语言交往环境，支持、鼓励、吸引幼儿与教师、同伴或其他人交谈，体验语言交流的乐趣，学习使用适当的、礼貌的语言交往。

2. 养成幼儿注意倾听的习惯，发展语言理解能力。

3. 鼓励幼儿大胆、清楚地表达自己的想法和感受，尝试说明、描述简单的事物或过程，发展语言表达能力和思维能力。

4. 引导幼儿接触优秀的儿童文学作品，使之感受语言的丰富和优美，并通过多种活动帮助幼儿加深对作品的体验和理解。

5. 培养幼儿对生活中常见的简单标记和文字符号的兴趣。

6. 利用图书、绘画和其他多种方式，引发幼儿对书籍、阅读和书写的兴趣，培养前阅读和前书写技能。

7. 提供普通话的语言环境，帮助幼儿熟悉、听懂并学说普通话。少数民族地区还应帮助幼儿学习本民族语言。

（三）指导要点

1. 语言能力是在运用的过程中发展起来的，发展幼儿语言的关键是创设一个能使他们想说、敢说、喜欢说、有机会说并能得到积极应答的环境。

2. 幼儿语言的发展与其情感、经验、思维、社会交往能力等其他方面的发展密切相关，因此，发展幼儿语言的重要途径是通过互相渗透的各领域的教育，在丰富多彩的活动中去扩展幼儿的经验，提供促进语言发展的条件。

3. 幼儿的语言学习具有个别化的特点，教师与幼儿的个别交流、幼儿之间的自由交谈等，对幼儿语言发展具有特殊意义。

4. 对有语言障碍的儿童要给予特别关注，要与家长和有关方面密切配合，积极地帮助他们提高语言能力。

三、社会

(一)目标

1. 能主动地参与各项活动,有自信心;
2. 乐意与人交往,学习互助、合作和分享,有同情心;
3. 理解并遵守日常生活中基本的社会行为规则;
4. 能努力做好力所能及的事,不怕困难,有初步的责任感;
5. 爱父母长辈、老师和同伴,爱集体、爱家乡、爱祖国。

(二)内容与要求

1. 引导幼儿参加各种集体活动,体验与教师、同伴等共同生活的乐趣,帮助他们正确认识自己和他人,养成对他人、社会亲近、合作的态度,学习初步的人际交往技能。

2. 为每个幼儿提供表现自己长处和获得成功的机会,增强其自尊心和自信心。

3. 提供自由活动的机会,支持幼儿自主地选择、计划活动,鼓励他们通过多方面的努力解决问题,不轻易放弃克服困难的尝试。

4. 在共同的生活和活动中,以多种方式引导幼儿认识、体验并理解基本的社会行为规则,学习自律和尊重他人。

5. 教育幼儿爱护玩具和其他物品,爱护公物和公共环境。

6. 与家庭、社区合作,引导幼儿了解自己的亲人以及与自己生活有关的各行各业人们的劳动,培养其对劳动者的热爱和对劳动成果的尊重。

7. 充分利用社会资源,引导幼儿实际感受祖国文化的丰富与优秀,感受家乡的变化和发展,激发幼儿爱家乡、爱祖国的情感。

8. 适当向幼儿介绍我国各民族和世界其他国家、民族的文化,使其感知人类文化的多样性和差异性,培养理解、尊重、平等的态度。

(三)指导要点

1. 社会领域的教育具有潜移默化的特点。幼儿社会态度和社会情感的培养尤应渗透在多种活动和一日生活的各个环节之中,要创设一个能使幼儿感受到接纳、关爱和支持的良好环境,避免单一呆板的言语说教。

2. 幼儿与成人、同伴之间的共同生活、交往、探索、游戏等,是其社会学习的重要途径。应为幼儿提供人际间相互交往和共同活动的机会和条件,并加以指导。

3. 社会学习是一个漫长的积累过程,需要幼儿园、家庭和社会密切合作,协调一致,共同促进幼儿良好社会性品质的形成。

四、科学

(一)目标

1. 对周围的事物、现象感兴趣,有好奇心和求知欲;
2. 能运用各种感官,动手动脑,探究问题;
3. 能用适当的方式表达、交流探索的过程和结果;
4. 能从生活和游戏中感受事物的数量关系并体验到数学的重要和有趣;

5. 爱护动植物,关心周围环境,亲近大自然,珍惜自然资源,有初步的环保意识。

(二)内容与要求

1. 引导幼儿对身边常见事物和现象的特点、变化规律产生兴趣和探索的欲望。

2. 为幼儿的探究活动创造宽松的环境,让每个幼儿都有机会参与尝试,支持、鼓励他们大胆提出问题,发表不同意见,学会尊重别人的观点和经验。

3. 提供丰富的可操作性的材料,为每个幼儿都能运用多种感官、多种方式进行探索提供活动的条件。

4. 通过引导幼儿积极参加小组讨论、探索等方式,培养幼儿合作学习的意识和能力,学习用多种方式表现、交流、分享探索的过程和结果。

5. 引导幼儿对周围环境中的数、量、形、时间和空间等现象产生兴趣,建构初步的数概念,并学习用简单的数学方法解决生活和游戏中某些简单的问题。

6. 从生活或媒体中幼儿熟悉的科技成果入手,引导幼儿感受科学技术对生活的影响,培养他们对科学的兴趣和对科学家的崇敬。

7. 在幼儿生活经验的基础上,帮助幼儿了解自然、环境与人类生活的关系。从身边的小事入手,培养初步的环保意识和行为。

(三)指导要点

1. 幼儿的科学教育是科学启蒙教育,重在激发幼儿的认识兴趣和探究欲望。

2. 要尽量创造条件让幼儿实际参加探究活动,使他们感受科学探究的过程和方法,体验发现的乐趣。

3. 科学教育应密切联系幼儿的实际生活进行,利用身边的事物与现象作为科学探索的对象。

五、艺术

(一)目标

1. 能初步感受并喜爱环境、生活和艺术中的美;

2. 喜欢参加艺术活动,并能大胆地表现自己的情感和体验;

3. 能用自己喜欢的方式进行艺术表现活动。

(二)内容与要求

1. 引导幼儿接触周围环境和生活中美好的人、事、物,丰富他们的感性经验和审美情趣,激发他们表现美、创造美的情趣。

2. 在艺术活动中面向全体幼儿,要针对他们的不同特点和需要,让每个幼儿都得到美的熏陶和培养。对有艺术天赋的幼儿要注意发展他们的艺术潜能。

3. 提供自由表现的机会,鼓励幼儿用不同艺术形式大胆地表达自己的情感、理解和想象,尊重每个幼儿的想法和创造,肯定和接纳他们独特的审美感受和表现方式,分享他们创造的快乐。

4. 在支持、鼓励幼儿积极参加各种艺术活动并大胆表现的同时,帮助他们提高表现的技能和能力。

5. 指导幼儿利用身边的物品或废旧材料制作玩具、手工艺品等来美化自己的生活或开展其他活动。

6. 为幼儿创设展示自己作品的条件，引导幼儿相互交流、相互欣赏、共同提高。

（三）指导要点

1. 艺术是实施美育的主要途径，应充分发挥艺术的情感教育功能，促进幼儿健全人格的形成。要避免仅仅重视表现技能或艺术活动的结果，而忽视幼儿在活动过程中的情感体验和态度的倾向。

2. 幼儿的创作过程和作品是他们表达自己的认识和情感的重要方式，应支持幼儿富有个性和创造性的表现，克服过分强调技能技巧和标准化要求的偏向。

3. 幼儿艺术活动的能力是在大胆表现的过程中逐渐发展起来的，教师的作用应主要在于激发幼儿感受美、表现美的情趣，丰富他们的审美经验，使之体验自由表达和创造的快乐。在此基础上，根据幼儿的发展状况和需要，对表现方式和技能技巧给予适时、适当的指导。

解读

《纲要》将幼儿园教育内容分为健康、语言、社会、科学和艺术五个领域，每个领域按照目标、内容与要求、指导要点三部分进行表述。

"目标"部分主要说明该领域重点追求什么，它主要的价值取向何在。《纲要》中各领域目标表述较多地使用了"体验、感受、喜欢、乐意"等词汇，突出了情感、兴趣、态度、个性等方面的价值取向，着眼于培养终身学习的基础和动力。

真题链接

（2017年上）（单项选择题）根据《幼儿园教育指导纲要（试行）》，幼儿园体育的重要目标是（   ）。

A. 获得比赛奖项　　　　　　B. 培养运动人才
C. 培养幼儿对体育活动的兴趣　　D. 训练技能

【参考答案】　C

"内容与要求"部分则在说明为实现教育目标，教师应该做什么，该怎么做。同时，将该领域的内容自然地负载其中。《纲要》遵循基础教育课程改革的精神，强调幼儿的主动学习，改革教学方式，希望教师不要把关注点过分集中在具体知识或技能的教学上，不要仅仅以固定的知识点为目标来设计教学活动，而是要着力组织适合幼儿的活动，创造适宜的教育环境，从幼儿的实际生活中去发现教学赖以展开的资源，通过作用于幼儿的活动来对幼儿发生实质性的影响，让他们获得体验、获得一定的知识和技能。因此，《纲要》在每个领域中都没有单独列出一个知识点或技能要求的细目，而是从活动的角度附带提出知识或技能要求。

"指导要点"主要的功能有：一是点明该领域的教和学的特点；二是点明该领域特别是应当注意的有普遍性的问题。

《纲要》呈现

第三部分　组织与实施

一、幼儿园的教育是为所有在园幼儿的健康成长服务的，要为每一个儿童，包括有特殊需要的儿童提供积极的支持和帮助。

二、幼儿园的教育活动，是教师以多种形式有目的、有计划地引导幼儿生动、活泼、主动活动的教育过程。

三、教育活动的组织与实施过程是教师创造性地开展工作的过程。教师要根据本《纲要》，从本地、本园的条件出发，结合本班幼儿的实际情况，制定切实可行的工作计划并灵活地执行。

四、教育活动目标要以《幼儿园工作规程》和本《纲要》所提出的各领域目标为指导，结合本班幼儿的发展水平、经验和需要来确定。

五、教育活动内容的选择应遵照本《纲要》第二部分的有关条款进行，同时体现以下原则：

（一）既适合幼儿的现有水平，又有一定的挑战性。

（二）既符合幼儿的现实需要，又有利于其长远发展。

（三）既贴近幼儿的生活来选择幼儿感兴趣的事物和问题，又有助于拓展幼儿的经验和视野。

六、教育活动内容的组织应充分考虑幼儿的学习特点和认识规律，各领域的内容要有机联系，相互渗透，注重综合性、趣味性、活动性，寓教育于生活、游戏之中。

七、教育活动的组织形式应根据需要合理安排，因时、因地、因内容、因材料灵活地运用。

八、环境是重要的教育资源，应通过环境的创设和利用，有效地促进幼儿的发展。

（一）幼儿园的空间、设施、活动材料和常规要求等应有利于引发、支持幼儿的游戏和各种探索活动，有利于引发、支持幼儿与周围环境之间积极的相互作用。

（二）幼儿同伴群体及幼儿园教师集体是宝贵的教育资源，应充分发挥这一资源的作用。

（三）教师的态度和管理方式应有助于形成安全、温馨的心理环境；言行举止应成为幼儿学习的良好榜样。

（四）家庭是幼儿园重要的合作伙伴。应本着尊重、平等、合作的原则，争取家长的理解、支持和主动参与，并积极支持、帮助家长提高教育能力。

（五）充分利用自然环境和社区的教育资源，扩展幼儿生活和学习的空间。幼儿园同时应为社区的早期教育提供服务。

九、科学、合理地安排和组织一日生活。

（一）时间安排应有相对的稳定性与灵活性，既有利于形成秩序，又能满足幼儿的合理需要，照顾到个体差异。

（二）教师直接指导的活动和间接指导的活动相结合，保证幼儿每天有适当的自主选择和自由活动时间。教师直接指导的集体活动要能保证幼儿的积极参与，避免时间的隐性浪费。

（三）尽量减少不必要的集体行动和过渡环节，减少和消除消极等待现象。

（四）建立良好的常规，避免不必要的管理行为，逐步引导幼儿学习自我管理。

十、教师应成为幼儿学习活动的支持者、合作者、引导者。

（一）以关怀、接纳、尊重的态度与幼儿交往。耐心倾听，努力理解幼儿的想法与感受，支持、鼓励他们大胆探索与表达。

（二）善于发现幼儿感兴趣的事物、游戏和偶发事件中所隐含的教育价值，把握时机，积极引导。

（三）关注幼儿在活动中的表现和反应，敏感地察觉他们的需要，及时以适当的方式应答，形成合作探索式的师生互动。

（四）尊重幼儿在发展水平、能力、经验、学习方式等方面的个体差异，因人施教，努力使每一个幼儿都能获得满足和成功。

（五）关注幼儿的特殊需要，包括各种发展潜能和不同发展障碍，与家庭密切配合，共同促进幼儿健康成长。

十一、幼儿园教育要与0—3岁儿童的保育教育以及小学教育相互衔接。

解读

"组织与实施"部分共十一条，指出了幼儿园教育活动的含义、幼儿园教育活动组织实施的基本原则等内容；规定了环境、一日生活、幼小衔接及教师在幼儿园教育活动组织与实施过程中的作用与角色，强调了幼儿园教育活动组织与实施要充分考虑幼儿的学习特点、认识规律。

十一个条目中贯穿着尊重幼儿的权利，尊重教师的创造，尊重幼儿在学习特点、发展水平、个性特征等方面的差异，尊重幼儿身心发展的客观规律，尊重教育、教学的客观规律等等理念与观点，突出了幼儿园教育组织实施中的教育性、主动性、开放性、针对性、灵活性等原则。

《纲要》呈现

第四部分　教育评价

一、教育评价是幼儿园教育工作的重要组成部分，是了解教育的适宜性、有效性，调整和改进工作，促进每一个幼儿发展，提高教育质量的必要手段。

二、管理人员、教师、幼儿及其家长均是幼儿园教育评价工作的参与者。评价过程是各方共同参与、相互支持与作用的过程。

三、评价的过程，是教师运用专业知识审视教育实践，发现、分析、研究、解决问题的过程，也是其自我成长的重要途径。

四、幼儿园教育工作评价实行以教师自评为主，园长以及有关管理人员、其他教师和家长等参与评价的制度。

五、评价应自然地伴随着整个教育过程进行。综合采用观察、谈话、作品分析等多种方法。

六、幼儿的行为表现和发展变化具有重要的评价意义,教师应视之为重要的评价信息和改进工作的依据。

七、教育工作评价宜重点考察以下方面:

(一)教育的计划和教育活动的目标是否建立在了解本班幼儿现状的基础上。

(二)教育的内容、方式、策略、环境条件是否能调动幼儿学习的积极性。

(三)教育过程是否能为幼儿提供有益的学习经验,并符合其发展需要。

(四)教育内容、要求能否兼顾群体需要和个体差异,使每个幼儿都能得到发展,都有成功感。

(五)教师的指导是否有利于幼儿主动、有效地学习。

八、对幼儿发展状况的评估,要注意:

(一)明确评价的目的是了解幼儿的发展需要,以便提供更加适宜的帮助和指导。

(二)全面了解幼儿的发展状况,防止片面性,尤其要避免只重知识和技能,忽略情感、社会性和实际能力的倾向。

(三)在日常活动与教育教学过程中采用自然的方法进行。平时观察所获得具有典型意义的幼儿行为表现和所积累的各种作品等,是评价的重要依据。

(四)承认和关注幼儿的个体差异,避免用划一的标准评价不同的幼儿,在幼儿面前慎用横向的比较。

(五)以发展的眼光看待幼儿,既要了解现有水平,更要关注其发展的速度、特点和倾向等。

解读

"教育评价"部分共八条,指出了幼儿园教育评价的功能、主体、实施原则、评价内容及幼儿发展评估原则等内容;明确规定了幼儿园评价的目的是促进每个幼儿的发展、教师的发展及教育质量的提高;强调了评价的过程性、合作性、发展性等特征。

第六节　我国幼儿教育的改革动态与发展趋势

聚焦考试大纲

了解我国幼儿教育的改革动态与发展趋势。

一、我国学前教育的改革动态

2001年,《国务院关于基础教育改革与发展的决定》确立了基础教育的地位,坚持基础教育优先发展,特别指出了要重视和发展学前教育,大力发展以社区为依托、公办与民办相结合的多形式的学前教育和早期儿童教育服务机构,加强乡(镇)中心幼儿园建设并发挥其对村办幼儿园的指导作用。

2001年,教育部颁布《幼儿园教育指导纲要(试行)》。2010年5月5日,国务院常务会议审议并通过的《国家中长期教育改革和发展规划纲要(2010—2020年)》,在学前教育方面做了如下要求。

1. 基本普及学前教育

学前教育对幼儿习惯养成、智力开发和身心健康具有重要意义。学前教育应遵循幼儿身心发展规律,坚持科学的保教方法,保障幼儿快乐健康成长。积极发展学前教育,到2020年,全面普及学前一年教育,基本普及学前两年教育,有条件的地区普及学前三年教育。重视0—3岁婴幼儿教育。

2. 明确政府职责

把发展学前教育纳入城镇、新农村建设规划。建立政府主导、社会参与、公办民办并举的办园体制。积极发展公办幼儿园,大力扶持民办幼儿园。实行成本合理的分担机制,对家庭经济困难幼儿入园给予财政补助。完善幼儿园工作制度和管理办法。制定学前教育办园标准和收费标准。建立幼儿园准入和督导制度,加强学前教育管理,规范办园行为。依法落实幼儿教师地位和待遇,加强幼儿教师队伍建设。教育行政部门宏观指导和管理学前教育,相关部门履行各自职责,充分调动各方面力量发展学前教育。

3. 重点发展农村学前教育

努力提高农村学前教育普及程度。着力保证留守儿童入园。多种形式扩大农村学前教育资源,新建扩建托幼机构,在小学附设学前班,充分利用中小学布局调整的富余校舍和教师资源。支持贫困地区发展学前教育。

二、学前教育发展趋势

2010年,《国务院关于当前发展学前教育的若干意见》为贯彻落实党的十七届五中全会、全国教育工作会议精神和《国家中长期教育改革和发展规划纲要(2010—2020年)》提出,要积极发展学前教育,着力解决当前存在的"入园难"问题,满足适龄儿童入园需求,促进学前教育事业科学发展。主要内容如下。

1. 把发展学前教育摆在更加重要的位置

学前教育是终身学习的开端,是国民教育体系的重要组成部分,是重要的社会公益事业。发展学前教育,必须坚持公益性和普惠性,努力构建覆盖城乡、布局合理的学前教育公共服务体系,保障适龄儿童接受基本的、有质量的学前教育;必须坚持政府主导,社会参与,公办民办并举,落实各级政府责任,充分调动各方面积极性;必须坚持改革创新,着力破除制约学前教育科学发展的体制机制障碍;必须坚持因地制宜,从实际出发,为幼儿和家长提供方便就近、灵活多样、多种层次的学前教育服务;必须坚持科学育儿,遵循幼儿身心发展规律,促进幼儿健康快乐成长。

2. 多种形式扩大学前教育资源

大力发展公办幼儿园,提供"广覆盖、保基本"的学前教育公共服务。加大政府投入,新建、改建、扩建一批安全、适用的幼儿园。不得用政府投入建设超标准、高收费的幼儿园。中小学布局调整后的富余教育资源和其他富余公共资源,优先改建成幼儿园。鼓励优质公办幼儿园举办分园或合作办园。制定优惠政策,支持街道、农村集体举办幼儿园。充分考虑进城务工人员随迁子女接受学前教育的需求,努力扩大农村学前教育资源,把发展学前教育作为社会主义新农村建设的重要内容。发展农村学前教育要充分考虑农村人口分布和流动趋势,合理布局,有效使用资源。

3. 多种途径加强幼儿教师队伍建设

加快建设一支师德高尚、热爱儿童、业务精良、结构合理的幼儿教师队伍,依法落实幼儿园教师地位与待遇,切实维护幼儿园教师的权益。完善学前教育师资培养培训体系。办好中等幼儿师范学校,办好高等师范院校学前教育专业,建设一批幼儿师范专科学校。建立培训体系,创新培训模式,提升幼儿园教师的专业水平。

4. 多种渠道加大学前教育投入

各级政府要将学前教育经费列入财政预算。制定优惠政策,鼓励社会力量办园和捐资助园。家庭合理分担学前教育成本。建立学前教育资助制度。地方政府要加大投入,重点支持边远贫困地区和少数民族地区发展学前教育。规范学前教育经费的使用和管理。

5. 加强幼儿园准入管理

完善法律法规,规范学前教育管理。严格执行幼儿园准入制度。各地根据国家基本标准和社会对幼儿保教的不同需求,制定各种类型幼儿园的办园标准,实行分类管理、分类指导,做好审批以及监督管理工作,分类治理、妥善解决无证办园问题。

6. 强化幼儿园安全监管

高度重视幼儿园安全保障工作,加强安全设施建设,配备保安人员,健全各项安全管理制度和安全责任制,落实各项措施,严防事故发生。相关部门按职能分工,建立全覆盖的幼儿园安全防护体系,切实加大工作力度,加强监督指导。幼儿园要提高安全防范意识,加强内部安全管理。幼儿园所在街道、社区和村民委员会要共同做好幼儿园安全管理工作。

7. 规范幼儿园收费管理

根据国家相关部门出台的幼儿园收费管理办法进行管理。省级有关部门根据城乡经济社会发展水平、办园成本和群众承受能力,按照非义务教育阶段家庭合理分担教育成本的原则,制定公办幼儿园收费标准。加强民办幼儿园收费管理,完善备案程序,加强分类指导。幼儿园实行收费公示制度,接受社会监督。加强收费监管,坚决查处乱收费。

8. 坚持科学保教,促进幼儿身心健康发展

加强对幼儿园保教工作的指导。遵循幼儿身心发展规律,面向全体幼儿,关注个体差异,坚持以游戏为基本活动,保教结合,寓教于乐,促进幼儿健康成长。加强对幼儿园玩教具、幼儿图书的配备与指导,为儿童创设丰富多彩的教育环境,防止和纠正幼儿园教育"小学化"倾向。研究制定幼儿园教师指导用书审定办法。建立幼儿园保教质量评估监管体系。健全学前教育教研指导网络。要把幼儿园教育和家庭教育紧密结合,共同为幼儿的健康成长创造良好环境。

9. 完善工作机制,加强组织领导

各级政府要加强对学前教育的统筹协调,健全教育部门主管、有关部门分工负责的工作机制,形成推动学前教育发展的合力。

10. 统筹规划,实施学前教育三年行动计划

各省(区、市)政府要深入调查,准确掌握当地学前教育基本状况和存在的突出问题,结合本区域经济社会发展状况和适龄人口分布、变化趋势,科学测算入园需求和供需缺口,确定发展目标,分解年度任务,落实经费,以县为单位编制学前教育三年行动计划,有效缓解"入园难"。

★拓展训练

一、单项选择题

1. 活动性原则源自( )的"做中学"教育思想。
   A. 皮亚杰　　　B. 夸美纽斯　　　C. 福禄贝尔　　　D. 杜威
2. 将蒙养园改为幼稚园的中国近代学制是( )。
   A. 壬寅学制　　B. 癸卯学制　　　C. 壬子癸丑学制　D. 壬戌学制
3. 我国第一所幼儿园(或幼稚园)设立的时间是( )。
   A. 1903 年　　　B. 1840 年　　　C. 1949 年　　　D. 1951 年
4. 我国创办的第一个幼儿教育机构是( )。
   A. 乡村幼儿园　　　　　　　　　B. 湖北幼稚园
   C. 北平香山幼稚园　　　　　　　D. 蒙养院
5. 以"生活教育"为理念,创办中国化、平民化的幼稚园,建立生活教育课程理论体系的是( )。
   A. 陈鹤琴　　　B. 张宗麟　　　　C. 张雪门　　　　D. 陶行知
6. 建立我国第一个幼儿教育研究中心,并亲自主持幼稚园研究工作,提出"活教育"思想的是( )。
   A. 张雪门　　　B. 张宗麟　　　　C. 陈鹤琴　　　　D. 陶行知
7. 坚决反对以教师为中心和儿童中心主义的倾向,提出"活教育"理论的是( )。
   A. 张雪门　　　B. 陶行知　　　　C. 陈鹤琴　　　　D. 杜威
8. 主张幼稚教育的目的是以改造中华民族为目标,系统论述行为课程的教育家是( )。
   A. 张汉良　　　B. 张之洞　　　　C. 张宗麟　　　　D. 张雪门
9. 新中国成立以来第一个真正意义上的幼儿教育行政法规是( )。
   A.《幼儿园工作规程》　　　　　B.《幼儿园教育纲要(试行)》
   C.《幼儿园管理条例》　　　　　D.《幼儿园教育指导纲要》
10. 1816 年在英国纽兰纳克创办的幼儿学校是世界上第一所幼儿教育公共机构。其创办者是( )。
    A. 夸美纽斯　　B. 卢梭　　　　　C. 福禄贝尔　　　D. 欧文
11. 历史上第一部学前教育专著是夸美纽斯的( )。
    A.《大教学论》　B.《世界图解》　C.《母育学校》　D.《爱弥尔》

12. 教育理论体系中的一个最基本思想是把儿童当作儿童来看待,同时还强调幼儿教育应遵循自然的原则的教育家是(　　)。
   A. 夸美纽斯　　B. 卢梭　　C. 福禄贝尔　　D. 洛克

13. 提出"儿童中心论""从做中学"的教育家是(　　)。
   A. 杜威　　B. 福禄贝尔　　C. 皮亚杰　　D. 蒙台梭利

14. 1907年,在罗马贫民区创办"儿童之家",重视对3—6岁幼儿进行感官教育的幼儿教育家是(　　)。
   A. 福禄贝尔　　B. 蒙台梭利　　C. 夸美纽斯　　D. 卢梭

15. 将儿童的心理发展过程分为"感知运动阶段、前运算阶段、具体运算阶段、形式运算阶段"四个阶段的是(　　)。
   A. 杜威　　B. 福禄贝尔　　C. 皮亚杰　　D. 蒙台梭利

二、简答题
幼儿园艺术教育领域的目标是什么?

三、论述题
结合实例论述班级管理的内容。

参考答案

一、单项选择题
1. D　2. D　3. A　4. B　5. D　6. C　7. C　8. D　9. C　10. D　11. C　12. B　13. A　14. B　15. C

二、简答题
(1) 能初步感受环境、生活和艺术中的美;
(2) 喜欢艺术活动,能用自己喜欢的方式大胆地表现;
(3) 乐于与同伴一起娱乐、表演、创作。

三、论述题
(一)生活管理
　　幼儿园生活管理是为了保证幼儿的身体正常发育、心理健康成长,保教人员围绕幼儿在园起居、饮食等生活活动的需要而进行的管理工作。生活管理包括睡眠、饮食、如厕、衣着等全部生活内容,是保育工作的重要内容,是教育工作的前提与基础,是班级管理的主要内容。生活管理可以满足幼儿在园生活的物质需要,为幼儿健康成长提供物质环境。

(二)教育管理
　　幼儿园班级教育管理是指保教人员在班主任教师带领下对班级幼儿进行调查研究,对教育过程精心设计、组织,对教育效果进行细致评估的一系列工作。教育管理是幼儿园教师最经常和最基本的管理工作,也是幼儿园各项管理工作的核心内容。

第三章 生活指导

学习导航

> 本章学习要求:熟悉幼儿园一日生活的主要环节,理解一日生活的教育意义。掌握幼儿园各环节的卫生要点。了解幼儿生活常规教育的要求与培养幼儿良好生活、卫生习惯的方法。理解幼儿必需营养素及其对幼儿健康的作用,掌握科学、合理的幼儿膳食方法。理解和掌握传染病的基本知识,掌握幼儿园常见病、传染病的症状及预防措施。了解幼儿园常见的安全问题和处理方法,了解突发事件如火灾、地震等的应急处理方法。
>
> 本章特别希望学习者理论联系实际,采用"做中学""做中体验"的方式,尝试运用相关知识开展实训活动,积累实践操作经验,提升保教实践能力。

第一节 幼儿园的一日生活

聚焦考试大纲

> 熟悉幼儿园一日生活的主要环节,理解一日生活的教育意义。

一、幼儿园一日生活的主要环节

幼儿园生活的主要环节包括来园、盥洗、进餐、喝水、午睡、如厕、集体活动和离园等。

（一）来园

教师要准确地把握幼儿身心发展的特点与规律,为幼儿营造温馨舒适、丰富有趣的入园环境,吸引幼儿投入到活动中,让其从心理、身体、能力等方面都得到一定的发展,使入园环节成为幼儿一日生活的开始。幼儿在入园时应做到:能主动与老师、小朋友打招呼,并开心地和家人再见,愿意上幼儿园;愿意和老师、同伴做游戏,有良好的师生和同伴关系,感受到集体的温暖,心情愉快,有安全感。

(二) 盥洗

盥洗是幼儿生活的一个重要环节,可使幼儿毛发、皮肤保持清洁,提高皮肤的各种功能,减少皮肤被汗液、皮脂、灰尘污染的机会,提高皮肤的抵抗力,维护身体的健康。同时,还可以培养幼儿爱清洁、讲卫生的好习惯,提高幼儿的生活自理能力。

1. 幼儿日常盥洗的内容

(1) 洗手。幼儿经常用手接触物品,被病原体污染的机会较多,因此,必须强调饭前便后和活动后洗手。洗手应用流动水和肥皂,先用水打湿小手,然后搓肥皂,接着把手心、手背、手指间都搓到,再用水冲洗干净,不留皂液,最后用毛巾擦干小手。擦手毛巾应该经常清洗和消毒。要教育幼儿认真洗,不玩水,不敷衍。

(2) 洗脸。将毛巾洗湿拧干后,用毛巾先擦里、外眼角,然后擦前额、脸颊、鼻孔下方、口周、下巴、脖子及耳朵。其间应清洗毛巾1—2次,以保证毛巾的清洁。这里注意应该用流动水给幼儿洗脸。前额、眼角、鼻孔下方、口周、下巴等处是幼儿洗脸时经常遗忘的地方,教师应及时提醒幼儿。

(3) 刷牙。刷牙前应先漱口,将放有牙膏的牙刷在刷牙杯里沾湿,然后顺着牙缝竖刷,里外都应刷到,刷牙后应彻底漱口,并将牙刷涮干净,最后,再将牙刷的毛端朝上、牙刷柄向下放入刷牙杯中。这里要注意的是,幼儿在练习刷牙阶段可以暂不使用牙膏,教会幼儿从后向前挤牙膏,教师和家长应督促幼儿认真刷牙,尤其是牙的内面也应仔细刷。

2. 幼儿盥洗过程中的照料、检查与指导

(1) 全面照顾、及时督促、仔细检查。

盥洗环节较易出问题,例如地面有水,有可能会使幼儿滑倒,幼儿玩水将衣服弄湿等,教师应重视这一环节,注意全面照顾、及时督促、仔细检查,使此环节既能达到清洁的目的,又能起到教育的作用。

盥洗前应向幼儿强调盥洗的纪律要求、卫生要求以及注意事项,并应分小组进行盥洗,避免盥洗室人多拥挤。对个别衣袖卷不上、不会洗手、肥皂眯眼的幼儿,教师应给予帮助。幼儿洗手后,教师要检查每个幼儿手洗得是否干净,包括手指缝、手背、手指甲、手腕等。

(2) 培养幼儿良好的盥洗习惯。

培养幼儿勤洗手的习惯。应培养幼儿饭前和便后洗手的习惯,幼儿外出游戏归来也应督促其洗手,使幼儿养成手脏了就洗手的好习惯,随时保持手的清洁。

培养幼儿每天洗脸、洗脚、洗屁股的习惯。

培养幼儿饭后漱口、早晚刷牙的习惯。

培养幼儿经常洗头、洗澡、换衣的习惯。

培养幼儿勤剪指甲(趾甲),男幼儿勤剪头发的习惯。

(三) 进餐

应该根据幼儿胃的排空时间来决定进餐时间。幼儿胃的排空时间约为3—4小时,因此,一般两餐间隔时间为3—4小时。幼儿一般进餐4—5次,注意定时定量进餐。

幼儿园的进餐活动包括餐前心理准备、餐前盥洗、进餐中幼儿技能的掌握、习惯的养成,餐后的整理、盥洗等。在进餐中,教师应对幼儿有明确的常规要求,使其养成良好的进餐习惯。在进餐环节幼儿应做到:懂得进餐时情绪愉快对身体健康有益,能安静愉快地进餐,乐意自己吃饭;知道进餐时要洗干净双手;能正确使用餐具并学习掌握吃多种食物的技能,逐步做到安静、愉快地独立进餐;了解各种食物的营养,能根据需要适量进食,不挑食、不偏食;养成良好的进餐习惯,细嚼慢咽、文明进餐;餐后有序整理餐具,收拾食物残渣,做到餐后及时擦嘴、洗手、漱口等。

> **真题链接**
> (2014年上)(单项选择题)《幼儿园工作规程》指出,幼儿园应制定合理的一日生活作息制度,两餐间隔时间不少于( )。
> A. 2.5小时　　　　B. 3小时　　　　C. 2小时　　　　D. 3.5小时
> 【参考答案】　D

(四)喝水

幼儿年龄越小,体内水的比例越高,需水量也相对越大,幼托机构应为幼儿提供足够的饮用水,且不要让幼儿感到口渴才喝水。一般在夏季、早晨、午睡起床后和体育活动后安排喝水,当幼儿患病时,更要注意补充水分。饮水时间和次数可根据季节变化和幼儿实际情况而定,一般两餐之间饮水一次,餐前半小时至1小时喝水有利于更多消化液的分泌,对机体有益。但在即将进餐时和剧烈运动后不宜马上喝水,因为喝水后立即进餐会引起饱腹感,降低食欲;剧烈运动后立即喝水会增加循环血量而加重心脏负担,所以,剧烈运动后可先让幼儿喝少量淡淡的盐开水。幼儿饮用水应煮沸,但不宜喝反复煮沸的水,因为反复煮沸的水中产生的亚硝酸盐会导致血红蛋白失去携氧功能。幼儿的杯具要专用,并经常消毒。

(五)如厕

幼儿随着中枢神经系统和肾功能的发育,基本已具备大小便的控制能力,但由于膀胱容积小、肾过滤能力弱以及自控力较差,幼儿对排便的控制力仍然较差,托幼机构要允许幼儿根据需要随时如厕,同时,在安排幼儿活动前,需提醒如厕,逐步培养幼儿定时排便的习惯。

幼儿成功地排出大便后,保育人员应对其进行赞扬和鼓励,不要对幼儿的粪便表现出厌恶的神态,防止幼儿出现心理性便秘。幼儿排泄的卫生主要有以下几点。

1. 鼓励和引导幼儿自己排尿排便

发现幼儿有排尿排便迹象后,应及时指导他们排泄,并对幼儿成功地排尿排便给予表扬和鼓励,以增强其对排尿排便的自信心。对偶尔不小心将尿或粪便排到裤子上或床上的幼儿应给予理解,不指责,并消除幼儿因排泄失误而造成的紧张感,稳定幼儿独立排泄的信心。

2. 及时排尿、排便,不憋尿、不憋大便

幼儿有尿意就应排尿,避免膀胱过度充盈失去收缩能力而发生排尿困难或感染。同样,当幼儿产生便意后也应及时排便,防止粪便长时间积存,出现便秘。当幼儿因贪玩憋尿、憋大便时,应及时提醒他们排泄。

3. 培养幼儿良好的排泄习惯

如厕要求:(1) 正确使用便池或抽水马桶,排便不弄脏衣裤和便池,如果出现弄脏或尿湿现象,要立刻帮助幼儿更换衣裤,并安慰幼儿;(2) 及时如厕,不憋尿和憋大便;(3) 自己穿脱裤子;(4) 学会使用正确方法(从前往后包着擦)自己擦屁股。

托幼园所的厕所应保持清洁卫生,经常打扫消毒。婴幼儿使用过的便盆应立即倾倒,刷洗干净,每日用消毒液浸泡。保教人员应仔细观察婴幼儿的排尿、排便情况,发现问题,及时处理。

(六) 午睡

午睡是幼儿园一日生活中非常重要的环节,直接影响幼儿的身体健康、生长发育、学习状况。而幼儿在园独立入睡,不仅有助于其生活自理能力的培养,还可以增强其独立性。教师应当明确午睡过程中不同年龄段幼儿应达到的目标要求和具体内容,抓住午睡中的各个环节进行有针对性的教育。幼儿在午睡时应做到:养成按时并独立午睡的习惯,睡姿正确;能做好睡前准备,会自己穿脱外衣、鞋袜;睡醒后不打扰同伴,有便意、身体不适或发现同伴有异常情况时能及时告诉老师;按时起床,不拖拉、不等待,学习整理床铺。

(七) 集体活动

集体活动是指幼儿在教师的组织下进行的,幼儿能主动参与、充分交往,获得直接经验,体验各种情感的活动。在活动中可以满足幼儿身体的、认知的、社会的和情绪情感的发展需要,也是教师了解幼儿发展、增进师生感情、实施教育的途径。由于幼儿年龄小,自我保护意识和能力比较缺乏,不能清楚地预见自己行为的后果,因此教师在活动中要特别注意对幼儿进行自护教育,使自我保护成为一种能力、习惯,伴随幼儿安全、健康地成长。幼儿在此环节应做到:活动前了解将要进行的活动内容,并能积极投入到活动中;注意倾听老师的提醒和要求,能按要求行动并掌握相关的技能;在活动中能运用协商、合作、求助等方式化解矛盾和冲突,愉快地游戏;活动结束后能和教师、同伴一起整理活动材料,感受活动的乐趣,愿意与同伴分享。

(八) 离园

离园是一日活动的最后一个环节,是一天幼儿园生活的结束。教师要根据实际情况,适时地组织有目的有计划的活动,抓住环节活动中有价值的教育契机,实施有效的指导和帮助,以满足幼儿各方面的需要,使幼儿的离园活动充实有趣、轻松自然。教师要有计划地组织幼儿进行离园整理,包括情绪情感的整理、仪容仪表的整理和离园物品的整理等,帮助幼儿梳理一天的活动和收获,使其获得情感认知、情绪体验,提高自我服务能力和生活能力。在离园环节幼儿应做到:保持稳定、愉悦的情绪等待家长来接;乐于自己整理仪表,喜欢干净、整洁;离园时管理好自己的物品,会将玩具、图书、椅子等归位;主动与老师、小朋友道别,约好明天愉快地来园;跟家长离园,不跟陌生人走,在园里与家长走散知道回本班找老师求助。

二、幼儿园一日生活的教育意义

1. 使学龄前儿童尽快适应幼儿园里的生活,为今后的发展打下基础

幼儿从家庭进入幼儿园所感受到的变化是极大的。对他们来说,这一切都是陌生的。他们正式进入集体生活后,由家庭的"中心成员"变成了幼儿园里众多小朋友中的普通一员。在家中,几个大人围着一个孩子转,对他们各方面的照顾是非常全面的。而在幼儿园里,教师要照顾十几名、几十名幼儿,就需要培养他们具有一定的独立生活能力,使其尽快地熟悉、适应集体生活和学习的环境,产生归属感。

幼儿身体各个器官的生理机能尚未发育成熟,各个组织都比较柔嫩,身体素质还很薄弱,幼儿时期又是生长发育十分迅速、新陈代谢旺盛的时期。由于幼儿缺乏知识经验、独立生活和自我保护的能力,因此,他们既需要教师的悉心照顾,又需要保育员和教师反复指导下的训练,以养成良好的生活习惯,建立良好的生活秩序。

帮助幼儿掌握生活所必需的知识、技能并能在生活中加以应用,可以提高他们的生活自理能力,增强自信心,也为他们今后的学习和生活,为最终走向自立奠定最基本的能力和态度基础。

2. 使幼儿愉快地度过每一天

《幼儿园教育指导纲要(试行)》指出:"幼儿园应为幼儿提供健康、丰富的生活和活动环境,满足他们多方面发展的需要,使他们在快乐的童年生活中获得有益于身心发展的经验。""快乐的童年生活"最现实的表现就是幼儿每一天的具体生活,而学龄前儿童日常生活的表现也是判断、衡量他们学习和发展状况的重要依据之一。因此,教师要把生活活动不仅看成是满足幼儿渴了要喝水、饿了要吃饭等生理需要的过程,更要将其看成是以此为机会,使幼儿的相关能力逐步得到提高的学习、练习的过程,从而让幼儿在集体生活中感到温暖、心情愉快,产生安全感、信赖感。从这个意义上说,幼儿园教育的重要目的就是让幼儿愉快地度过在幼儿园里的每一天。

3. 日常生活是学习的重要途径

幼儿的身心发展特点决定了教育的生活化,幼儿教育必须是保教并重的,必须寓教育于幼儿的一日生活之中。日常生活是幼儿教育的重要内容,也是教育的重要途径。

第二节 幼儿生活常规教育

聚焦考试大纲

了解幼儿生活常规教育的要求与培养幼儿良好生活、卫生习惯的方法。

一、幼儿生活常规教育

生活常规是幼儿园为了培养幼儿良好生活习惯和基本生活能力,确保幼儿健康成长而制定的幼儿园一日生活各环节的基本规则与要求。《幼儿园工作规程》明确指出:"幼儿园日常生活组织,要从实际出发,建立必要的合理的常规,坚持一贯性、一致性和灵活性的原则,培养幼儿良好的习惯和初步的生活自理能力。"幼儿园生活常规对幼儿在幼儿园每天生活的内容、时间、程序等均有明确的规定,保证幼儿的一日生活能在一定的节奏、秩序和规律中进行,有利于培养幼儿良好的生活卫生习惯和基本生活自理能力,也是实现幼儿园教育目标的重要保证。

(一)幼儿生活常规的特点

幼儿园小、中、大班的生活常规内容是螺旋式上升的。小班的生活常规内容是基础,是起点;中班的生活常规内容不仅包含小班阶段的内容,还增添了高一层次的内容;大班的生活常规除了涵盖中小班的内容,还增添了更高层次的内容。

此外,幼儿园教师需要注意制定合理的幼儿一日生活作息制度。两餐间隔时间不得少于3.5小时。正常情况下,幼儿每天户外活动时间不得少于2小时,寄宿制幼儿园不得少于3小时,高寒、高温地区可酌情增减。幼儿一日活动的组织应动静交替,注重幼儿的活动时间,保证幼儿愉快地、有益地自由活动。

(二)幼儿进行生活常规教育的意义

(1)生活常规教育促使幼儿形成良好的生活习惯。幼儿园对幼儿一日生活进行规范的组织和安排,对各环节的生活提出规定和要求,使幼儿的生活规律化、程序化。这样,幼儿就会顺应日常生活的规律,养成良好的生活习惯。

(2)生活常规教育促进幼儿身体各系统的生长发育。生活常规教育就是为了保护和支持幼儿生理活动的正常进行,进一步促进幼儿的健康成长。

(3)生活常规教育有利于幼儿心理健康发展。幼儿的各项心理活动都处于迅速发育阶段,自我意识和自我控制能力的发展刚刚起步。生活常规教育不仅可以保证幼儿集体生活的有序和顺畅,还可以促进其心理健康发展,提高自我意识和自我控制水平。

(三)幼儿生活常规教育的内容

(1)引导幼儿懂得有规律的生活有益于健康的道理,遵守作息时间和生活制度。

(2)让幼儿学习生活的基本技能,培养幼儿的生活自理能力,包括吃饭、穿衣、刷牙、洗脸、收拾玩具等生活技能。

(3)培养幼儿良好的生活卫生习惯。卫生习惯包括饭前便后洗手、定时排便、不乱扔垃圾、爱护公共卫生等。生活习惯包括讲文明、讲礼貌、不玩水浪费水、不影响他人休息、把衣物整齐地放在固定的地方等。

(四)幼儿生活常规教育的要求

幼儿园常规教育在入园、盥洗、进餐、喝水、午睡、如厕、集体活动、离园等环节对幼儿提出了明确的要求,对幼儿进行生活常规教育时,需要注意以下几点。

(1)对不同年龄幼儿的要求应有差别。根据不同年龄幼儿身心发育的特点,教师应制定不同的生活常规要求。一般小班为最基本的生活要求,中班、大班的要求逐渐增多,难度增大。

(2)具体而规范。幼儿在园的一日生活每个环节都必须按照生活常规教育的具体要求接受培养和训练。通过日复一日的动力定型,幼儿就会养成良好的生活行为和习惯。

(3)保育和教育相结合。培养幼儿生活常规需要保育和教育同时进行。幼儿年龄越小,越需要通过保育手段使其养成良好的习惯,并在生活每一环节接受教育。

(4)注意照顾个体差异。不同年龄、体质、气质的幼儿,生活和学习能力有明显的个体差异。尤其对体弱多病的学前幼儿,完成生活常规要求较困难,需要特别照顾,教师应给予耐心细致的帮助。

> **真题链接**
> （2017年上）（单项选择题）教师引导幼儿擤鼻涕的正确方法是（　　）。
> A. 把鼻涕吸进鼻腔　　　　　　　　　B. 先擤一侧鼻腔,再轻擤另一侧
> C. 同时捏住鼻背两侧擤　　　　　　　D. 用手背擦鼻涕
> 【参考答案】　B

（五）幼儿生活常规教育常用方法

(1)示范讲解法。示范讲解法是生活常规教育中最基本的办法,主要有整体示范讲解法和分解示范讲解法。对于比较简单的生活常规一般采用整体示范讲解法;对于较难的生活常规,通常先采用分解示范讲解法,然后进行整体示范讲解,循序渐进地增加学习难度。

(2)操作法。操作法是生活常规教育中最重要的方法,也是养成教育的主要方法。幼儿必须通过反复不断的操作练习,才能习惯成自然,把生活常规转变为自觉的行为习惯。

(3)集中训练法与个别指导法。集中训练与个别指导不可分割,必须结合使用。在集体生活中,生活常规知识和技能往往通过集中训练的方法进行传授。由于个体差异的存在,教师必须通过个别指导使每位幼儿都能掌握相应生活常规教育的要求。

(4)随机教育法。随机教育法就是利用偶发事件进行及时、灵活的教育。幼儿年龄小,认知水平低,生活经验少,且个体差异显著,常会出现意外事件。因此,在日常生活中常常需要运用随机教育法进行教育。随机教育法的关键是"发现",要求教师有灵活的反应能力,善于捕捉和利用偶然的、短暂的、稍纵即逝的教育时机。随机教育的契机很多,可涉及生活规则、生活常识、生活技能、个性表现等多方面。随机教育的方法也是多种多样的,要针对不同的事件,运用不同的方法进行相应的处理。

二、幼儿良好生活习惯的培养

良好的生活习惯将会成为幼儿一生的财富。因此,作为教师在培养幼儿良好的生活习惯的教育中,首先要以身作则,严于律己,做孩子们的好榜样。更应遵循以下基本原则。

1. 循序渐进原则

幼儿良好的生活习惯不是一朝一夕就能养成的,而是在长期的生活中慢慢形成的,它贯穿于孩子一日生活的各个方面。我们应善于抓住一日生活的各个环节坚持要求,日积月累,孩子的大脑神经活动才能"定型"。这时孩子做起来会感到轻松、自然、舒服、愉快,主动地去

做,慢慢形成习惯。在对幼儿提出要求时,要注意循序渐进,不要强制。

2. 直观性原则

孩子善于模仿,特别是模仿身边的人,例如家中的父母、幼儿园的老师。大人的举止在不知不觉中影响着孩子的行为,所以,作为孩子的模仿对象,我们要时时刻刻注意自己的行为举止。在培养幼儿良好的习惯时我们对自己的要求和对孩子的要求是一致的,因为相同的信息重复地进入孩子的大脑,容易使孩子形成神经联系,就容易养成良好的习惯。

3. 反复性原则

一个好习惯的养成不是一件很容易的事情,"养"不难,养成就需要不断地坚持,不断地强化。在这个过程中,很容易疲劳以至于懈怠,从而使坏习惯卷土重来。特别是小班的孩子,他们基本上还没有自觉的意识,需要成人的提示和帮助。所以,培养孩子良好的习惯,关键在于"渗透"和"坚持"。教师要把培养幼儿良好的行为习惯渗透于孩子一日生活的各个环节中,内容要具体化、生活化,并具有可操作性。可以为幼儿制定一个生活日程表,让幼儿依照一定的时间进食、睡眠、活动,为以后的良好生活习惯打下基础。

第三节 幼儿保健常规及疾病预防

聚焦考试大纲

了解幼儿卫生保健常规、疾病预防、营养等方面的基本知识。

一、幼儿卫生保健常规

幼儿年龄小,身体嫩弱,肌体发育尚不成熟、不完善,对环境的适应能力和对疾病的抵抗力都比较差,从小让幼儿形成健康的观念和良好的卫生习惯对其今后成长有很大帮助。幼儿正处在发展期,身体发育速度很快,其身体发育状况和强健程度,不仅影响着其幼年,也影响其一生。因此,幼儿卫生保健工作就显得非常重要,常规性卫生保健工作主要包括环境方面、健康方面和生活方面。

环境方面要注意创造良好的生活与教育环境,并维护好教育环境,包括居住环境、饮食条件、各种物质材料和用具等物质层面,也包括生活氛围、人与人之间的交往关系、环境中的道德水准与文明程度、幼儿园的园风、教育者的教育观念及品德修养等精神层面。健康方面主要是指对个体健康的保证,主要包括疾病预防、身体健康、心理健康、健康的检查与评估等方面。生活方面主要是根据幼儿生理和心理的特点,合理地组织生活,使幼儿生活内容丰富、有规律,促进他们各器官有节奏地活动。

二、疾病预防

(一)传染病的预防

由于幼儿免疫系统发育不完善,免疫功能较差,幼儿容易受病原体的感染,患上传染病。

幼儿在托幼园所生活,与同伴朝夕相处,接触频繁,一旦患上传染病,该传染病就很容易在园所中流行。因此,预防传染病是托幼机构卫生保健工作的一项重要内容。

1. 管理传染源

管理传染源,应做到早发现、早报告、早隔离治疗。

(1) 早发现病人及病原携带者,可有效控制传染病的传播。幼儿园应完善并坚持执行健康检查制度。诸如:新生入园前体检,工作人员进园前体检,体检合格者才可接收,凡传染病患者、病原携带者及接触者暂不接收;传染病流行期间不接收新生、新工作人员;幼儿及全体工作人员都须定期体检;做好幼儿的晨间检查和全日健康观察工作,特别是在传染病流行期间,检查更应全面细致。晨间检查主要是摸摸幼儿的额头、颈部(颌下),看有无发热及淋巴结肿大情况;看看幼儿的皮肤、咽喉及精神状况;问问幼儿在家的情况。全日健康观察应注意观察幼儿的食欲、精神状态、睡眠及大小便等。

> **真题链接**
>
> (2015年上)(单项选择题)《托儿所幼儿园卫生保健工作规范》规定托幼园所工作人员接受健康检查的频率是( )。
>
> A. 每月一次   B. 半年一次   C. 每年一次   D. 三年一次
>
> 【参考答案】 C

(2) 若发现传染病病人或疑似传染病病人,应及时报告卫生防疫部门,以预防并控制传染病的流行。《中华人民共和国传染病防治法》第三章第三十一条规定:"任何单位和个人发现传染病病人或者疑似传染病病人时,应当及时向附近的疾病预防控制机构或者医疗机构报告。"

(3) 及时隔离病人、接触者及疑似传染病病人,有条件的托幼园所应设隔离室。

2. 切断传播途径

做好日常消毒工作;教育幼儿养成良好的卫生习惯;经常开窗通风,保持室内空气新鲜;管理好幼儿的饮食,注意炊事用具、餐具的消毒等。

当传染病发生后,应针对传染病的传播途径,做好消毒工作。

3. 保护易感者

(1) 增强幼儿体质,提高其非特异性免疫能力。组织幼儿进行适当的体育锻炼和户外活动;合理营养;培养良好的卫生习惯;为幼儿创设良好的生活环境。

(2) 预防接种。将疫苗通过适当的途径接种到人体内,使人体产生对该传染病的抵抗力,称为预防接种。为了提高人群的免疫水平,控制和消灭传染病,进行有系统、有计划的预防接种,称为计划免疫。托幼机构、小学在办理入托、入学手续时,应当查验预防接种证,未按规定接种的儿童应当及时补种。各地卫生防疫部门根据当地传染病的流行趋势、人群免疫水平及各种预防制剂的免疫效果等等,制订出该地区的免疫程序,供应疫苗,组织接种工作;儿童须按照计划的免疫程序,及时接种疫苗。

(二)幼儿常见传染病的预防

1. 水痘

水痘是由水痘—带状疱疹病毒引起的急性传染病,传染性极强,多发于冬春季。易感者多为6个月以上的婴幼儿。病初,可经飞沫传播,当皮肤疱疹溃破后,可经衣物、用具等传播。

(1)症状。

感染水痘后,潜伏期约10—21天。发病初期1—2天多有低热,随后出皮疹。皮疹出现顺序为头皮—面部—躯干—四肢。初起时为红色丘疹,1天左右变为水疱,3—4天后水疱干缩、变为痂皮,痂皮脱落,一般不留疤痕。皮疹分批出现,丘疹、水疱、痂皮可同时存在,皮肤有瘙痒感。

(2)护理和预防。

护理:保持皮肤清洁,防止幼儿搔抓皮肤,可用炉甘石洗剂止痒。

预防:保持幼儿活动室、睡眠室空气流通。少带幼儿到公共场所,避免让幼儿接触病人。发现病儿应及时隔离、治疗,隔离至皮疹全部干燥、结痂,没有新皮疹出现方可回班。接触者检疫21天。病儿停留过的房间开窗通风3小时。可接种疫苗。

2. 风疹

风疹是由风疹病毒引起的急性病毒性传染病。风疹病毒在体外生存能力很弱,因此传染性较小。风疹多发生于冬春季。

(1)症状。

潜伏期约10—23天。前期症状较轻,表现为低热、咳嗽、流鼻涕、乏力、咽痛、眼发红等类似感冒的症状,同时耳后、枕部淋巴结肿大。在发热的1—2天内开始出皮疹,从面部、颈部开始,24小时内遍及全身。手掌、足底没有皮疹。皮疹一般在3天内消退。出疹期间病儿精神良好。

(2)护理和预防。

护理:病儿需隔离至出疹后5天。病儿宜卧床休息,多喝开水,饮食有营养、易消化。注意保持皮肤卫生。

预防:可注射风疹疫苗。其他同水痘预防。

3. 流行性感冒(流感)

流感是由普通流感病毒引起的一种病毒性急性呼吸道传染病。流感传染性强,传染迅速,会导致每年的流行,并且历史上每隔几十年会造成流感大流行,在短时间内使很多人患病甚至死亡。

(1)症状。

季节性流感的潜伏期为1—3天。发病急,通常表现为高热,伴有头痛、倦怠乏力、关节肌肉酸痛等,还可能出现恶心呕吐、腹泻等消化道症状。流感的全身症状明显,而呼吸道症状较轻。儿童患流感容易并发肺炎。发热3—4天后逐渐退热、症状缓解,乏力可持续1—2周。

(2)护理和预防。

护理:应卧床休息,退热后不要急于活动。多饮水,吃有营养、好消化的食物。

预防:注意个人及环境卫生,增强体质。流感流行时,少去公共场所,减少聚会。保持室内空气新鲜。接种流感疫苗。

4. 流行性腮腺炎

流行性腮腺炎是由腮腺炎病毒引起的急性呼吸道传染病,传染性较强,主要经飞沫传播,多发于冬春季。易感者多为2岁以上儿童。

(1) 症状。

潜伏期约为14—21天。一般先于一侧腮腺肿大、疼痛,后波及对侧,约4—5天开始消肿。腮腺肿大以耳垂为中心,边缘不清,表面发热,有压痛感,咀嚼时疼痛。伴有发热、畏寒、头痛、食欲不振等症状。若出现嗜睡、头痛、剧烈呕吐等症状应及时就医。

(2) 护理和预防。

护理:病儿宜卧床休息。多喝开水,吃流质或半流质食物,避免吃酸辣的食物。要常漱口。腮腺肿痛时,可局部敷用消肿止痛药。

预防:隔离病儿,至腮腺完全消肿。接触者检疫观察约3周。可注射腮腺炎疫苗。

5. 猩红热

猩红热是由A群溶血性链球菌引起的急性呼吸道传染病,主要经飞沫传播,也可由被污染的用具等传播,多发生于冬春季。

(1) 症状。

潜伏期一般为2—5天。病初以发热、头痛、咽痛、呕吐为主,咽部发红,扁桃体红肿,有脓性渗出物。1—2天内出皮疹,从耳后、颈部、胸部迅速波及躯干、四肢。全身皮肤潮红、布满针尖大小的点状红色皮疹,手压可退色。在腋窝、肘弯、腹股沟等处,皮疹细密如条条红线。面部充血潮红,口唇周围皮疹稀少,呈环口白圈。舌面光滑,舌乳头肿大,像杨梅,称"杨梅舌"。皮疹2—4日内消失,1周左右开始脱皮。少数病儿可并发急性肾炎等疾病。

(2) 护理和预防。

护理:隔离病儿至少7天,遵医嘱,彻底治疗。

预防:保持良好的个人和环境卫生,流行期尽量不去公共场所,注意个人防护。

6. 细菌性痢疾

细菌性痢疾是由痢疾杆菌引起的急性肠道传染病,多发生于夏秋季。病人及带菌者的粪便污染了水、食物等,经手、口传播。

(1) 症状。

潜伏期为1—3天。起病急,高热、寒战、腹痛、腹泻。一日可泻数次到数十次,为脓血便。排便有明显的里急后重感。少数病人,中毒症状严重,表现为高热、精神萎靡或烦躁不安,很快昏迷、抽风。

(2) 护理和预防。

护理:病儿宜卧床休息。饮食以流质为主,忌油腻及刺激性食物。病情好转应加强营养。治疗须彻底,以免转成慢性痢疾。

预防:早发现、早隔离病人和带菌者。加强环境卫生、个人卫生和饮食卫生。

（三）幼儿常见病的预防

1. 上呼吸道感染（上感）

上感是由细菌或病毒引起的鼻咽部炎症。体弱儿常反复发生上感。

（1）症状。

上感症状轻重不同。较大儿童多为鼻咽部症状。鼻塞、流鼻涕、打喷嚏、咳嗽、乏力，可有发热，一般经3—4天可自愈。年龄较小（3岁以下）幼儿会出现高热、精神不振、食欲减退、呕吐、腹泻等症状，病程从1—2天到十余天不等，有的会因高热出现惊厥。

可能引发急性化脓性中耳炎、淋巴结炎、气管炎、支气管炎等。

若出现高热持续不退、咳嗽加重、喘憋等症状时须及时诊治。

（2）护理和预防。

病儿宜卧床休息，多喝开水。饮食应有营养、易消化。对高热病儿可用药物降温和物理降温法。

应加强锻炼，多组织幼儿在户外活动。组织幼儿户外活动时，穿戴不宜过暖，并根据季节变化，提醒幼儿增减衣服。合理安排饮食，保证幼儿的营养需要，但不宜饮食过饱或过于油腻，以免消化不良使抵抗力下降。幼儿活动室及卧室应经常通风，保持空气新鲜。冬春季节，少带幼儿到公众场所，避免与上感患者接触。

2. 腹泻

腹泻是婴幼儿时期的常见病，也是许多其他疾病的并发症。婴幼儿期需要较多的营养物质，而消化系统发育不完善，所以胃肠负担较重，加上婴幼儿免疫功能亦不完善，因此容易发生腹泻。对于发育迅速的婴幼儿来说，腹泻严重影响了机体对营养的吸收，严重腹泻时，由于机体脱水，可影响到生命。

（1）病因。

感染。因吃了被细菌、病毒污染的食物，或食具被污染，引起胃肠道感染，夏秋季多见。秋季，由病毒引起的腹泻，可在托幼园所流行。肠道外感染，如感冒、中耳炎、肺炎等也可发生腹泻。

饮食不当。多发生于人工喂养的婴儿。如饮食过多、过少，突然改变饮食，个别婴儿对牛奶过敏，饮食后也可发生腹泻。

腹部受凉，贪吃冷食冷饮，可引起腹泻。

（2）症状。

腹泻症状轻的，一日泻数次，大便稀糊状或蛋花汤样，体温正常或低热，不影响食欲。

腹泻严重者多因肠道内感染所致。起病急，一日泻数十次，呈水样便，尿量减少或无尿，食欲减退，伴有频繁呕吐。因大量失水，机体可脱水，表现为精神萎靡、眼窝凹陷、口唇及皮肤干燥等，严重时会危及生命。

（3）护理和预防。

护理：① 腹部保暖；每次便后用温水洗臀部。② 已有脱水，无论程度轻重，均应立即送医院治疗。无脱水，可服"口服补液盐"，根据袋上注明的量，倒入适量凉开水，搅匀后即可饮用。③ 不要让腹泻的小儿挨饿。仍在吃母乳的婴儿，可继续喂母乳。已食用加固体食物的幼儿,可根据病前的饮食情况,确定食物的种类和量,但烹调宜软、碎、烂,少食多餐。

预防:合理喂养婴幼儿,提倡母乳喂养,合理添加辅食,合理断奶。要悉心照料婴幼儿,避免腹部着凉。要做好日常饮食卫生工作,生吃的瓜果、蔬菜一定要保证清洁卫生。当发现腹泻患儿时,应进行隔离治疗,要做消毒工作。

3. 龋齿

(1) 病因及危害。

残留在口腔中的食物残渣在乳酸杆菌的作用下发酵产酸,腐蚀牙釉质,就形成龋齿。龋齿的病变过程比较缓慢,开始时牙釉质不光滑、色泽灰暗,容易堆积牙垢,而感觉不到疼痛;进一步破坏到牙本质时,则对冷、热、酸、甜等刺激都会感到疼痛;当龋洞扩大到牙髓时,会经常发生剧痛。龋齿不仅影响咀嚼能力,而且可诱发牙髓炎、齿槽脓肿,并进一步危害全身健康。

(2) 预防。

定期检查牙齿。至少每半年检查一次,以便及时发现问题,及时矫治。

培养幼儿早晚刷牙、饭后漱口的习惯。从出牙开始即应养成清洁牙齿的习惯。指导幼儿学会正确的刷牙方法:顺着牙缝竖刷,刷上牙自上而下,刷下牙自下而上;磨牙的里外要竖刷,咬合面横刷;刷牙时间不要太短,要使牙齿里外及牙缝都刷到。为幼儿选择头小、刷毛较软、较稀的儿童牙刷,每3个月左右更换一次。每次刷牙后将牙刷清洗干净、甩干,刷头向上放在干燥的地方。

教育幼儿不要咬坚硬的东西。

婴幼儿饮食中供应充足的钙。常吃含纤维素较多的食物,如蔬菜、水果、粗粮等,可以清洁牙齿。

纠正幼儿某些不良习惯。如托腮、咬舌、咬唇、咬指甲、吃手指等,以预防牙列不齐。若乳牙该掉不掉影响恒牙萌出,应及时拔除滞留的乳牙,以保证恒牙正常萌出。

4. 弱视

弱视是指视力达不到正常,但查不出影响视力的明显眼病,验光配镜也不能矫正。弱视是儿童视觉发育障碍性疾病。

(1) 危害。

正常视功能包括立体视觉,即物体虽然在两眼视网膜上单独成像,但大脑能将其融合成一个有立体感的物像,称双眼单视功能。

儿童弱视,不能建立完善的双眼单视功能,难以形成立体视觉。缺乏立体视觉将难以分辨物体的远近、深浅等,难以完成精细的技巧,给工作、生活带来诸多不便。

(2) 治疗和预防。

弱视、斜视的治疗愈早愈好。因此,早期发现,积极治疗弱视和斜视,就成为患眼恢复正常视觉功能的关键因素。幼儿园应定期给幼儿查视力,并在生活中悉心观察幼儿的行为,发现他们有视觉障碍的表现,如经常偏着头视物,或有斜视时,应及时通知家长,早带孩子去眼科诊治。

5. 急性结膜炎

(1) 病因、症状。

急性结膜炎俗称"红眼病",是由病毒或细菌引起的传染性眼病。以春夏季多见。细菌性结膜炎一般常有脓性及黏性分泌物,早上醒来时上下眼睑被粘住,眼睛怕光,疼痛,有异物感。病毒性结膜炎症状略轻,眼分泌物多为水样。结膜炎的发炎部位是眼球表面及上下眼睑。内侧的结膜发炎,表现为眼白发红,故名"红眼病"。

(2) 护理和预防。

可用生理盐水或硼酸溶液洗眼睛。白天点眼药水、晚上用眼药膏。忌包扎眼睛,以免分泌物无法排出。

急性结膜炎传染性很强。要重视预防和隔离消毒。教育幼儿不用手揉眼睛。手绢、毛巾等要专用,用后煮沸消毒。用流动水洗脸。成人为患儿滴过眼药须认真用肥皂洗手。

6. 缺铁性贫血

(1) 病因。

缺铁性贫血是由于缺乏合成血红蛋白的铁及蛋白质,使血液中血红蛋白的浓度低于正常值所致。缺铁的原因主要有:先天不足,如早产、双胎等体内储存的铁少,且出生后发育迅速而出现贫血;饮食缺铁,由于长期以乳类为主食,特别是牛奶,而摄入铁少;幼儿严重偏食、挑食,摄入不足;饮食缺铜、锌、维生素C,影响机体对铁的吸收利用;受疾病影响,如长期腹泻,可使机体对铁、蛋白质等营养吸收利用差;长期少量失血,如钩虫病、鼻衄等,使体内铁丢失过多,也可造成贫血。

(2) 症状。

病儿表现为面色、口唇、结膜、指甲床苍白少血色;因缺氧,呼吸、脉搏较快,活动后感到心慌、气促;严重贫血可有食欲不振或异食癖。长期贫血使机体缺氧,不仅严重影响儿童的生长发育,还会导致脑长期缺氧,而影响幼儿的智力发展。

(3) 预防。

出生后 3—4 个月开始逐渐增加含铁丰富的辅食,如蛋黄、肉末、肝泥等。纠正幼儿挑食、偏食的习惯。在儿童膳食中应有充足的锌和维生素 C。及时治疗胃肠道疾病。

7. 肥胖症

(1) 危害及病因。

肥胖症是指皮下脂肪积聚过多,体重超过相应身高应有体重的 20% 以上。儿童肥胖可影响他的心理、生理正常发育。肥胖儿参加体育性游戏不受小朋友欢迎,且常被嘲笑,难免产生心理障碍。儿时肥胖增加心血管的负担,为成年后形成高血压、冠心病、糖尿病等埋下隐患。

(2) 病因。

儿童肥胖症与遗传因素有关。

最常见的原因是由于热量过剩造成。幼儿因精神因素可能导致食欲亢进,进食过多;或饮食中热量过多,食量大;或吃零食多。

城市中高楼的增加、电脑电视的普及,使儿童的户外活动明显减少。由于运动量少而小，摄入热量多而不能及时消耗，剩余热量就转化为脂肪存入皮下。进食多、运动少造成的肥胖，称为单纯性肥胖症。

（3）治疗及预防。

控制饮食。改变饮食习惯，少吃或不吃高糖、高脂食物，多吃含纤维素多、较清淡的食物。每日饮食应少食多餐，细嚼慢咽，不致因为进食过快没有饱腹感而进食量过大。少吃零食，尤其是高热量的甜食。应逐渐减少进食量，直至正常饮食。控制饮食须坚持一段时期，直到恢复正常体重。

多运动是促进肥胖儿体内脂肪消耗的有效途径。每次运动应坚持一定时间，从15分钟左右到1小时左右，以跳绳、慢跑等不剧烈的活动为宜。

三、营养

合理的营养与膳食是幼儿健康成长的重要条件。托幼园所应提供符合幼儿生理需要的、适合幼儿口味与爱好的、营养丰富和平衡的膳食。

（一）幼儿的营养需要及其来源

人体所必需的营养成分主要包括蛋白质、碳水化合物、脂肪、无机盐、维生素、水等六大营养素。

婴幼儿期若蛋白质摄取不足，可导致婴幼儿身体发育迟缓、体重减轻、抵抗力下降，甚至会妨碍婴幼儿智力的发展。幼儿碳水化合物的摄取量应适当，若摄取过多，则大量的葡萄糖会转化为脂肪堆积在体内，导致肥胖症；若摄取不足，则体内蛋白质消耗增加，体重减轻，易导致营养不良。幼儿摄取脂肪应适量，若脂肪摄取不足，可使幼儿体重下降，易发生脂溶性维生素缺乏症；若脂肪的摄入过多，超过机体的消耗，会在体内堆积，造成肥胖。幼儿需要的主要无机盐和微量元素主要有钙、铁、锌、碘等。

社会和家庭都应重视幼儿补钙的问题，因为幼儿生长发育旺盛，对钙的需要量较大，当供不应求时，就会引起缺钙，同时日常膳食中含钙丰富的食物少，吸收率低，而且这些食物还易在烹饪过程中，受到其他食物的干扰，如：食物中的某些物质与钙混合，易形成不溶性的钙盐，阻碍钙的吸收；谷物中的植酸与钙形成植酸钙；菠菜、苋菜中的草酸与钙形成草酸钙；过量吃脂肪，脂肪会将钙包裹起来，形成不被吸收的皂状物，影响钙的吸收。另外，钙被人体吸收必须有维生素D的帮助，单纯补钙是无济于事的。因此，我们为幼儿提供膳食时，应尽量避开影响钙吸收的物质，多吃含钙丰富的食物，同时还应多晒太阳，适量补充维生素D，以便提高钙的吸收率，增进幼儿骨齿的健康。

婴儿出生后3—4个月时，其肝脏内储存的铁已消耗殆尽，此时应及时添加含铁丰富的食物，如蛋黄、鱼泥、肉泥等，供婴儿储备和利用；如果此时未及时补铁，就会出现缺铁性贫血。较大幼儿的贫血主要是因为膳食中缺铁或不良的饮食习惯所致，如吃零食、偏食等。托幼园所和家庭应积极帮助幼儿改变不良的饮食习惯，尽量提高膳食的质量，多为幼儿提供动物肝脏、动物血、瘦肉、豆类等含铁丰富的食物，同时还应多提供含维生素C丰富的蔬菜和水果，以促进铁的吸收。

锌是人体内一种极重要的微量元素，它可以组成人体许多种酶，并对酶起激活的作用；

并能促进人体生长发育,维持上皮和黏膜组织的正常功能。当幼儿体内锌缺乏时,可出现生长发育迟缓、体格矮小、性腺发育不良、创伤愈合慢、食欲不振、味觉与嗅觉减退等现象。动物性食物中含锌较为丰富,利用率较高,如肉类、动物肝脏、奶类及海产品等。植物性食物中的豆类含锌也较为丰富。

碘是合成甲状腺素的原料,可促进人体正常的新陈代谢,促进幼儿生长发育。当幼儿体内碘严重不足时,会出现碘缺乏症,致使幼儿身体发育迟缓或停滞,智力低下。海产品中的海藻类含碘最为丰富,是碘的最佳来源,如海带、紫菜等。幼儿应多吃海藻类产品,有利于补碘。在日常生活中食用含碘的盐,也是补碘的一种重要途径。不应擅自服用碘剂或碘片,以防碘中毒。

维生素是调节人体生理机能所必需的一种营养素,它能增强人体抵抗力,促进生长发育,参与机体新陈代谢,对人的健康至关重要。人体如果缺乏维生素,则会出现物质代谢的障碍,引起维生素的缺乏症。

维生素可分为两类:一类是脂溶性维生素,主要包括维生素 A、维生素 D、维生素 E、维生素 K;另一类是水溶性维生素,主要包括维生素 C、维生素 B_1、维生素 B_2 等。

维生素 A 能维持人体正常视觉,如果缺乏,易患夜盲症。维生素 A 能保护上皮组织的健全,若维生素 A 缺乏,会出现上皮增生角化,毛囊角化,皮肤粗糙、干燥,容易脱屑,甚至指甲开裂,牙齿败坏,而且呼吸道、消化道、泌尿系统的黏膜容易受感染。幼儿维生素 A 缺乏者,易患肺炎、气管炎等。维生素 A 能促进幼儿的生长发育,维持幼儿骨骼牙齿的健康。维生素 A 是脂溶性维生素,主要来源于动物性食物,如动物的肝脏、蛋黄、乳类等。维生素 A 还有另外一个来源——胡萝卜素。胡萝卜素是维生素 A 的前身,它在人体肠道和肝脏内转化为维生素 A。胡萝卜素主要存在于深绿色、红黄色蔬菜和水果中,如杏、桃、红薯、胡萝卜、黄色玉米等。

婴幼儿维生素 A 的摄取应注意以下两点:

其一,吃鱼肝油不可过量。鱼肝油中维生素 A 丰富,但如果过量服用,可引起维生素 A 中毒,故服用鱼肝油应遵医嘱。

其二,若幼儿看电视、看书、绘画等时间过长,用眼过度,会消耗大量的维生素 A,因此,应适量补充维生素 A,一般采用食补的方法。

维生素 D 可促进钙、磷的吸收,将钙和磷运送到骨骼内,使骨钙化,促进骨骼和牙齿的正常发育。维生素 D 对生长发育阶段的婴幼儿极为重要,如果缺乏维生素 D,幼儿易患佝偻病和低钙手足抽搐。

食物中所含的维生素 D 很少,只在乳类、肝脏、蛋类中少量存在。乳类中以母乳含维生素 D 略多,故应提倡母乳喂养。此外,维生素 D 还有一个重要的来源——晒太阳。晒太阳是获得维生素 D 最简便的方法,其原理是:阳光中的紫外线照射在皮肤上,可使皮肤上的 7-脱氢胆固醇转化为维生素 D,从而促进钙和磷的吸收。因此我们应提倡婴幼儿多参加户外活动,多接受日光的照射。人工喂养的婴儿在晒太阳的同时,应适量服用鱼肝油,以补充维生素 D,但不可过量,防止维生素 A 中毒。不应擅自为婴儿注射维生素 D 针剂,以防止中毒。

> **真题链接**
>
> （2014年上）（单项选择题）婴幼儿应多吃蛋、奶等食物，保证维生素D的摄入，以防止因维生素D缺乏而引起（　　）。
>
> A. 呆小症　　　B. 异食癖　　　C. 佝偻病　　　D. 坏血病
>
> 【参考答案】C

维生素 B_1 参与糖的代谢，保证机体能量的供给，从而保持神经系统、肌肉、消化系统、循环系统的正常生理功能。如果维生素 B_1 缺乏，易患脚气病；若乳母或婴儿的饮食中缺乏维生素 B_1，也可患脚气病，严重时可危及婴幼儿的心血管系统，甚至危及生命。

含维生素 B_1 较为丰富的食物有谷类、豆类、硬果类、动物内脏、蛋黄等。其中，谷类的谷壳、谷胚中含维生素 B_1 较丰富，而精米、富强粉中含维生素 B_1 较少，因此，应多吃粗加工的粮食，这样便可获得丰富的维生素 B_1。

为幼儿提供的膳食中，应多注意粗、细粮的搭配，此外，还应注意食物中维生素 B_1 的保护。维生素 B_1 适宜在酸性环境中保存，在碱性环境中极易被破坏，因此，蒸饭、煮粥、做馒头时，最好不要放碱，尽可能地保存其中的维生素 B_1。

维生素 B_2 的主要功能是参与蛋白质、糖、脂肪的代谢，幼儿如果缺乏维生素 B_2，会出现口角裂开、发炎及患舌炎，并影响其视觉功能。

维生素 B_2 广泛存在于各种食物中，如乳类、动物肝脏、肉类、鱼类、蛋类、绿叶蔬菜、豆类、粗粮等。

维生素C是人类必需的营养素，人体如果缺乏维生素C，易患坏血病，故维生素C又称抗坏血酸。维生素C还可促进铁的吸收，促使体内抗体的形成，提高机体的免疫力。

维生素C广泛存在于新鲜蔬菜、水果中，如绿叶蔬菜、心里美萝卜、猕猴桃、草莓、枣、柑橘、山楂等。蔬菜、水果以新鲜的为好，维生素C适合在酸性环境中保存，碱性环境、高温烹调或长时间存放在干燥的空气中，都可使维生素C受到破坏。因此，买蔬菜应买鲜菜，而且不宜长时间存放。烹调时，蔬菜应先洗后切，切完就炒，炒菜时间不宜过长，应急火快炒，蔬菜不宜久炖，菜汤不应舍弃。

幼儿对水的需要量主要取决于幼儿活动量的大小、外界的气温、食物的质与量等。通常气温越高，活动量越大，幼儿出汗就会越多，对水的需要量就会增加，而摄入的蛋白质、无机盐较多，在排泄这些物质时需水较多，因此人体对水的需要量也会增大。此外，幼儿年龄不同对水的需要量也有所不同：1岁以内的婴儿每日每公斤体重应摄取120—160毫升的水；2—3岁的婴幼儿每日每公斤体重应摄取100—140毫升的水；4—6岁的幼儿每日每公斤体重应摄入90—110毫升的水。

幼儿的饮水量应充足，尤其是大量出汗、腹泻、呕吐可使机体丢失大量的水分，这时应及时补充水，以防脱水。

（二）幼儿热能的需要

蛋白质、脂肪、碳水化合物是三大供热营养素，它们是机体热能的来源。人体利用这些热能维持正常的生命活动、生长发育以及从事各种活动。

由于幼儿基础代谢较高,生长发育旺盛,活泼好动,对营养和热能的要求较高。1—3岁的婴幼儿每天需要 1 100—1 350 千卡的热量;4—6 岁的幼儿每天需要 1 350—1 700 千卡的热量。

幼儿对热能的需求量大,这就需要成人为幼儿提供的食物中应含有较充足的热能。热能不足会消耗体内储存的蛋白质和脂肪,使幼儿消瘦,抵抗力下降,影响幼儿的生长发育。但如果热能过剩,则会引起幼儿的肥胖。目前肥胖的幼儿越来越多,这与他们热能摄取过剩而活动量过小有直接的关系。

(三)合理膳食

1. 提供合理的、营养平衡的膳食

为了保证幼儿的健康,促进幼儿的生长发育,应让幼儿摄取多种食物,以获得丰富的营养和充足的热能。幼儿膳食应贯彻食物多样性的原则,主食与副食搭配,粗粮与细粮结合,荤食与素食结合,尽可能保证每天摄取五大类食物,以获得充足的营养。

2. 膳食的搭配要合理

在摄取多种多样食物的同时,还应注意到食物之间的搭配,做到平衡膳食。例如,膳食中优质蛋白质最好占总蛋白质摄入量的 50% 以上。

各种营养素供热占总热能的百分比是:蛋白质占总热能的 10%—15%,脂肪占总热能的 25%—35%,碳水化合物占总热能的 50%—60%。

三餐之间的搭配应遵循以下的原则:早餐高质量;中餐高质量、高热量;晚餐清淡易消化。从数量上看,幼儿各餐热能的分配应为:早餐占全天热能的 25%—30%,午餐占 30%—40%,午点占 10% 左右,晚餐占 25%—30%。

3. 烹制方法应适合幼儿的年龄特点与喜好

烹调时在尽可能地保存各种食物营养素的同时,应做到细烂软嫩,便于幼儿消化。同时,还应做到味美色香,花样多,以增进幼儿的食欲。

4. 讲究饮食卫生

应保证提供给幼儿的食物、膳食制作过程、餐具等均合乎卫生标准。例如膳食原料应选择新鲜的,需防止食物变质,不吃腐败的食物,厨房及其设备应保持清洁卫生,餐具应及时清洗消毒,工作人员应注意个人卫生等。

5. 保持幼儿良好的食欲

(1)味美色香,花样多。

(2)创设良好的进餐环境。餐厅光线充足,空气清新,温度适宜,桌椅、餐具干净整洁。

(3)养成良好的饮食卫生习惯,饮食定时、定点、定量,不暴饮暴食。

(4)保持愉快的情绪。餐前和餐中不训斥、惩罚幼儿,不强迫幼儿进餐,让幼儿在轻松愉悦的情绪状态下用餐。

6. 培养幼儿良好的饮食习惯和文明的进餐行为

进餐是健康的需要,也是文明的表现。教师应逐渐培养幼儿饭前洗手、饭后擦嘴漱口、不挑食、不偏食、细嚼慢咽、不撒饭、不敲碗筷、咀嚼不出声等良好的饮食习惯和文明、安静的进餐行为。

第四节　幼儿安全与急救

聚焦考试大纲

了解幼儿园常见的安全问题和处理方法,了解突发事件如火灾、地震等的应急处理方法。

一、幼儿园的安全管理

(一)幼儿园安全的特殊重要性

幼儿园安全工作是重中之重,有着特别重要的作用,这是由幼儿的特殊性决定的:幼儿认知能力尚在启蒙阶段,对自我和社会的认知水平低,难以进行自我保护;幼儿身体发育不成熟,动作协调性差,避免和承受伤害的能力不强;幼儿的规则意识尚未建立;幼儿学习、生活、群居的幼儿园里人数多,密度大。所以,做好幼儿园安全保护、预防幼儿伤害的工作尤为重要也尤为艰巨。

(二)幼儿园安全管理工作的主要内容

1. 健全制度,落实责任

要构建幼儿园安全工作保障体系,全面落实安全工作责任制和事故责任追究制,保障幼儿园安全工作规范、有序进行。

2. 做好安全预防工作

健全幼儿园安全预警机制,制定突发事件应急预案,完善事故预防措施,及时排除安全隐患,不断提高幼儿园安全工作管理水平。

3. 保障环境安全

建立幼儿园周边整治协调工作机制,维护园内及周边环境的安全。

4. 宣传安全教育

加强安全宣传教育培训,提高全体教职工及幼儿的安全意识和防护能力。

5. 应对处理

事故发生后启动应急预案、对伤亡人员实施救治和责任追究等。

二、幼儿园的意外事故及其预防

(一)幼儿园意外事故的主要种类

(1)幼儿游戏时受伤。

(2)因教学设施原因引起事故。

(3)幼儿走失事故。

(4)幼儿被他人(离婚的无监护权或犯罪分子)接走事故。

(5)体罚或变相体罚所造成的事故。
(6)外来人员侵犯所发生的事故。
(7)幼儿园组织园外活动引发的事故。
(8)幼儿自身原因导致的事故,如幼儿自身残疾等。

幼儿自身问题是安全事故发生的主要原因。幼儿的生长发育十分迅速,但是还未成熟。他们知识匮乏,活动欲望强烈但身体协调性差、自我保护意识弱。这个时期的孩子天性好动,好奇心强,随心所欲,喜欢冒险,有"不怕危险"和"勇于猎奇"等心理特性,对周围的事物有浓厚的兴趣。由于这些特殊的身心特点,在突发事件来临时,他们无法躲避和应对,从而受到伤害。

(二)幼儿园意外伤害的预防

1. 保证幼儿园的环境和设施的安全

环境、设施不安全是幼儿园伤害事故发生的重要原因。

(1)幼儿园场地、房屋、家具、设备等应符合规定的质量、安全标准。

幼儿园要符合选址标准。幼儿园须远离车站、码头、水塘等易于发生意外事故的场所。园内禁种带刺和有毒的植物。

幼儿园的活动室、卧室、盥洗室、楼梯以及其他活动场地应符合卫生及安全要求,应避免会导致幼儿摔倒、划伤、磕碰等意外伤害的隐患。活动室的窗台距地面高度不宜大于0.6米。窗户或阳台、屋顶平台应设有护栏。在幼儿经常出入和安全疏散的通道上,不应设台阶,也不应使用转门、弹簧门和推拉门。楼梯靠墙一侧应设有幼儿扶手,楼梯踏步的高度不应大于0.15米,宽度不应小于0.26米。

库房、消防、治安、电器等基础设施、设备须符合安全要求。设置带接地孔的、安全紧闭的、安装高度不低于1.7米的电源插座。

(2)幼儿园体育器械、玩具用品要坚固,符合卫生要求。

大型体育器械安装须规范、牢固,并要定期检查维护、更换,使用之前要认真检查,排除隐患,危险处应标有幼儿能看懂的警告标志,并有相应围挡。

玩具小零件要不易脱落、不易碎、不掉色。用品要符合质量标准,保存购货凭证。自制玩具、学具首先考虑安全卫生。太小的易放入口中的玩具或用品,幼儿容易误吞造成危险。

2. 完善幼儿园各项管理制度

要建立和健全幼儿园各项规章制度,明确岗位职责,加强检查督促,保障安全。幼儿园必须建立和健全如下安全制度:

(1)园领导的安全责任分工制度。
(2)员工安全责任制。
(3)其他各项安全制度与规定。例如门卫制度、家长接送规定、带班教师规定、幼儿睡眠值班人员规定、园车规定、厨房制度、卫生保健制度等等。此外还有伤害事故记录和报告制度等。

绝大多数伤害事故都是失职造成的,尽职尽责是预防伤害事故的根本。相关人员必须严格履行幼儿园安全工作职责,不得擅自离岗,工作认真负责。

3. 重视安全教育

幼儿园安全教育对象应涵盖幼儿、教职工和家长;安全教育内容包括安全知识、自我保护和急救技能等;安全教育的目的是提高安全防范意识和保护能力,减少意外伤害发生;安全教育的重点在于安全意识的建立,以及幼儿自我保护能力的培养。安全教育应该经常化。不仅对新员工,对幼儿园所有员工都应该经常开展保护幼儿人身安全的教育及有效培训。在开展大型活动前对相关人员也应进行有针对性的安全教育。

要根据幼儿的年龄和认知能力进行安全教育,培养规则意识。有关专家指出,儿童自我保护能力由安全知识、安全技能、心理素质和身体素质等四个维度构成,因此,在对幼儿进行安全常识教育的同时,也要注意培养幼儿身心素质、自理能力、生活技能。

对学龄前儿童开展的安全教育要注意能让孩子听懂、理解和做得到。

(1) 遵守幼儿园的安全制度。教育幼儿有事须得到老师允许才能离开所在地,不得随便离开;遵守秩序,上下楼梯不要嬉闹、拥挤;不做危险的举动和游戏;不头朝下滑滑梯,荡秋千时要观察前后是否有同伴以免碰伤,玩沙时不把沙子洒向别人;不随便使用火柴、打火机等。

(2) 遵守交通规则。幼儿常常因为不懂得或不遵守交通规则而发生事故。如在车前横穿马路,在马路上玩耍、踢足球等等。要教育幼儿遵守公共交通秩序。例如,要走人行道,横过马路要走人行横道线,不要在马路上停留、玩耍、打闹。

(3) 懂得水、火、电的危险。据统计,1—4岁幼儿发生溺水,以误入水中淹溺为主,其次为游泳时溺水。教育幼儿在距水边较近的地方玩耍时要注意安全。教育幼儿不玩火,不摆弄电器。在室外遇到雷雨,不可在大树下避雨,尤其是高大孤树下,以免被雷击,并须注意躲开被刮断的电线。

(4) 不要捡拾小物件。幼儿常喜欢捡一些小物件,如钉子、碎玻璃、野花野草等。应教育幼儿不要捡拾小物件,更不能将小物件放入口、鼻、耳中。

(5) 外出和节假日的安全教育。外出时不接近危险物、危险环境,如火车口、工地、池塘等,跟着成人,避免拥挤、踩踏等。记住爸爸妈妈的工作单位或电话,记住老师的电话,以便发生意外时及时救助,但不可随便把这些信息告诉陌生人。

(6) 提高幼儿的安全保护能力。培养幼儿的生活自理能力,这一方面可促进幼儿精细动作能力的发展,使其动作更加协调、灵活;另一方面有助于幼儿责任意识、自信意识、自我管理能力及处理问题能力的提高,当危险降临时幼儿能做出快捷而正确的反应。

4. 及时和科学的救治

发生伤害事故,首先是进行救治。救治方法须科学。

安全是幼儿园永恒的主题,绝不能因为出事故了,才想到关注幼儿的生命安全。

真题链接

（2014年下）（简答题）教师在户外体育活动中如何保障幼儿的安全？

【参考答案】 教师要时刻怀有安全意识。因此，在开展活动之前，教师对活动范围、场地及玩具设施都要检查，清除不安全因素；检查幼儿仪表是否整齐，衣袋有无尖利物品，增强幼儿的自我保护意识，同时要注意幼儿的衣着，活动前减衣服、活动后加衣服。在活动时，注意调节幼儿运动负荷，幼儿出汗要及时擦干，教师要四处巡回走动，及时纠正幼儿危险动作，聆听幼儿交谈、评价，发现问题及时给予指导和帮助。幼儿在户外活动时，关键在于教师怎样去组织、引导幼儿。而不是去限制他们的自由活动。因此，在组织幼儿户外活动时，首先，带幼儿去实地观察，通过让同伴交流自身经验后，学会如何安全地玩，以免幼儿身体受到伤害。其次，教师还要把玩的游戏规则交代清楚，使幼儿既玩得自由又有规则可遵循。

三、学龄前儿童的意外伤害的急救

意外伤害严重影响着学龄前儿童的生活甚至生命。意外伤害已成为我国1—14岁儿童死亡的首位原因，学龄前儿童是意外伤害的高发人群。《幼儿园教育指导纲要（试行）》明确指出："幼儿园必须把保护幼儿的生命和促进幼儿的健康放在工作的首位。"

及时、正确的救治可有效降低意外伤害对学龄前儿童身心造成的伤害，甚至挽救生命。幼儿教师必须掌握学龄前儿童安全防护与救助的基本方法。

（一）意外伤害的急救处理程序

幼儿园意外伤害的急救处理程序通常包括以下步骤：判断伤情→① 伤情严重，现场急救、寻求帮助（打急救电话→送医院→通知家长）；② 伤情不严重者，园内处理（通知保健医生→处理伤情→通知家长）。

1. 判断伤情

当意外伤害发生，保教人员首先要保持镇静，并快速对幼儿的伤情做出初步判断。迅速了解发生了什么、如何发生的、受伤人数、有无生命危险、是否需要叫救护车等。

出现下列情况一般需要现场急救：大量出血、昏迷、意识丧失；呼吸、心搏骤停。如果受伤幼儿人数较多，应先急救伤情严重者，但对受伤而不哭闹者要关注，不哭闹也许是丧失知觉，或者情况更严重所致。

2. 现场急救

现场急救应遵循"抢救生命，防止残疾，减少痛苦"的原则，对心搏停止者马上施行心肺复苏术；对气管异物者实施异物排出措施；对出血者进行止血处理等。急救者在抢救伤者生命时，要尽量避免损伤伤者，避免因抢救不当或延误抢救而造成终身残疾。特别是怀疑伤者有骨折，尤其是椎骨骨折时，切忌随意搬动，以防搬动造成脊神经伤害，导致截瘫。动作尽量轻柔，同时安慰和鼓励伤者，稳定伤者情绪，缓解恐惧心理。在进行紧急处理的同时，其他人员应将未受伤的幼儿带离现场，避免引起其他幼儿的恐慌、紧张，使得现场混乱。

3. 启动紧急预案

意外伤害发生后,往往需要启动紧急预案,让更多人有效加入急救中去。幼儿园常见的紧急预案一般包括以下环节:① 立即通知园长、医生等相关人员;② 医生或现场人员现场急救或进行必要处理;③ 送医院并通知家长及建立事故档案;④ 调查事故起因并提出改进方案;⑤ 针对意外伤害开展全园安全教育活动,慰问幼儿;⑥ 后续追踪。如果事故严重还应该及时向上级主管部门报告。

(二)常用急救技术

1. 心肺复苏术

心肺复苏术是在伤者出现心搏骤停,表现为大动脉搏动消失、意识丧失时实施的人工急救方法。心肺复苏术主要通过人工呼吸和心脏按压方式,促使病人迅速有效呼吸和循环。如果在4—6分钟内得不到及时抢救,就会造成脑和其他器官的不可逆损害,所以,急救须及时。

(1)人工呼吸。

人工呼吸的常用方法有口对口人工呼吸和仰卧牵臂式人工呼吸。

① 口对口人工呼吸。

施救者首先清理伤者呼吸道,将其仰卧,把嘴掰开,迅速将口中的异物、血块、黏液等清除,保持呼吸道通畅。解开伤者衣领,脱去紧身内衣,以利于胸廓活动。救护者从一侧用一手捏住伤者鼻孔,另一手托住伤者下颌,避免舌根后坠引起呼吸道梗阻,用托下颌的手掰开伤者的口,救护者吸足一口气,对准伤者口用力吹气。当看到伤者胸腹部稍有隆起时放开鼻孔,移开嘴,让空气因胸廓的自动下陷而排出。多次重复上述动作。吹气频率为每3秒实施一次。

在操作过程中,要随时观察自主呼吸是否恢复,一旦有了自主呼吸,人工呼吸仍要顺着自主呼吸节律坚持数分钟,以防呼吸再次停止。

② 仰卧牵臂式人工呼吸。

此法比较适合于年龄较小的学龄前儿童。因为学龄前儿童胸壁薄,外界稍加压力,即可明显作用于肺部。使用此法时,患儿仰卧,上肢放在身体两侧,背部垫柔软衣物,使胸部上凸,头后仰。救护者双膝分开跪在患儿头部两侧,握住患儿手腕,使其双臂上举,并向外伸展,使胸廓变大,造成吸气,再把双臂回拢,用其手腕挤压住乳头下部,造成呼气。反复进行。

在进行人工呼吸时要注意保持呼吸道畅通,防止用力过猛,吹气量过大和动作不恰当而引起胸骨、肋骨、脊柱的骨折。

2. 胸外心脏按压

胸外心脏按压是通过外力挤压促使心脏血液输送到全身。它适用于触电、溺水、心脏病等心搏骤停者。

施救时伤者仰卧在坚硬的地面或床板上,急救者跪在伤者一侧,用一手掌根按在胸骨下1/2段,另一手掌交叉重叠在那只手背上,肘关节伸直,有节律的向下挤压,压迫力度以胸骨下陷2—3厘米,随即放松,挤压时稍慢,放松时要快,手不完全离开胸部,让胸部自行弹起,如此反复,直至心跳恢复。对婴儿心脏按压可用2—3个手指。按压频率与心率相同,每分钟 60—80 次。

一般情况下,人工呼吸和心脏按压需要同时进行,吹一口气,按压 4—5 次。

3. 异物入体

学龄前儿童常见的异物入体有呼吸道异物、外耳道异物、眼内异物等。

(1) 呼吸道异物。

学龄前儿童常会将小物件放入口中,或者在吃如花生米、果冻等食物时哭闹、玩笑,由于喉的保护性反射功能较差,造成呼吸道堵塞,非常危急,如果处理不及时将导致窒息死亡。

有人常常采用一种将手指伸进口腔咽喉去取的办法,这是不可取的。如果将手指伸入咽喉部抠,操作不当,反而会使异物更深入呼吸道。

① 手掌击背法。

将伤者上半身倾斜,头朝下,俯卧在救护者膝上,或一手支托其胸部,另一手掌连续猛击伤者背部两肩胛间 5 次,将呼吸道异物排出。

② 海姆力克急救法。

救助者从背侧用双手环抱伤者上腹部,一手放在正中线脐上,另一手紧握此手,救助者用力压伤者腹部 6—10 次,促使上呼吸道堵塞物吐出。

(2) 外耳道异物。

外耳道异物常见的是昆虫、豆子、小物件等。处理不当会损伤鼓膜和外耳道。

如果是昆虫入耳,可用手电筒或灯光照射耳道口,利用昆虫的趋光性诱使小虫爬出。

如果是小物件入耳,可先采用单脚跳的方法让异物顺着外耳道掉出来,植物类异物不宜用水滴耳,以免膨胀后更难取出。对于难于取出的异物,应去医院处理。

(3) 眼内异物。

眼内异物多由沙尘落入眼内所致。处理眼内异物千万不可用力揉眼,可用眼药水或蒸馏水,量大些滴入眼内,冲洗眼睛,让异物流出。

(4) 鱼刺卡咽。

民间常用大口吞咽饭菜或喝醋的方法,这是很不科学的。大口吞咽会迫使异物往食道下行,鱼刺会刺破食道附近血管,引起大出血,危及生命;喝醋无法软化鱼刺,反而可将卡在咽部的鱼刺借水流冲到食道,造成危险。

正确的处理方法是让幼儿张大嘴,如异物可见,则将镊子夹出;看不清异物,可用干净手指刺激其咽部,促使呕吐反射排出异物。如不行,应马上送医院。

4. 止血

若皮肤没有伤口,血液由破裂的血管流到脏器或体腔内,则为内出血,必须立刻送医院救治。血液由伤口流向体外称外出血,按出血血管分,通常有 3 种外出血类型:动脉出血、静脉出血和毛细血管出血。动脉出血表现为血液鲜红,血流伴随心跳呈喷射状涌出;静脉出血血液暗红色,血流缓慢地淌出;毛细血管出血多为渗出,出血量小。

(1) 指压止血法。

较大的动脉出血后,用拇指压住出血的血管上方(近心端),使血管被压闭住,中断血液。适用于出血量大的动脉出血,不宜长时间使用。

(2) 加压止血法。

此方法一般用于血流不急的小血管出血。用干净的纱布或毛巾直接按压在伤口上,通常压迫15分钟即可止血,如仍有血渗出纱布,可再加块纱布继续加压止血。

(3) 止血带止血法。

该方法一般适用于四肢大血管出血。最好用专业止血带,也可选用绷带、三角巾等替代,但忌用电线、细绳等太细的物品,防止肌肉组织在捆扎中受伤。先在使用止血带的部位垫上毛巾,然后用止血带扎住。止血带的松紧度以摸不到远端的脉搏为宜。期间,为防止组织缺血坏死,应每隔15—20分钟放松一次止血带。如果已停止出血,则不必再结扎。

(4) 一般止血法。

小伤口出血,清洗伤口后用创可贴或干净的纱布包扎即可。

(5) 鼻出血止血。

学龄前儿童流鼻血原因主要有挖鼻孔、干燥、鼻腔异物、撞击等。处理方法:① 安慰幼儿不要惊慌、啼哭,安静坐下,头稍向前倾。② 手指压迫鼻翼约10分钟。③ 冷敷前额鼻根部或脖子后面,促进血管收缩,减少出血。鼻出血常见的错误处理一是让幼儿头后仰,同时**堵塞鼻孔**,导致鼻血吞咽刺激胃部,看不见鼻血还误以为已经止血;二是让幼儿举高对侧手臂,这不能解决鼻出血问题。

真题链接

(2014年下)(单项选择题)幼儿鼻中隔是易出血区,该处出血后,正确的处理方法是(   )。

A. 鼻根处涂抹紫药水,然后安静休息
B. 让幼儿头略低,冷敷前额、鼻部
C. 止血后,半小时不做剧烈运动
D. 让幼儿仰卧休息

【参考答案】 B

---

5. 骨折

骨折的症状一般是:骨折处有直接或间接的疼痛,开始时局部有麻木感,疼痛感随活动加剧;皮肤出血肿胀及皮下瘀血;出血肢体功能障碍;有时还出现发热,年龄越小,体温越高;开放性骨折或粉碎性骨折会因出血过多、疼痛剧烈或脏器损伤而导致休克。

当发生骨折或怀疑骨折时,切忌随意搬动伤者,以防骨折端因移动而造成新的损伤。尤其是脊椎、胸椎和颈椎骨折,处理特别要小心,处理不当会导致瘫痪等严重后果。

施救方法:

(1) 止血。

如果为开放型骨折,首先应该止血。

(2) 固定患肢。

对骨折的断端的上下两个关节进行固定,防止在搬运过程中因断骨端移动造成二次损伤。

① 四肢骨折的固定：可就地取材，选用木板、树枝等硬而直的物体，将断肢上下两个关节用绷带或绳索与木板捆扎在一起，注意在木板与肢体接触处垫上毛巾等松软物。如果没有任何可用作固定的材料，也可借助伤者身体（如上肢与躯干，下肢与健肢）固定在一起。

② 脊椎、胸椎和颈椎骨折的处理：选用硬木板、硬担架作为固定和搬运物品；3—4 人托住伤者并同时抬起，使骨折处不出现移动，将伤者小心平放在木板上，然后送医院。或迅速拨打 120 急救电话，等待专业人员来搬运。

6. 烧伤、烫伤

学龄前儿童烧（烫）伤中，被开水、热汤、热粥等烫伤多见，火、石灰、电器等烧伤也时有发生。学龄前儿童皮肤娇嫩，同样温度烧伤的程度比成人严重。

施救方法：

（1）清除烧伤、烫伤的根源。如迅速脱离火源、扑灭身上的余火；身上沾有热粥、热水的，要用冷水冲淋 15—30 分钟，直至离开水，患处不再疼痛。如果是石灰烧伤，应先擦净石灰颗粒后再用水冲洗，因为石灰遇水会反应生成大量热量，加重烧伤程度。

（2）烧（烫）伤后不可以直接给幼儿脱衣服，应先局部冷处理，降温后用剪刀剪开衣服，也不要用毛巾擦拭皮肤，以免烫伤处脱皮，引发感染。

（3）根据伤情妥善处理。Ⅰ度烫伤只需在患处涂抹烫伤药膏，一般 4—5 天即可痊愈；浅Ⅱ度烫伤尽量别弄破水泡，皮肤的完整性对机体有保护和防感染的功能。如果水泡较大不易吸收，可等两天后用消过毒的针刺破水泡底部放水。深Ⅱ度和Ⅲ度或烧伤面积较大，经冷却降温后用干净并潮湿的床单裹上。立即送医院救治。化学物品灼伤应立即用大量清水长时间冲洗受伤部位，冲洗时间最好有 30 分钟，确认冲洗清除完残留化学品后，再送医院处理。

7. 咬伤、蜇伤

随着家庭豢养宠物增多，学龄前儿童被宠物咬伤事件多发。

（1）猫狗咬伤处理方法。

冲洗伤口。如果受伤处皮肤被咬破，应立即用清水和肥皂反复冲洗伤口，最好急水冲洗，并用手挤压伤口周围组织将血挤出，以防狂犬病毒进入机体。

消毒伤口。冲洗干净后，马上用 75％酒精对伤口进行消毒，然后再用碘酒消毒。

送医院处理。无论动物是否患有狂犬病，都须按上述方法处理。有些动物当时没发病并非没感染狂犬病毒，狂犬病毒潜伏期有 1—3 个月。

（2）蜂类蜇伤处理方法。

蜂毒液主要含有蚁酸等酸性物质，或含有影响神经系统的毒素，蜇伤后会产生全身性或局部的中毒症状。被蜂类蜇伤后，应立即拔出蜇入的尾刺，蜜蜂蜂液呈酸性，可在伤口涂如肥皂水、碱水等弱碱性液体；黄蜂毒液呈碱性，可在伤口涂醋等酸性液体。

> **真题链接**
>
> （2015年上）（单项选择题）被黄蜂蜇伤后，正确的处理方法是（　　）。
> A. 涂肥皂水　　　　B. 用温水冲洗　　　　C. 涂食用醋　　　　D. 冷敷
> 【参考答案】 C

8. 食物中毒

儿童进食了有毒食物，可以通过催吐、洗胃、导泻和洗肠等手段清除毒物。

（1）催吐。可用压舌板或筷子、手指等刺激咽部呕吐反射。昏迷患儿不宜催吐。

（2）减少毒物吸收。可立即灌服牛奶、蛋清等。

（3）迅速将幼儿送医院洗胃。

（4）导泻。为使毒物能尽快排出，及时服用对肠胃黏膜没有刺激又可减少毒物吸收的泻剂。

（5）洗肠。若中毒时间超过4小时或服用泻药后2—3小时仍未排便，则需要洗肠。

9. 中暑

学龄前儿童长时间在烈日或高温下奔跑、玩耍，容易导致体温调节功能障碍，发生中暑。中暑表现为突发性头疼、高热、头晕等，体温往往在三十八九摄氏度或更高，发生虚脱和痉挛。

中暑处理：将中暑者移至阴凉、通风处，仰卧，解除外衣；用冷水毛巾或温水毛巾擦拭身体，通风降温，稍后可喝些清凉饮料，如淡盐水、绿豆汤等。

10. 溺水

农村尤其是南方地区，学龄前儿童溺水高发，溺水后一般5—6分钟，就会心脏骤停，如抢救不及时极易发生死亡。

抢救方法：① 疏通呼吸道，溺水幼儿被救出水面后，尽快清除其口鼻内的泥沙、污物，解开衣领和裤带，保持呼吸道畅通。② 如果溺水幼儿呼吸、心跳停止，要立即施行心肺复苏术，并拨打120急救。

四、突发事件的处理

（一）幼儿园地震应急预案

发生地震，以全体动员、及时疏散、保护师生、减少损失为原则。

具体措施如下。

（1）紧急疏散，指挥镇定，切莫惊慌失措。

尽快躲避到安全地点，千万不要匆忙逃离教室。

在教室内的幼儿，应立即就近躲避，身体采用卧倒或蹲下的方式，躲到桌下或墙角，抱头或顶书包躲避，以保护身体不被砸，但不要靠近窗口。

躲避的姿势：将一个胳膊弯起来保护眼睛不让碎玻璃击中，另一只手用力抓紧桌腿或床腿。在墙角躲避时，把双手交叉放在脖子后面保护自己，可以拿枕头或其他保护物品遮住头部和颈部。

卧倒或蹲下时,可以采用以下姿势:脸朝下,头近墙,两只胳膊在额前相交,右手正握左臂,左手反握右臂,前额枕在臂上,闭上眼睛和嘴,用鼻子呼吸。

在走廊的幼儿,也应立即选择有利的安全地点,就近躲避,卧倒或蹲下,用双手保护头部,不要站在窗口边。

在教室外的幼儿,应在教师指挥下跑到空旷的地方,要用双手放在头上,防止被砸,要避开建筑物和电线。

教师要按预先的分工,迅速到每个教室检查避震的情况,发现有采取不正当措施的,要及时纠正。

(2) 紧急疏散。根据幼儿园各年级所处位置及幼儿年龄特点,紧急疏散的具体要求如下。

① 拉响警报。听到警报(铃声)后由班主任或任课教师组织本班级幼儿立即蹲在桌子下面,如果在2分钟后没有大反应,幼儿园再次拉响警报(铃声),各班级应马上按照幼儿园规定的紧急疏散路线快速、有序地撤离教学楼。

② 疏散路线。教师领队,幼儿排一队下楼梯,分班按路线疏散,要选择最畅通的楼道疏散幼儿。要求依次快速、安全下楼,不能抢先下楼,以免发生拥挤踩踏事故。

注意:具体疏散还要根据现场实际情况,听从疏散指挥教师的指挥;疏散通道必须保证时刻畅通。

在日常学习中要教育幼儿,地震时第一不能跳窗户,第二不能一窝蜂似的往外挤,应在教师的带领下,全班小朋友一齐行动,把桌椅摆放得有利于避震;与外墙和窗户保持一定的距离,避免外墙倒塌或玻璃破碎时伤人;避开室内的悬挂物;留一定的通道,便于震时紧急撤离;把小班安排在方便避震或撤离的地方;震后有秩序地撤离。

(3) 自救互救疏散后,各工作小组履行自己的职责,进行震后的自救工作。

(二) 幼儿园火灾应急预案

1. 防火预案

(1) 成立防火工作领导小组,落实各部门职责。

成立由园长、后勤分管副园长、消防安全员、保健人员、各班班长组成的防火领导小组;后勤人员组成灭火行动组,积极协助专业灭火人员的工作;各班教师、保育员负责疏散引导幼儿;保健大夫协助医疗人员负责救护工作。

2. 日常工作要求

(1) 防火领导小组要定期检查、不断完善防火设施,绿色通道标志明显,每班配有紧急疏散图。应急灯能正常使用。

(2) 幼儿在园活动时,活动室前后门、走廊门必须处于打开状态,各通道必须保持畅通。

(3) 食堂操作间、加工间保持通风。排油烟机要定期清洗,不留油垢。

(4) 要加强对幼儿和工作人员进行防火安全知识的教育与培训,工作人员做到会使用灭火器。

(5) 结合教育内容进行防火演习,使幼儿掌握紧急情况下的逃生技能。

3. 报警和火灾应急处理

(1) 发现火灾后,必须立即拨打 119 报警。在报警电话中,要说明以下情况:起火单位、位置、着火物、火势大小、火场内有无化学物品及类型、着火部位、报警人姓名、单位及所用电话等,并派人员在醒目处等候接车。

(2) 报警的同时,开启消防电源,打开应急照明设施和安全疏散标志。

(3) 在消防人员到达前,由灭火行动组尽力控制火势蔓延。

(4) 若火场内有人员,则应用灭火器具减弱火势对人员的威胁,全力疏散、抢救人员脱险逃生。

(5) 对可能造成人员伤亡、发生爆炸事故、烧毁重要物资、形成大面积燃烧等影响全局的情况,应列为主要方面予以处理。

(6) 灭火行动组应分秒必争,迅速行动,找准着火点,果断扑救,抓住时机,不等不靠,为继续开展全面深入的扑救工作打下良好基础。

(7) 无关人员要远离火场,保持道路畅通,便于消防车辆驶入。

(8) 扑救固体物品火灾,使用灭火器;扑救液体物品火灾,使用灭火器、沙土、湿的棉被等,不可用水。

(9) 不得组织幼儿灭火。

(10) 及时报告主管单位领导。

★拓展训练

一、单项选择题

1. 人体最主要最经济的热能来源是( )。
   A. 蛋白质　　　　B. 脂　　　　C. 碳水化合物　　　D. 维生素

2. 多吃胡萝卜可以补充下列哪种营养素( )。
   A. 维生素 C　　　B. 铁　　　　C. 维生素　　　　D. 维生素 A

3. 属于安全食品的是———( )。
   A. 有机食品　　　B. 天然食品　　C. 功能食品　　　D. 基因食品

4. 补铁的最佳方法是( )。
   A. 平时用铁制餐具炒菜　　　　B. 多吃动物血、肝和肉
   C. 多吃蔬菜水果　　　　　　　D. 多吃乳类

5. 哪类食物中含铁较少( )。
   A. 黑木耳　　　　B. 海带　　　　C. 乳类　　　　D. 动物肝脏

6. 制作幼儿食品正确的做法是( )。
   A. 淘米次数要多,宜用长期浸泡米　　B. 煮粥放碱香
   C. 宜反复高温油炸　　　　　　　　　D. 食物宜切成小块,烹制软烂

7. 发烧、咽痛,一天内出疹,出疹 2—3 天内可见杨梅状舌,出现这种症状及体征的传染病是( )。

  A. 水痘   B. 麻疹   C. 猩红热   D. 幼儿急疹

8. 水痘是一种儿童常见传染病,可通过(　　)传播。

  A. 空气飞沫、衣物用具   B. 食物和水

  C. 虫媒   D. 日常生活接触

9. 身上沾有热粥、热水的,要用冷水冲淋(　　)。

  A. 15—30分钟   B. 3—5分钟   C. 5—10分钟   D. 10—15分钟

10. 眼内异物多有沙尘落入眼内,应该立即(　　)。

  A. 搓揉眼睛   B. 向眼内吹气   C. 用清水冲洗   D. 闭上眼睛

11. 海姆力克急救法适用于(　　)。

  A. 气管异物   B. 肠梗阻   C. 大出血   D. 中暑

12. 实施口对口人工呼吸时吹气频率为(　　)。

  A. 每秒一次   B. 每2秒一次   C. 每3秒1次   D. 每1秒3次

13. 托幼机构应频繁轮换活动,变换活动性质。这种符合大脑皮层活动的方式是(　　)。

  A. 始动调节   B. 动力定型   C. 镶嵌式   D. 保护性抑制

14. 全日制幼儿园每天户外活动时间应不少于(　　)。

  A. 1小时   B. 1.5小时   C. 2小时   D. 3小时

15. 幼儿聚精会神专注于某事时,会出现视而不见,听而不闻现象,这符合大脑皮层(　　)。

  A. 动力定型   B. 优势兴奋   C. 镶嵌式活动   D. 保护性抑制

二、简答题

1. 学前儿童早中晚三餐膳食合理的供热比例是怎样的?
2. 简述水痘病的病症及预防。
3. 提高幼儿的自我保护能力,重点应开展哪些方面的教育?
4. 学龄前儿童保育活动环节有哪些?

三、论述题

  为什么说幼儿园安全工作是重中之重?

参考答案

一、单项选择题

1. C 2. A 3. A 4. B 5. C 6. D 7. C 8. A 9. A 10. C 11. A 12. C 13. C 14. C 15. B

二、简答题

1. 早餐25—30%,中餐35—40%,晚餐25—30%。

2. 发病初期1—2天多有低热,随后出皮疹。皮疹出现顺序为头皮—面部—躯干—四肢。初起时为红色丘疹,1天左右变为水疱,3—4天后水疱干缩,变为痂皮,痂皮脱落,一般不留疤痕。皮疹分批出现,丘疹、水疱、痂皮可同时存在,皮肤瘙痒。

预防:保持幼儿活动室、睡眠室空气流通。少带幼儿到公共场所,避免让幼儿接触病人。发现病儿应及时隔离、治疗,隔离至皮疹全部干燥、结痂,没有新皮疹出现方可回班。接触者检疫21天。病儿停留过的房间开窗通风3小时。

3. 培养幼儿的生活自理能力,这一方面可促进幼儿精细动作能力的发展,使其动作更加协调、灵活;另一方面,生活自理能力的培养有助于幼儿责任心、自信心的培养,有助于其自我管理能力及处理问题能力的提高,当危险降临时幼儿能做出快捷而正确的反应。

4. 学龄前儿童保育活动环节主要包括来园、晨间锻炼、进餐、喝水、盥洗、衣着、如厕、睡眠、散步、户外活动和离园等。

三、论述题

幼儿园安全工作是重中之重,有着特别重要的作用,这是由幼儿的特殊性决定的:

(1)幼儿认识能力尚在启蒙阶段,对自我和社会的认识水平低,难以进行自我保护。

(2)幼儿身体发育不健全,动作协调性差,避免和承受伤害的能力不强。

(3)规则意识尚未建立。

(4)幼儿园是幼儿学习、生活、群居的地方,人数多,密度大。

所以,做好幼儿园安全保护、预防幼儿伤害的工作尤为重要也尤为艰巨。

第四章 环境创设

学习导航

《幼儿园教育指导纲要(试行)》指出:环境是重要的教育资源,应通过环境的创设和利用,有效地促进幼儿的发展。环境创设已渐渐成为幼儿园工作的热点,为幼儿创设适合他们身心发展特点和需要的幼儿园环境,是幼儿园教师的核心能力之一。

本章学习要求:了解幼儿园教育环境的概念和意义;理解并掌握幼儿园环境创设的原则和方法;能根据幼儿园常见区域的不同特点和要求,科学地设计班级中的区域环境;理解教师在幼儿园心理环境创设中的重要作用,能根据幼儿的心理特点,创设有益于幼儿成长的良好的心理环境。

本章特别希望学习者通过小组合作和"实习场"的方式,采用"做中学""做中体验"的方式,尝试运用相关知识开展幼儿园环境创设,以实现对幼儿园环境创设的理论与实践的自我建构。

第一节 幼儿园环境创设概述

聚焦考试大纲

熟悉幼儿园环境创设的原则和基本方法。理解幼儿园环境创设的重要性。

一、幼儿园环境创设的含义

(一)幼儿园环境

幼儿园的环境有广义狭义之分。广义的幼儿园环境是指幼儿园教育赖以进行的一切条件的总和。它既包括幼儿园内部小环境,也包括与幼儿园教育有关的家庭、社会、自然、文化等大环境;狭义的幼儿园环境是指在幼儿园中对幼儿身心发展产生影响的一切物质与精神要素的总和。它是涵盖幼儿园的所有教职工、幼儿、幼儿园房舍、设备设施、空间布局以及各种信息要素,并通过一定的教育制度与观念以及文化传统所组织、总和的一种动态的、有形与无形相结合的教育空间范围。

(二)幼儿园环境创设

幼儿园环境创设是教育者根据教育目标、着眼于幼儿身心发展的需要而精心创设的适宜的具有教育意义的教育条件。

二、幼儿园环境创设的意义

幼儿园环境创设的目的是促进幼儿的全面发展,因此,幼儿园环境创设具有重要的意义。《幼儿园工作规程》明确提出:"创设与教育相适应的良好环境,为幼儿提供活动和表现能力的机会与条件。"

1. 幼儿园环境创设满足了幼儿的生活需要

幼儿入园后,有吃喝拉撒睡的生理需要,幼儿园的物质环境为他们提供了如厕、盥洗、吃饭、睡觉的功能。较之成人,幼儿对环境的敏感度更高,若想让幼儿在幼儿园生活中感受到安全和舒适,还需要配以良好的精神环境,让幼儿感受温暖和快乐。

2. 幼儿园环境创设满足了幼儿的发展需要

幼儿园是以促进幼儿身心发展为目的的重要场所。因受年龄限制,幼儿对环境中的优劣要素不具有选择、适应和改造的能力,他们具有广泛的接受性和依赖性,因此为他们创设一个科学的幼儿园教育环境就显得尤为重要。幼儿园环境创设的目的是利用环境对幼儿进行生动、形象、直观和综合的教育,通过引导幼儿参与环境的创设,给予他们全方位的刺激,满足他们的多种需要,让他们在多通道的感知过程中,建构对事物和现象的认知,使他们获得一种直接的情感体验和知识启迪。

3. 幼儿园环境创设实现了"润物无声"的教育理念

环境是以潜移默化的方式对受教育者产生影响的。幼儿园环境创设就是让幼儿在不知不觉中接受教育,养成良好的习惯和健康的个性。

三、幼儿园环境创设的类型

(1)以幼儿活动的形式为划分维度,幼儿园环境可以分为语言环境、运动环境、劳动环境和游戏环境。

(2)以保育和教育为划分维度,幼儿园环境可以分为保育环境和教育环境。

(3)以幼儿的需要(生活、安全、活动和交往等等)为划分维度,幼儿园环境可以分为生存环境、安全环境、活动环境和交往环境。

(4)以幼儿环境中构成内容的特质性差异为划分维度,幼儿园环境可以分为物质环境和精神环境。

(5)以幼儿园一日生活类型为划分维度,幼儿园环境可以分为生活活动环境、游戏活动环境和学习活动环境。

(6)以幼儿园的课程的结构和特征作为分类维度,幼儿园环境可以分为物质空间环境、组织制度环境和文化心理环境。

四、幼儿园环境创设的原则

幼儿园环境创设的原则是指教师创设幼儿园环境时应遵循的基本要求。倡导为幼儿创设良好的教育环境，营造一种亲切温和的氛围，吸引幼儿步入第一个集体，步入社会，使幼儿园环境与氛围对幼儿的信息交换、感情交流、社会交往、知识获取、经验提升产生积极的作用。在环境创设中，尽可能地将社会、语言、科学、健康、艺术等幼儿园各个领域的教育内容渗透于环境创设之中，为此，教师必须具有正确的教育观念和环境意识，灵活地遵循以下原则。

（一）教育性原则

幼儿园的环境创设并不是随心所欲的，而要与幼儿园的教育目标相一致。幼儿园的教育目标是促进幼儿的全面发展，在环境创设的整体规划阶段需兼顾体、智、德、美、劳这五个方面，不能忽视任何一方。全面发展教育目标的实现是由上而下开展的，从月计划到周计划再到每一个具体的活动，都要给予考虑和体现。

（二）安全性原则

安全是指幼儿身体、心理及社会性发展等方面处于没有危险隐患的舒适状态。在幼儿园进行环境创设时，既要考虑到幼儿的生理安全，还要保障他们的心理安全。在创设良好的精神环境时，教师首先要拥有正确的儿童观、教育观、课程观，要接纳理解幼儿的行为，特别是一些"捣乱性、破坏性"行为，再选择适宜的言行对幼儿的行为进行评价和引导，让幼儿身处一个尊重、接纳、鼓励、支持、信任的"情感环境"之中。

（三）发展适宜性原则

发展适宜性原则的一个具体表现就是"儿童化"，"儿童化"就是幼儿园的环境要具有"幼儿的特色"。"儿童化"要求参与幼儿园环境设计的无论是专业设计师，还是园长、教师都应该"以儿童为中心"，从儿童的审美情趣、生理需要、心理特点等方面来对幼儿园进行整体的规划和考量，大到园所建筑风格，小到班级的墙面和区域材料，都要落实到"幼儿身上"。发展适宜性原则的另一个表现就是在环境创设时要考虑到个体差异。

（四）参与性原则

参与性原则是指在幼儿园环境创设时要听到"幼儿的声音"，要留下"幼儿的痕迹"。教师在环境创设时要有意识地"留白"，在环境创设初期要给幼儿留下"建议"的空间，让幼儿发表意见，提出想法，在这个过程中，幼儿可以学习表达、聆听、尊重和接纳；在环境创设的过程中，要给幼儿留出"探索和操作"的空间，让幼儿在和材料的互动中，发现事物的性质、关系、结构，产生认知的冲突，推动思维的发展。这样可以增加幼儿对幼儿园和班级的认同感和归属感，使班级成为教师和幼儿共同的"家"。

（五）经济性原则

经济性原则是指在环境创设时要遵循低成本，高效益的原则。幼儿园环境创设在材料的选择上要因地制宜，就地取材，充分利用本地区本园的资源，不要忽视现有的客观条件，盲目模仿，跟风攀比，要形成自己的环境特色。在保证安全清洁的条件下，考虑废旧材料的使用。创设环境时，还要考虑设施设备的使用周期，提高使用效益，避免"一次性"的环境创设。

(六)开放性原则

开放性原则是指创设幼儿园环境,不仅要考虑幼儿园园内环境要素,同时也要重视园外环境的各要素,两者有机结合,协同一致对幼儿施加影响。利用开放的教育环境对幼儿进行教育,是教育者应该树立的科学的教育观。面对外面环境的复杂影响,幼儿园应采取积极的态度,主动与外界结合,让家庭、社区成员进一步了解幼儿和幼儿园,使幼儿园教育获得家庭、社区的支持和配合,有针对性地对幼儿进行教育。

> **真题链接**
>
> (2017年上)幼儿园环境创设中,使用易于识别的生活行为规则标识图,其最主要的目的是(　　)。
> A. 美化环境　　　　　　　　　　B. 便于幼儿看图说话
> C. 便于幼儿认识各种符号　　　　D. 便于幼儿习得生活技能和行为准则
> [参考答案]　D

五、幼儿园环境创设的方法

(一)物质环境创设的方法

物质环境的创设主要指幼儿园空间的设计与利用,幼儿使用的设备、活动区活动材料的数量种类及其选择与搭配等方面的设计。

1. 空间设计与利用

(1)活动室。

活动室是幼儿一日的主要活动场所,所以要有一个较大的区域供幼儿活动,并且活动室要有固定的位置摆放幼儿使用的桌椅,以便于书写、手动活动以及就餐。不宜以艳丽的色彩为主,每个活动室的色彩不宜追求一致,应该根据幼儿的特点显示自己独特的风格。活动室的墙面布置可以分为三部分。

第一部分是房屋的房顶和墙面离地面最高的部分,可以按照本班幼儿的年龄特点,用孩子喜欢的色彩布置主题。

第二部分是活动室墙面中间部分,孩子视线经常看到,但用手够不到。这一部分是活动室的展示区,由教师根据孩子的年龄特点来布置,通常在学期初更换,幼儿一般不参与布置。

第三部分是活动室墙面最下面的部分,是幼儿能够参与布置的区域。教师可以把布置的权利交给幼儿,小班可以由教师设置主题,幼儿在教师的帮助指导下进行布置;大班幼儿可以通过共同讨论确定主题,然后讨论并完成布置。这部分主要是想通过环境与幼儿的互动来完成教育目标,所以要根据教育目标的完成情况不断地变换主题。

(2)睡眠室。

睡眠室的面积要符合国家的标准要求,要有较好的朝向和良好的通风条件,避免阳光直射,保持空气新鲜。温度、湿度要适宜,冬季的温度大体应保持在19摄氏度,其他季节22摄氏度最适宜。睡眠室墙面颜色应选择明度不高的冷色调,如淡绿、淡蓝等。睡眠室应装有窗帘,窗帘以冷色调为佳。幼儿的床的长度为幼儿平均身高加25厘米,床宽为最大幼儿体宽的2倍。

（3）盥洗室。

盥洗室的设计要考虑卫生、整洁、幼儿易冲洗以及清洁其他物品等因素。便池、洗手台的高度要符合幼儿的身体尺度。无论采用沟槽式还是坐式大便器，均应有 1.2 米高的加空隔板，并加设幼儿扶手。幼儿的盥洗台的高度为 0.5—0.55 米，宽度为 0.4—0.45 米。水龙头的间距为 0.35—0.4 米，数量为 6—8 个。

（4）室内公共环境。

室内公共环境主要包括门厅、走廊及楼梯。门厅的空间面积要根据幼儿园的规模、主体建筑中幼儿的人数合理进行控制，要注意安全和人员的分流。走廊的宽度一般控制在 1.5 米以上，不宜大于 2.4 米。外走廊栏杆宜为通透式金属栏杆。栏杆高度不得低于 1.2 米。楼梯宜采用普通的折跑楼梯，楼梯的宽度不小于 1.2 米。楼梯两边的平面可进行环境创设。

（5）户外环境。

注意地面的平整宽敞，保证幼儿活动的安全适用。地面以坚实平坦的土地、沙地、草地为宜，这种地面可以减少跑跳活动对幼儿脑部的震荡，我国北方地区雨水少，土壤渗水性强，因此，土地坚实平坦，适合幼儿。南方雨水多，土壤渗水性差，因此需要对地面进行改造，例如铺设塑胶跑道。水泥地比较硬，不适合作为户外活动的地面。选择不同的器械设备，促进幼儿运动能力和身体素质的发展。在选购促进幼儿肌肉发展的器械时，必须考虑设备的安全、坚固耐用以及可变组合，既能增强幼儿体质体魄，又能促进幼儿运动能力的发展。选择的材料要环保，尽可能多地选择天然的材料。

真题链接

（2014 年上）（材料分析题）幼儿园大一班开展识字比赛，教师为此创设了班级墙面比赛。

问题：请根据创设环境基本原则，对材料中的识字比赛创设环境进行解析。

看 谁 认 得 多

痒痒的 — 写信 — 暖暖的

地球 — 地 — 工作 — 流程

（答案：该案例中为识字比赛创设的墙面环境体现了环境创设的基本原则，值得肯定和提倡。 1. 教育性原则。 幼儿园环境是幼儿园课程的一部分，在创设幼儿园环境时，要考虑它的教育性，应使环境创设的目标与幼儿园教育目标相一致。 在该案例中，充分体现了环境创设与教育目标相一致。 2. 适宜性原则。 幼儿园环境创设必须遵循幼儿的身心发展规律，要与幼儿发展水平、年龄特点、兴趣爱好、个性特征等相互匹配。 该案例中的环境创设适应幼儿的思维特点，如小火车上有简单和复杂的字。 另外，环境是幼儿喜欢的卡通小火车形象，符合幼儿的兴趣，有较强的吸引力。 3. 经济性原则。 应以物质条件对幼儿发展的功能大小和经济实用性为依据。 案例当中，省钱省料实用，根据教育目标需要，就地取材，一物多用。）

六、幼儿园环境创设的重要性

幼儿的成长离不开环境,环境对幼儿发展的影响是极其深远的。我国古人对此就有精辟的论述。如"近朱者赤、近墨者黑",就是强调环境对人的感染作用。又如"孟母三迁"的故事说明培养人才要重视环境的选择。古代教育家颜之推认为,环境是通过潜移默化的方式对儿童产生影响的,而这种影响是深远持久的。瑞士心理学家皮亚杰认为,人的潜力行为就是适应能力,环境是儿童发展最重要的因素之一。所以说环境对幼儿的发展作用是重要的,不可替代的。

《幼儿园教育指导纲要(试行)》明确要求,"幼儿园应为幼儿提供健康、丰富的生活和活动环境,满足他们多方面发展的需要,使他们在快乐的童年生活中获得有益于身心发展的经验"。可见,在幼儿园,环境是重要的教育资源,良好的环境创设与利用能使幼儿在与环境的互动中获得各方面能力的发展。它作为一种"隐性课程",在开发幼儿智力、促进幼儿个性发展等方面具有不可低估的教育作用。

1. 环境创设可开发幼儿智力

马克思说:"人创造了环境,同样环境也创造了人。"墙面、活动区等是课程实施的一部分,它们以直观形象的方式记录下已经和正在实施的课程的种种,使课程不断地延伸。如根据教学目标创设的"大自然的语言"这一主题中,在副墙上布置天气记录表,幼儿通过观察记录每天的天气,于是他们就生成了"为什么会有雨?风是怎么样形成的?"等等疑问。又如,幼儿和教师一起制作"小水滴旅行图",他们画的小水滴形象可人,他们会被主题内容深深吸引,不但潜移默化地受到了教育,知道了水的三态变化,而且通过相互交流,也获得了认知上的发展和语言能力、动手能力的提高。并且幼儿陷入深深的思考中,幼儿想象着水滴成云的情景,并相互抱在一起形象地模拟着水滴成云的现象,还提出了更多的关于这方面的问题。幼儿在环境和材料的相互作用中学习、探究,从而激发了他们的学习兴趣和求知欲望。

2. 环境创设可激发幼儿探索兴趣

提供大量的废旧物品,供幼儿操作,激发幼儿学习的愿望和动手的欲望。比如,在科学区配置多种多样的、适合幼儿发展的材料和工具,这些材料和工具能激起幼儿的好奇心,使他们轻松、愉快地主动参与到有趣的科学探索活动中去,从而获得丰富的直接经验,寻找事物之间的联系,对科学产生浓厚的兴趣。总之,让幼儿感受到创造的意义和价值,从而乐于创造,乐于探索,增强了他们的探索欲。这样既发挥了幼儿的想象力,又提高了幼儿的动手能力。在教室外走廊处,放一些植物,如可发芽的土豆、黄豆、水稻、大蒜等,这些自然角的秘密常常会让幼儿不由自主地去发现,去探索,去寻找答案。

3. 环境创设可培养幼儿小主人的精神

幼儿是环境的主人,他们按照自己的意愿和想法来创设班级的环境,这样的环境对幼儿来说更具有意义。在幼儿参与布置的过程中,充分发挥他们的主体作用。如大班的孩子在教师的帮助下,创设"快乐家园"的主题环境。背景是地球,意为我们共同的快乐家园。在幼儿热烈的讨论下,决定通过画和剪贴的方式以分工合作的方法来完成,幼儿把自己纸折的青蛙,自己制作的小房子,还有自己的自画像,等等,都处理好粘贴到"地球"上。当整个创设完成的时候,幼儿兴奋极了。这种把幼儿的作品组合起来进行环境布置的形式,也使每个幼儿都感受到成功的喜悦,体验到合作的乐趣。更重要的是他们对地球有了更深入的了解,更热爱生活、热爱自己的家园了。

4. 环境创设可引导幼儿有环保的意识

在各区域的环境创设中,都有幼儿提供的材料与作品,这是他们参与班级环境创设的一个重要途径,也是十分重要且具有良好效果的教育过程,培养他们变废为宝、不浪费任何资源的环保意识。例如在班级各区域环境创设过程中,可以让幼儿从家里收集带来各种瓶、盒、罐、吸管、蛋壳等废旧材料。在教师的启发帮助下,幼儿用纸盒做成了高楼、汽车。材料取自身边的资源(大多是废旧材料),这样的教育让幼儿学会了勤俭,学会了珍惜和利用资源,也让幼儿学会了创造,通过自己的创造让废旧的材料发挥更大的价值。用这些作品来装扮班级各区域,幼儿可真开心,对收集寻找各种各样的废旧物则更有兴趣了。幼儿在积极投入、参与的过程中,既发展了他们的想象能力、创造能力和动手操作的能力,同时也培养了幼儿的环保意识。

5. 环境创设可提高幼儿对美的感受

遵循幼儿园环境创设原则,活动的部分可由幼儿参与布置,引导幼儿根据教育和自己的意愿创造出不同的形象。固定的部分由教师制作。比如,在教室的外墙,设计主题是"我们的作品",作品全都是由幼儿自己动手操作完成的,然后由他们自己张贴。这样做的目的首先就是给幼儿一个直观的感受,让他们能够一目了然地看见自己和别人的作品,然后通过比较、参照,发现别人的优点,弥补自己的不足,而且也在不自觉中学会了欣赏。学会欣赏很重要,欣赏他人可以学人所长,被人欣赏会增添信心、发挥潜能。环境创设是教师和幼儿共同走进主题,在主题中共同发现美、表现美、创造美的过程。提升审美情感,促使环境成为幼儿主动表现个人审美体验的一道流动的风景线。

6. 环境创设可让幼儿感受到快乐

在家与园这一栏里,可以把每周的课程安排告知家长或把最新的、最好的教育资讯传达给家长,成为幼儿园第一时间与家长沟通的桥梁。当然这里也可以布置成每周小明星张贴栏,让家长和孩子都感受到进步,感受到成功,感受到自豪。幼儿在自己动手创造优美环境的过程中,体验到了成功的快乐,这种快乐使幼儿更自觉地关心周围事物,产生新的期待。这些围绕教育目标创设的环境,不仅使幼儿获得了有关知识,培养了幼儿热爱大自然、爱护环境的良好习惯,而且还增强了幼儿间的交往,增进了情感的交流。我国著名教育家陈鹤琴先生指出:"怎样的环境刺激,得到怎样的印象。"环境是幼儿自我表现与展现的舞台,也是信息与经验交流的窗口,更是幼儿尽情想象与创造的天地。环境的创设直接关系到课程的设计、实施、发展和幼儿主体性的发展等方面,对幼儿的知识、情感、意志、行为起到潜移默化的作用,良好的环境可促进幼儿健康和谐发展,让幼儿关注生活,学会生活,适应生活,快乐生活。

第二节 幼儿园常见活动区的创设

聚焦考试大纲

> 了解幼儿园的常见活动区的功能,能运用有关知识对活动区设置进行分析,并提出改进建议。

活动区是一种人为创设的幼儿游戏、学习活动的区域。其组织结构较为松散,具有开放性、个性化的特点。不同活动区的功能与活动可以满足幼儿的好奇心,也能增强幼儿的自信心,是促进幼儿全面发展的良好教育手段。

一、幼儿园活动区的价值

幼儿园活动区的价值不仅仅在于对幼儿产生良好的作用,对教师的作用也不容小觑。

(一)对幼儿发展的意义

(1)培养幼儿的学习兴趣与能力。

面对丰富的区域内容,幼儿可以按照自己的兴趣和需要,自由进行选择,同时,在区域活动中,幼儿有充分、自由的时间和空间去操作各种材料。

(2)促进幼儿的潜能发挥。

不同种类的活动区为发挥不同幼儿的潜能提供了条件,幼儿的个性、特长等方面都存在着个体差异,而丰富多样的活动区能够使幼儿找到属于自己的乐趣点,找到适合自己学习的最佳方式。

(3)促进幼儿主动性的发展。

幼儿可以积极地自由地选择活动区,活动区所投放的各式各样的材料则激发了幼儿与材料环境相互作用的动机,从而使主体产生更多的自主行为。

(4)促进幼儿社会性的发展。

在区域活动中,幼儿逐渐学会了如何与同伴相处,如何帮助别人或寻求别人的帮助,如何与他人化解冲突,如何分享等,学会了宽容,学会了尊重;教师在活动区对幼儿的指导,有利于幼儿感受到教师对自身的关注和爱,满足了幼儿情感的渴望;除此之外,区域活动还能够促进幼儿纪律性和责任感的发展。

(二)对教师发展的意义

(1)区域环境创设是评价教师素质的标准之一。

美国幼儿教育协会所主持的一项研究认为,教师除了具备显性技能,如教学组织能力、管理能力等等,还应具备隐性技能,须洞悉环境这个潜在课程与行为之间的互动关系,使其发挥潜移默化的教育性力量。

(2)区域环境创设是促进教师成长的手段之一。

在区域活动开展过程中,教师通过有计划地观察了解幼儿,了解他们的原有水平,了解他们的兴趣爱好和需求,不断提高指导幼儿活动的质量。同时,在组织区域活动中,教师必须有针对性、创造性地开展教育,这使得教师不断对自己在活动区的教育实践进行反思,从中发现问题,分析并解决问题,使自己在反思中成长。

二、幼儿园活动区的类型

1. 美工区

美工区是让幼儿进行美术和手工创作的活动区。幼儿可以在美工区画画、涂色、搅拌、折纸、创作贝壳项链、制作图书、制作贺年卡等。

2. 积木区

积木区是让幼儿操作积木的活动区,幼儿能够利用积木自由地进行建构和组合。

3. 角色扮演区

角色扮演区是让幼儿进行角色扮演游戏的活动区,包括娃娃家、超市、医院、餐厅等等,角色扮演区的场景都是幼儿日常生活中的内容。

4. 科学区

科学区是幼儿进行科学探索的活动区,探索的内容包括动植物、物理现象、化学现象等,通过观察和实验,发现问题、提出问题和解决问题。

5. 图书区

图书区是幼儿进行阅读的活动区,幼儿可以阅读图书,提高幼儿对画面和文字的理解能力,从小培养阅读兴趣。

6. 沙水区

在沙水区中,幼儿可以体验沙和水的乐趣,幼儿可以堆砌堡垒、围栅栏、在沙地上写字,发挥其创造力和想象力。同时,通过混合、填充、塑造等,感受空间、数字等概念。

7. 自然区

在自然区中,幼儿可以认识各种动植物。幼儿通过在自然区的观察、比较、询问、搜集信息、验证等一系列探究过程,不仅能发展探究的能力,还能培养对动植物的关爱与责任感。

三、活动区域的设计

(一)活动区的内容与数量

选择活动区时要考虑班级本阶段的教育重点,教师要结合教育目标及各领域教学活动的目标来设置区域的内容。

活动区的数量根据活动室大小来确定,一般以四五个为宜。一般来说,大多数活动室都会建立几个固定的常规活动区,如角色区、图书区、建构区等,同时配上一些临时的活动区,可随时调整。

选定了活动区内容以后,我们还需要精心为每个活动区命名,一个好的活动区名字能够吸引幼儿,激发幼儿的兴趣,教师要从儿童的心理特点出发,创设真正属于儿童的一番小天地。

（二）活动区的规划与布置

1. 活动区规划要合理布局

（1）大小有别，即安排各区域空间大小时要区别对待，对于人数多、活动量大的积木区和娃娃家活动区，要划出较宽敞的空间，益智区以安静活动为主，可安排较小的空间。

（2）动静分开，把积极的活动区与安静的活动区分开，以免造成区域之间不必要的干扰。

（3）有机组合，即把便于结合起来的活动区相邻组合，利于相邻区域之间幼儿的交往、合作。

（4）采光、取水因素，即综合考虑活动室的采光照明、用水便利等因素，如图书区和美术区应设置在光线充足的地方，以便于幼儿阅读、观察和创作；而科学探索区、美工活动区应离水源近些，以便于幼儿取水或清理。

2. 活动区之间要界限明确

（1）平面界限，是通过地面不同的颜色、图案或质地来划分不同的区域，如在积木区的地面铺上地毯等，让幼儿一目了然，记住不同的区域

（2）立体界限，是运用架子、柜子或其他物体隔离划分出不同的区域，运用隔离物时不可太高，最好适合幼儿的视线和高度，也便于教师及时观察。此外，区域之间的隔断须体现出"弹性"，比如可以用悬挂的纱布、帘子之类作隔断，这样也避免了因机械生硬式的隔断完全切断了幼儿之间的交往。

3. 活动区布置要半封闭式

家具隔断在活动区布置中起着重要的作用，用家具将活动区分隔开来呈半封闭状态时，会减少幼儿四处闲逛行为出现的可能，并且有利于幼儿选择自己感兴趣的区域进行活动。

（三）活动区的规则制定

活动区规则的制定必须简单、少量、明确、切实所需，并且适合于幼儿的年龄。对于四岁以上的幼儿，教师可以和他们一起讨论应该有哪些规则。教师以讨论的方式启发幼儿自己想办法、定规则，这种平等的方式能够使幼儿自愿地遵守规则，同时也会增强幼儿的自主意识。

四、活动区材料的选择投放及管理

（一）常见活动区材料的选择

材料对于活动和幼儿起着重要的作用。幼儿正是在与材料的相互作用中不断发展的，适宜的材料是指那些符合幼儿年龄特点，有利于幼儿主动游戏的玩具和材料，其实质就是自由的、能促进幼儿各方面发展的游戏材料。

（二）常见活动区材料的投放

材料的选择和投放是一项复杂的工作，材料的复杂性体现在材料的投放要符合幼儿的兴趣爱好、需要，以保持幼儿有探究材料的兴趣，还要在材料中隐含教育性原则，其投放要点是：

1. 材料应具有操作性

材料是幼儿活动的对象,是幼儿认识外界事物的桥梁,材料是否具有直接操作性对幼儿能否主动参与活动有很大影响,具有操作性的材料会激发幼儿产生操作的愿望,激发幼儿活动的兴趣。

2. 材料应具有启发性,投放要有目标性

材料的启发性是指材料内部应该有一定的结构,隐藏着一些线索,这些线索对幼儿能顺利地操作材料、进行活动有所启示和帮助。如一些半结构式的操作材料,能够更好地引发幼儿自主操作探索。材料的投放还要围绕阶段教育目标,有计划、有目的地投放相关材料,从而最大限度地发挥活动区的教育作用。

3. 投放材料应丰富多彩,但比例应适度

材料的丰富多样并不是越多越好,过于丰富的材料不利于幼儿专注集中于手头的操作,容易被眼花缭乱的材料分心。

此外,材料的新颖性能够很好地吸引孩子,引起他们的关注。这里的新材料不仅仅是新购买的材料,教师应该经常研发一些组合式材料,把废旧的、幼儿不玩了的材料重新组合一下,照样以新颖的面貌出现,即吸引了幼儿的目光,也达到了物品的再次利用,节约了资源。

4. 投放材料要有针对性

首先针对不同年龄班的幼儿投放不同的材料。有针对性地投放材料还要求根据同一个班级中不同发展水平的幼儿提供不同的材料。

5. 注意材料的安全性

安全性是幼儿选择材料必须考虑的重要问题。保证材料的无毒、无害、无污染、清洁卫生,消除安全隐患,才能保证幼儿身心健康成长。

(三)常见活动区玩具材料的管理

活动区内由于玩具材料品种多、数量大、来源广,可以从以下几个方面进行管理。

1. 材料的收集

活动区材料的来源主要有两种,一种是幼儿园购置的,另一种是教师收集自制的,在收集材料的过程中,教师要关注材料中隐含的教育价值,让幼儿积极参与材料的选择和构建过程,将活动区域环境创设和材料收集的过程作为幼儿的学习过程。

2. 玩具材料的整理、存放和保管

存放与保管是为玩具材料的使用服务的,但就其本身也有一定的教育作用。活动区玩具材料的整理、存放、保管有以下几条措施。

(1)活动区玩具材料的摆放应该是开放式的,能供幼儿自由选择和方便取放。

(2)玩具材料应当分类放在开放性的、低矮的架子上,或者用透明的容器分类摆放。

(3)玩具材料应摆放整齐、分类清楚,并贴上标签,用文字或图案来表示物品存放的位置,且存放位置应该是相对固定的。

3. 玩具材料的清洗、消毒和维护

(1)皮毛、棉布制作的玩具,可放在日光下曝晒几小时。

(2)木质玩具,可用煮沸的肥皂水烫洗。

(3) 铁皮制作的玩具,可先用肥皂水擦洗,再放在日光下曝晒。

(4) 塑料和橡胶玩具,可用配制的消毒水浸泡 1 小时,然后用水冲洗,晒干。

第三节　幼儿园心理环境的创设

聚焦考试大纲

> 了解心理环境对幼儿心理发展的影响,理解教师的态度、言行在幼儿心理环境形成中的重要作用。

心理环境是指由人际环境、文化观念等各种因素交织在一起所形成的氛围,既包括那些保证幼儿园得以正常运转的相对稳定的社会规范、价值标准、管理方式,也包括行政管理人员、教师与幼儿彼此之间的互动交叉形成的人际关系。心理环境在现实生活中是实际存在的。我们的观察和自身的经历都能充分证实,人有喜于结群的倾向,这就决定了每个个体从一出生就注定要生活于各种各样的群体和社会组织中。幼儿园是群体式的保育和教育机构,其心理环境包括了幼儿生活、学习和游戏的全部空间,特别是幼儿的学习、活动及生活的气氛,幼儿园的人际关系及风气等,对幼儿的身心发展起着潜移默化的作用。

一、幼儿园心理环境创设的意义

幼儿园是促进幼儿身心发展的一个重要场所,对幼儿具有特殊的意义,对于 3—6 岁的幼儿来说,不具备成人对环境具有的那种选择、适应、改造等能力,这决定了幼儿对环境具有广泛的接受性和依赖性,创设一个科学的幼儿园心理环境就显得更为必要,同时,让幼儿参与和利用心理环境对幼儿进行全方位的信息刺激,激发幼儿内在的积极性,让幼儿直接得到一种情感体验和知识的启迪,从而促进幼儿的全面发展。

二、幼儿园心理环境创设的要求

(一)创设丰富的、科学的物质环境

1. 重视三维空间的充分利用

幼儿园的环境创设,要充分利用室内外的地面、墙面和空间,尽可能多地为幼儿提供接受各种知识或信息刺激的机会和条件,以促进幼儿的无意识学习的能力,在幼儿园的一日生活中,不知不觉地接受熏陶,吸收知识。

(1) 在室内外的地面可画上各种图形、迷宫,涂写上颜色或数字、字母,增大幼儿受信息刺激的机会和供幼儿游戏使用,并通过游戏巩固学过的知识或获得某方面的锻炼。如在地面上画上中国地图,通过各种游戏形式,认识祖国辽阔疆土的区域划分,增强培养幼儿的爱国情感。又如"跳蜗牛",在蜗牛背的螺旋形上分格涂上鲜艳的颜色并写上数字,帮助幼儿做辨色训练和巩固数字的认识。

(2) 空间布置是通过在空中吊挂各种具有教育性和装饰性的物品来实现,而且更换方便。如一年当中有许多节日,有的相距时间较短,其布置花费时间较多,用空间布置去配合节日的主题教育是最好不过的了,例如中秋节的灯笼,国庆节的国旗、国徽等。

(3)墙面布置的作用除美化幼儿园外,还可在室内外开设绘画区、拼图区、自然风景区、科学区、作业展览区、天气记录区等,充分发掘可操作性的布置,并根据教育需要灵活更换用途或内容。如要求幼儿观察一年四季的自然变化,用自然物如树叶、草、花、小动物的模型、标本或图片布置在墙上,立体画面直观、生动、富有情趣,从而使得幼儿通过观察、动手布置,掌握四季的基本特征,又符合寓教于游戏中的原则。

2. 环境创设内容的全面性和系统性

我们应该根据幼儿注意对象广泛、好奇心强的特点,布置内容系统与教育相适应的环境。如在同一个楼梯墙壁,由下而上创设一组系统的安全教育图,用故事的形式,通过主角移动,出现不同的安全教育情景。遇到火警拨"119",过马路要走人行道,让幼儿在每天上下楼梯时接受安全教育,增强安全意识,培养自我保护的能力。

3. 注重幼儿参与创设环境过程的体验

以往幼儿园的环境一般都是由成人为幼儿提供,幼儿处于被动地位,无法参与到环境布置中去,结果影响了幼儿的思维和创造的发挥。现今幼儿园应该注重为幼儿提供获取新知识经验、锻炼双手技能的机会,让幼儿参与环境创设,可使幼儿对自己亲自动手、动脑布置的环境产生一种亲切感和满足感,从而更加爱护珍惜环境,又获得成就感,更激发幼儿充分与环境的互动。

4. 发掘潜力,充分创设使幼儿接近大自然的环境

一片草地,几棵绿树和一条弯曲的小径,可以实现幼儿投入大自然怀抱的梦想体验,增添幼儿对大自然的情趣。一个小斜坡可供幼儿尽情翻滚,一片绿草地可供幼儿享受柔软刺激的乐趣,让幼儿在大自然的怀抱中随意坐、躺、爬、打滚、享受阳光的沐浴。因此幼儿园的户外活动场地的创设,要充分发掘场地的自然潜力,开辟一个可供幼儿翻滚、蹦跳、自由游戏的地方。户外活动环境的设计,要根据地区气候的特点区别对待,寒带地区要设有足够的挡风设备,多雨及热带地区要设遮阳遮雨的天棚或种植高大树木遮阳,园舍的建筑物位置的设计也应考虑挡风遮阳的问题。

(二)创设良好的精神环境

在拥有丰富物质环境的基础上,建立一个良好的精神环境,是幼儿园环境创设的重要组成部分。幼儿园内幼儿与成人之间、幼儿与幼儿之间、成人与成人之间,所建立起的种种情感,表达情感的方式、语言、行为、习惯等形成的园风,直接影响着幼儿的成长,对幼儿的成长具有重大作用。创设良好精神环境起主导作用的,是教师的言行和教育态度,这些表现又是孩子的注意焦点,为此,若要发挥精神环境的教育功能,加强对幼儿心灵美、好形象的教育,引导幼儿个性健康发展,要求教师做到以下几点。

1. 热爱幼教事业,有良好的师德

有人说:"教师是一支燃烧的蜡烛,燃烧自己,照亮别人。"无私的奉献,一切为了孩子是从事幼教工作最基本的品德要求,教师是幼儿心中的偶像,具有很自然的影响力,所以教师必须加强人格师德修养,树立正确的教育思想,才能为实现高质量的幼儿教育,充分发挥自

己的才干,保证环境对幼儿产生积极作用,促进幼儿身心健康发展。

2. 热爱幼儿、尊重幼儿,建立真正平等的师生关系

苏霍姆林斯基说:"爱是用心灵去体会孩子最细微的精神需要。"教师的爱为幼儿发展创造一种无压抑感,充满激励的良好气氛。如年龄小的孩子进园总免不了哭鼻子、想妈妈,但当他看到老师亲切的笑脸,搂着他说悄悄话,像妈妈一样亲他,就会很快止住哭闹。

3. 善于观察幼儿的活动,指导活动

在幼儿活动、操作过程中,难免会碰到这样那样的困难:有的是由于幼儿发展水平差异,而教师为幼儿所准备的活动材料对该幼儿不适合,教师必须及时为幼儿调整活动材料;有的是由于幼儿对活动规则或操作方法不明白而无从入手,这就要求教师注意讲解清楚并及时给予指导。要发现幼儿在活动中存在的问题,就要求教师善于观察幼儿的活动,并就存在的问题及时作调整。如:针对幼儿水平差异制订弹性的活动计划,提供相应的多种类的活动材料,对能力弱的幼儿多给予指导,让他们多获得成功的体验,增强自信;而能力强的,根据水平选择相应的材料,让他们的能力充分得到提高。只有这样才能使环境保持适于幼儿发展的最佳状态,最大限度地发挥环境的教育作用。

4. 有丰富的知识,良好的教育艺术、水平,所提供的教育内容要满足幼儿的求知欲

幼儿教师面对的是一个个天真的孩子,他们对日常生活中的所看、所闻,特别是对千变万化的大自然有着浓厚的兴趣,他们有着许许多多的"为什么"向教师提出。如果教师一问三不知,就会使幼儿扫兴,好奇心受损,也同时失去了在幼儿心中的威信。所以教师必须不断学习,使自己具有丰富、广泛的知识面,准确回答幼儿的问题,才能满足幼儿的求知欲,并要求采取高效的教育法,深入浅出地让幼儿接受教育,增强幼儿的学习兴趣,培养幼儿的观察力、注意力、思维力、记忆力和想象力,发展幼儿智力。

5. 指导幼儿之间建立良好关系,创设幼儿之间交往合作的宽松愉快的环境

由于每个幼儿来自不同家庭,有着不同的个性,在幼儿与幼儿之间的交往活动中问题会很多。如争执、互不尊重、相互干扰等,教师应对发生的问题及时分析、解决,用不同方法解决不同的问题,或帮助幼儿懂得以礼待人,或增加活动材料,或调整活动区的分布。同时教师解决问题的方式必须建立在尊重、平等的基础上,让幼儿在宽松的环境下,解决物质环境或心理环境的问题,建立起一个良好的同伴交往环境。

三、心理环境对幼儿发展的影响

(一)影响幼儿自我意识的形成和发展

自我意识是对自己的认识和评价。自我意识是个性的核心,也是个人发展和健康与否的关键。幼儿期是自我意识发展的关键期,主要依赖成人的评价和反馈建立自我意识。所以,欣赏、鼓励、接纳的心理环境对幼儿自我意识的发展至关重要。

(二)影响儿童人格的形成和发展

幼儿园是幼儿感受到的第一个社会心理环境,这一社会心理环境的品质和特点决定了幼儿对社会及他人的看法,也塑造着幼儿的个性。如果幼儿园的心理环境是接纳的、欣赏的,幼儿会形成乐观、积极、开朗、热情、主动等个性品质。否则就会具有不同的个性

缺陷。比如,压抑的心理环境会导致幼儿形成被动冷漠的个性,训斥紧张的心理环境会导致幼儿的自卑和焦虑,讽刺挖苦等心理环境还会留下程度不同的心理阴影,影响个性的健全发展。

(三) 影响儿童情绪情感的发展

幼儿园的心理环境影响着幼儿现在的情绪情感,如快乐、积极、热情抑或悲伤、消极、冷漠等。幼儿园心理环境还会影响到幼儿未来的情绪和情感,决定着幼儿在未来是一个积极热情、感情丰富的人,还是一个消极、冷漠,感情贫乏、孤僻的人。

(四) 影响幼儿的认知和创造

愉悦、鼓励、自主的幼儿园心理环境会激发幼儿的自主性和创造性,促进幼儿的发展。压抑、指责、被动的幼儿园心理环境则会扼杀幼儿的自主性和创造性,从而遏制幼儿的认知能力和创造能力的发展。

(五) 影响幼儿社会关系的建立

幼儿园的心理环境影响当前幼儿的同伴关系、师幼关系以及亲子关系的亲密程度。当然也会影响未来的同学关系、师生关系、同事关系和亲子关系的处理。

四、教师言行在幼儿心理环境形成中的重要作用

1. 爱幼儿——教师的教育态度和方式直接影响幼儿的身心成长

"爱幼儿"是一种专业态度,是对幼儿的关爱和尊重。爱,是幼儿教师职业道德的灵魂。教师对幼儿没有真正的爱,就不会有真正意义上的教育。

对幼教职业来说,幼儿正是其工作对象,他们是最"脆弱"的生命,更需要教师对生命怀着热爱、珍惜,更要懂得这个阶段的教育对每个幼儿个体生命的重要影响。心理学研究表明,凡是教师给予期望尊重的孩子,就会感到莫大的鼓舞,从而以积极的态度对待教师的教育,反之将会引起强烈的反感。特别是那些调皮捣蛋和自闭内向的孩子,他们经常受到外人的冷遇或家长的忽视,一声呵斥可能让他们变得胆怯、畏缩。所以他们更需要教师的细心呵护和耐心期待。教师的爱要公平地面向全体幼儿,要善于发现每一位幼儿的优点,并不失时机地给予表扬和鼓励,使每位幼儿都能感受到教师的关心和爱,从而帮助幼儿形成正确的自我评价,对别人和周围事物形成积极的态度,让幼儿的身心在教师以爱的教育态度和民主的教育方式所营造的精神环境里健康快乐地成长。

2. 爱事业——教师的情感是师幼和谐成长的土壤

"爱事业"是一种专业情感,是事业心和责任感。爱岗敬业是教师快乐工作的源泉,也是幼儿快乐学习、健康成长的土壤。和谐的师幼关系能让幼儿安逸、幸福。在幼儿教育中,教师爱事业爱幼儿的情感,会让幼儿产生对教师的依赖、爱戴、真情,师幼在这种令人心怡融合的和谐土壤里互爱共享、健康成长。

3. 重师表——教师的规范决定着幼儿的道德水准

"重师表"是专业规范:保持适当的仪表、健康的身心、适宜的谈吐举止,提供一个可信任、言行一致的楷模。

好模仿是幼儿的天性,幼儿的学习实质上是一种感性模仿。教师的一言一行、一举一动

都会对他们起到潜移默化的作用。从某种意义上说,幼儿教师的道德水平,决定着幼儿的道德水准。很多学生都曾有这样的感想,"我特喜欢某科目,因为我喜欢听这科目老师讲的课",或"我某科目特差,因为我讨厌这科目的老师,不喜欢上他的课"。因此,教师对幼儿的影响是全方位的,教师的身体力行、善心爱心和责任心,甚至其兴趣、个性与穿着打扮都会对幼儿产生重要影响。因此,教师应该以良好的心态进入幼儿园,常面带微笑,说话和蔼可亲,能与幼儿近距离接触,用温柔的眼光看着幼儿说话等。教师要与幼儿一起做游戏,为幼儿创造一个良好的精神氛围,让幼儿经常保持愉快轻松的心情就容易使幼儿形成乐观开朗、积极向上的性格。

4.善合作——人格魅力是教育幸福的指数

善合作,属于专业人格,有人格魅力的教师应做到亲切、温和、自然、幽默、自信、有活力、有亲和力、情绪稳定。有人格魅力的教师应是睿智崇高的,是充满爱心、富有幽默感的,是为多数幼儿所喜爱的;在能力上,是以其优秀的教学技能让幼儿在玩中学,乐中学;在品质上,则是以光明磊落的做人准则潜移默化地影响幼儿的品德,并使其受用终身。在教师的自然、幽默里,幼儿感到亲切温和;在教师的亲切、温和里,幼儿感到亲和力;在教师的亲和力里,师幼都体验到和睦幸福。幸福的幼儿教育一定是能够激起幼儿的幸福感的。

第四节 幼儿园与家庭、社区的合作

聚焦考试大纲

理解协调家庭、社区等各种教育力量的重要性,了解与家长沟通和交流的基本方法。

《幼儿园教育指导纲要(试行)》总则中指出:"幼儿园应与家庭、社区密切合作,与小学相互衔接,综合利用各种教育资源,共同为幼儿的发展创造良好的条件。"在组织与实施一部分中又提出:"充分利用自然环境和社区的教育资源,扩展幼儿生活和学习的空间。幼儿园同时应为社区的早期教育提供服务。"《幼儿园教育指导纲要(试行)》强调早期教育应是与家庭、社会、文化、环境密切结合的、开放式的,倡导大教育观,树立开放教育的思想,更新幼儿教育资源观,让幼儿教育跨越幼儿园围墙。在开放的幼儿教育体系中,让幼儿教育向家庭、社区延伸,依托家庭、社区,与家庭、社区互融共进,携手缔造理想的育人环境。

一、幼儿园与家庭、社区的优势以及共同合作的重要性

幼儿园是专门为学龄前儿童设置的教育机构,这里的教育者是专业的幼教从业人员;家庭是幼儿生命的摇篮,家长是儿童的第一任教师;社区是幼儿生活的地方,有着极为重要的教育资源,这三者的共同合作,可使幼儿教育事半功倍,具体概括如下:

(1)合作会使教育优势互补,有利于教育资源的充分利用。

(2) 合作会优化教育环境,有利于幼儿的健康成长。

(3) 合作会使幼儿教育科学化,有利于幼儿教育取得良好效果。

(4) 合作促进三者的理解,有利于减少矛盾。

(5) 合作会让幼儿的成长更加顺利,有利于幼儿更加快乐地生活。

总之,在幼儿园教育的引导下,要充分发挥家庭和社区教育的作用,互相配合,步调一致地对幼儿进行教育,共同朝着学龄前教育目标奋进。

二、教师与家庭沟通和交流的基本方法

家园之间互相沟通,关系和谐,是协调各种教育因素,形成教育合力的重要保证。家园关系建构中,教师处于主动的一方,教师对家长的了解和尊重是沟通的前提,教师需要了解家长对子女的期望,家长的个性、职业、文化水平、教育观念和方法,下面介绍教师与家庭沟通和交流的基本方法。

(一) 口头交流

1. 家访

家访是保教人员到幼儿家里进行的调查访问,一般在幼儿入园前和幼儿入园后。每次家访之前,保教人员应做好充分的准备。制订家访的计划,确定家访的目的、内容。家访后及时分析记录每个幼儿的印象和感受。

2. 家长会

家长会是将全园(所)、全班或某一类型的家长召集在一起开会的家长工作形式。

3. 家长学校

家长学校是幼儿园根据幼儿的家庭教育情况,组织家长来园听家庭幼教知识讲座,宣传先进的幼教理念,介绍科学育儿知识,纠正不正确的家庭教育方式,提高充实家长的保教知识的一种形式。

4. 家庭教育经验交流会

家庭教育经验交流会是组织幼儿家长相互交流家庭教育经验的活动。家庭教育经验交流会可由全园、班级组织进行,也可以按社区或兴趣分组进行。园长、保教人员选优秀的家长给大家交流,介绍自己的亲子具体做法,总结自己的经验和感受,解答现场家长的提问和咨询。

5. 解惑沙龙

幼儿园或班级围绕一个或几个当前家长教育孩子感到困惑的问题,请来一位幼教专家,组织感兴趣的家长参加,采取面对面的互动式、讨论式、探究式的沙龙形式,家长们敞开心扉,说出自己的困惑和问题,家长和专家一起来讨论、分析和探讨,提出解决的措施和具体方案,解答家长在教育孩子方面的困惑。

6. 交谈

交谈是保教人员常用的一种和家庭沟通交流的方式,包括面对面交谈、电话交谈、QQ交谈等。在交谈之前,保教人员首先应对家长的个性有所了解;二是要用日常用语;三是应该注意谈话的技巧,可先拉家常,后入主题,并且语言简洁、意思明确,肯定表扬孩子的长处,拉近家长的距离,并善于委婉地向家长提出合理的建议。

7. 家庭教育咨询

家庭教育咨询是指家长就家庭教育问题来园咨询、寻找良策的一种活动形式。咨询活动开展之前,应向家长发出通知,告知咨询的时间、地点、参加咨询的人员等,以便家长选择安排。咨询时,解答人员应热情真诚,富有耐心和同情心,能仔细倾听家长的倾诉,并提供指导措施。

(二) 文字交流

1. 宣传栏

宣传栏包括幼儿园的宣传橱窗、全园作品展示栏、班级家园桥等,宣传栏是幼儿园普遍采用的一种形式。它的内容包括以下四个方面:

一是介绍全园或本班的工作计划和教育活动内容,如本周的大型活动、课程、食谱等。

二是展览幼儿的作品,如幼儿的书画、手工作品。

三是宣传科学育儿的知识和技巧。

四是其他内容,如幼儿园给家长赠送育儿书、园报、画报、宣传资料等,还有的介绍园内网站、QQ 群等相关内容。

2. 家园联系本

家园联系本是一种很好的联络手段,很适合寄宿制的幼儿园,解决家长和教师见面不能及时交流的问题,保教人员可以把幼儿在园的表现写在本子上,同时家长把反馈的情况传给教师,通过这个本子架起家园交流桥梁,教师向家长及时汇报孩子的进步,送去科学的教育幼儿的知识和教师对家长教育幼儿的建议,教师从中收集家长的意见、建议和希望。

3. 问卷调查

为了更加真实了解幼儿在家的表现和家长的观念和态度,教师采取设计综合问卷,调查幼儿在家的各种表现和家庭教育各方面情况,一般综合调查设在新生入园之前,而专题调查设在制订幼儿个别教育计划或专项教育计划之前。设计的问卷应条理清晰、语意清楚,尽量避免产生误解。

(三) 参与活动

参与活动是指幼儿家长参加幼儿园的教育活动和管理的一种方法。根据家长参加活动的目的,可分为观摩、庆祝会和开放日、服务及管理四种。

1. 观摩

观摩是通过组织家长参观幼儿园的教育活动,对活动进行实例分析,从而增进其对幼儿园了解的一种方法。每次活动保教人员要精心做好准备工作,选科学的、适合幼儿的教育内容,通过教师设计,采用游戏化、童趣化的方法教给幼儿,体现幼教的新理念、教育观和儿童观,为家长教育孩子树立榜样。

2. 庆祝会和开放日

每年都有一些节日,幼儿园会组织庆祝活动,如六一国际儿童节、元旦、三八妇女节等,还有定期和不定期的家长开放日,如游艺活动、亲子同乐活动等,幼儿园会邀请家长参加这些活动。

3. 服务

幼儿园为让家长了解幼儿教育的特点,鼓励家长自愿来幼儿园做些义务劳动,如帮助创设环境、制作教玩具、大扫除、跟幼儿一起参观游玩等。家长不仅体验了幼儿园工作的辛苦,还增加了家长和班上保教人员相互交流的机会,加深了相互的理解和配合。

4. 管理

让幼儿家长参与幼儿园的管理。很多幼儿园成立了家长委员会、安全巡视小组、家长帮帮团等,参加这些小组的都是志愿者,乐于参加幼儿园的管理工作,了解幼儿园的计划和要求,为幼儿园的建设和发展献计献策,帮助幼儿园解决一些困难,定期公布幼儿伙食情况,定期地毯式排查,消除安全隐患,杜绝安全故事发生,关心幼儿教育情况,热心为幼儿教育服务。

三、教师与家长沟通和交流的基本原则

(一)教师与家长沟通和交流的基本原则

1. 关爱每个孩子

教师应与家长建立情感上的联系,在与家长沟通时,应发自内心地爱和关心他们的子女成长,主动向家长介绍幼儿在园情况,对不同个性的家长采取不同的交谈方式,并调动家长主动与教师沟通的积极性,共同为孩子的进步而努力。

2. 平等与信任

教师要尊重、信任每一个家长,平时主动邀请家长参加幼儿园的活动,仔细聆听家长的想法和意见,在教育孩子的问题上发现矛盾时,绝不推诿指责,而是设身处地为家长着想,尽自己所能解决家长在教育子女方面遇到的困难。

3. 灵活运用技巧

掌握合适的沟通技巧很重要,如与家长面对面交谈时聆听的技巧,适宜于不同家长个性的谈话技巧等。做到面对不同的家长选择有针对性的沟通方式,达到解决问题、建立共识、获得实效的目的。

4. 遇事冷静坦诚

教师要及时冷静处理偶尔出现的问题,并主动和家长联系,坦诚地陈述事情的全过程,勇敢地承担责任,拿出诚意来,发自内心地向家长表示歉意,和家长进行沟通和交流,获得家长的理解和谅解。

(二)教师与家长沟通和交流的注意事项

(1)沟通时要注意态度和语气。

(2)要采用多种途径与家长交流。

(3)要多征求家长的愿望、需求、意见。

(4)要经常更换信息栏。

(5)谈幼儿行为问题时,要特别慎重,选用恰当方式与家长沟通。

(6)特殊事件主动坦诚与家长沟通。

(7) 要保护幼儿家庭隐私。

(8) 要冷静处理与家长、幼儿的关系。

★拓展训练

一、单项选择题

1. 在幼儿园环境创设中,要把大小环境有机结合在一起,实现学校与家庭、社会的合作,这体现的原则是( )。

   A. 经济性　　　　B. 参与性　　　　C. 开放性　　　　D. 多样性

2. "染于苍则苍,染于黄则黄"说明( )对人的成长影响很大。

   A. 颜色　　　　　B. 环境　　　　　C. 遗传　　　　　D. 物质

3. ( )是儿童的第一任老师,也是终身的老师。

   A. 爷爷奶奶　　　B. 幼儿园老师　　C. 家长　　　　　D. 小学老师

4. 有的幼儿园在课程中将社区的历史、风俗、革命传统等作为乡土教材来利用,使教育内容丰富而有特色。这发挥了对学前教育( )的意义。

   A. 社会资源　　　B. 家庭资源　　　C. 自然资源　　　D. 社区资源

5. 贯彻幼儿参与性原则的根本保证是( )。

   A. 教师的引导　　　　　　　　　　B. 教师要控制学生
   C. 教师要树立正确的观念　　　　　D. 社区资源

二、简答题

1. 幼儿园环境创设应遵循哪些原则?
2. 家庭、社会、幼儿园之间有什么样的关系?
3. 简述幼儿园环境的含义及其对幼儿发展的意义。

三、论述题

1. 试述幼儿园精神环境创设的基本方法。
2. 试述教师在幼儿园环境创设中的作用。

四、材料分析题

区域活动开始了,孩子们根据自己的喜好自由选择了不同的区域开始玩游戏,李老师发现创想区一个人也没有。于是说:"创想区谁愿意去玩啊?"可是没有人理睬。也许是幼儿光顾着玩游戏没有听见吧,于是李老师耐心地提高了嗓门:"今天谁愿意去玩纸箱啊?"这时,孔小朋友举手说:"我去吧。"后来有几个幼儿也陆续地响应了,要去创想区玩。刚开始几名幼儿都在玩,可是一会儿游戏就结束了。见此情况李老师就从头到尾把整个游戏的过程和玩法讲给了他们听,并给他们几个人分配了不同的角色。在区域活动进行到一半的时候了,李老师发现创想区里乱成一团,跑过去一看,孩子们正在玩开"小汽车"的游戏呢。看到李老师来又赶紧玩起了纸箱,嘴里却不停地说一点都不好玩。

试分析这种现象及出现这种现象的原因。

参考答案

一、单项选择题

1. C 2. B 3. C 4. D 5. C

二、简答题

1. 教育性原则;安全性原则;发展适宜性原则;参与性原则;开放性原则;经济性原则。

2. 家庭是幼儿成长最自然的生态环境;家庭是幼儿的第一所学校;家长是幼儿园重要的教育力量。幼儿园教育与社区的关系:社会发展的要求是幼儿教育发展的必然。社区对幼儿园教育的意义:幼儿园教育离不开社区资源;社区文化影响着幼儿园教育文化。

3. 幼儿园环境的概念有广义和狭义之分。广义的幼儿园环境是指幼儿园教育赖以进行的一切条件的总和,它包括幼儿园内部的小环境,又包括园外的家庭与社会、自然与文化等大环境。狭义的幼儿园环境是指在幼儿园中,对幼儿身心发展产生影响的物质与精神要素的总和。幼儿园环境按其性质可分为物质环境和精神环境两大类。幼儿园环境对儿童发展的意义:合格的物质环境是保证幼儿园教育质量的第一要素;精神环境是幼儿园环境质量的关键。

三、论述题

1. 幼儿需要在相互信任、平等、尊重的环境中生活,这样他们才能感到安全、温暖、宽松和愉快,也只有这样,幼儿才能够积极主动地活动、学习、探索、创作,从而获得最好的发展。幼儿园精神环境创设应做到:

第一,建立良好的师生关系。教师对幼儿具有特别的感召力,教师与幼儿的关系是影响教育质量最重要的因素。教师对幼儿的教育和保护并不是要求幼儿服从教师的意志和权威,而是爱护、尊重、信任幼儿,与幼儿平等协商与对话,关注幼儿及他们的活动,了解他们的需要与愿望,理解和宽容他们犯错。只有这样,幼儿才会对教师产生亲近感、依恋感,这种感情对于建立和谐的精神环境起着重要的作用。

第二,帮助幼儿建立良好的同伴关系。同伴关系是幼儿生活中重要的人际关系,良好的同伴关系有利于幼儿的情感、品德、个性的发展,教师应积极地创设幼儿交往的有利条件,以热情的态度对待幼儿,对同伴交往中遇见困难的幼儿提供及时有效的帮助,对不良的同伴关系给予纠正,在班级中建立良好的人际关系氛围,从而促进幼儿的发展。

第三,尊重幼儿,让幼儿主动发展,教师应尊重幼儿的人格、兴趣和需要,遇事与幼儿商量,把幼儿当成活动的主人,允许幼儿做他们喜欢的事。

第四,建立团结友爱的班集体,充分利用集体的教育力。

第五,加强教师自身修养,以身示范,教师是幼儿园精神环境的核心,教师的态度和管理方式有助于形成安全、温馨的心理环境。教师的言行举止、待人接物及穿着打扮都有意无意地影响着幼儿,幼儿通过观察、学习、交往,接受老师的影响,学习限制和调节自己的行为。

2. (1)准备环境。准备一个与教育相适宜的环境是教师的职责。教师在准备环境时的作用主要表现在:

a. 让环境蕴含目标。这就是说教师必须带着明确的目标来准备环境,将周围的人际因素和物质条件精心地加以组织,让环境中的一切负载教育的信息,让环境去告诉幼儿该做什么。

　　b. 让幼儿感兴趣,更使其增加兴趣。环境要体现教育目标,也必须符合幼儿的需要和兴趣,但幼儿现存的兴趣无论广度和深度都有限,他们对自己的需要也往往不能意识到。因此,只要是幼儿发展所必需的东西,应当将其纳入环境中,并引导和发展幼儿的兴趣。

　　c. 尽可能让幼儿感到环境是由自己而不是由教师决定的。环境毕竟是用来供幼儿活动的,因此,贯彻幼儿参与原则是教师准备环境时最重要的内容之一,也是教师发挥作用的最重要的一个方面。实践证明,幼儿积极参与准备的环境,最受幼儿喜欢,最能引起幼儿的关注和投入,而那些完全由教师包办的环境,却并不大吸引幼儿。教师应当尽可能地提供机会,让幼儿能发表意见,动脑动手;只要是幼儿能够理解和参与的,应当尽可能地将之巧妙地变成幼儿的"决定"。

　　(2) 控制环境。教师控制环境的作用是指教师能利用环境来激发和保持幼儿的活动积极性,能帮助幼儿利用环境的条件来发展自己。教师控制环境的作用,大致有以下几个环节:诱导幼儿进入活动,帮助幼儿展开活动,指导幼儿解决纷争、困难或情绪问题,帮助幼儿结束活动。

　　(3) 调整环境。环境不是凝固的、僵化的、一成不变的,它必须随着幼儿的兴趣、需要、能力的变化,以及教育目标、客观条件的变化而不断变化。经常调整环境,使它保持适合幼儿发展的最佳状态,是教师的重要作用。教师要对环境与幼儿的相互作用保持高度的敏感,最好每一天甚至每次活动后都重新审视一下环境,及时通过调整来保持环境的发展性、教育性。

　　总之,准备环境、控制环境、调整环境就是教师在幼儿园环境创设中的重要作用。教师是环境的掌控者,环境中的物质材料、人际因素以及它们与幼儿的关系和相互作用都是由教师来调控的,幼儿在环境中的活动也是由教师直接或间接引导的,没有教师的主导作用,幼儿在环境中的发展是不可能实现的。

　　四、材料分析题

　　区域活动本身具有自由、自选、独立而协作的优势,可材料中创想区在没有人的情况下是老师介入,和幼儿商讨后幼儿才去游戏的。根据孩子的反应,原因分析如下:

　　1. 投放材料的问题

　　(1) 在投放材料的过程中,发现幼儿的兴趣已经不高了,没有及时调整材料,材料也比较单一。当幼儿对某样事物有着浓厚的兴趣时,便能在活动中保持愉快的情绪,处于积极主动的探求状态,兴趣是幼儿学习的原动力,而幼儿的能力与水平又是制约其发展的影响因素,当幼儿觉得游戏也就是如此时,他们就会失去活动的兴趣,也就不愿意玩了。

　　(2) 投放材料时没有考虑到个体差异。每个幼儿都是一个独立的个体,这些个体之间难免会存在这样那样的差异,而幼儿教育要允许幼儿以适合自己的方式、速度去学习、探索,只有这样,才能让每个幼儿都能体验到成功。活动区投放的材料不能是一成不变的,应该是按从简到繁,从易到难的方式进行有计划地投放,维持幼儿持久探究的兴趣。

　　2. 教师的指导的原因

　　在区域活动中,教师是观察者、引导者。教师支持、鼓励幼儿自觉地探索和操作材料,根据幼儿在区域中的表现,随时给予一定的帮助、指导,教师应建立区域活动常规,引导幼儿自主地进行区域活动,培养幼儿自主自律能力。李老师的指导对于幼儿来说没有具体的评价,幼儿在游戏中没有兴趣,是出于李老师的威严才继续游戏的,没有足够的空间给他们。应该给予鼓励,为幼儿创设一个轻松和谐的环境。

第五章 游戏活动的指导

学习导航

> 关于幼儿园游戏的学习、理解和掌握,需要在学习游戏基本特征与理论的基础上,重点理解幼儿生活、游戏、活动及经验之间的关系,掌握一定数量的游戏案例以及对游戏案例的设计、分析要点。总体上思考以下三方面要点。
>
> (1) 深入领会游戏的内涵和精神,坚持以游戏为基本活动,灵活运用集体、小组和个别活动等多种形式,锻炼幼儿强健的体魄,激发探究欲望与学习兴趣,养成良好的品德与行为习惯,培养积极的交往与合作能力,促进幼儿身心全面和谐发展。让幼儿在丰富多彩的游戏中健康而快乐地成长。
>
> (2) 针对目前幼儿园游戏活动中普遍存在的问题进行学习,即:重游戏内容轻目标;游戏活动结构不合理;游戏活动目标片面;游戏方法单一;幼儿主体地位的体现不够;教师对游戏活动的高控制等等。灵活地思考与掌握游戏的设计与实施要领。
>
> (3) 为幼儿游戏营造一个丰富的、可感知的物质环境,更要为他们创造一个宽松、愉快的精神环境。第一,充分保证幼儿的自由游戏时间,这是幼儿的权利;第二,满足游戏活动的空间与材料需求,创设一个或多个想象的情境、材料,足以提供幼儿自由的表现机会和条件;第三,激发幼儿对游戏的拓展情节和持续兴趣,幼儿能够自主地发展有趣的和有效的游戏情节和行为,不断有新的探索和发现。

第一节 幼儿游戏的概述

聚焦考试大纲

熟悉幼儿游戏的类型以及各类游戏的特点和主要功能。

一、幼儿游戏的概念及内涵

对于"什么是游戏"这个问题的回答,可谓仁者见仁、智者见智。不同的研究者,由于研究角度各异,对游戏的定义都不相同。但他们对于游戏内涵的把握具有一致性。

(一)游戏是幼儿最喜爱的活动,是幼儿生活的主要内容

即便是生活、劳动、学习等活动,幼儿也常常是以游戏的形式来进行的,或是将生活、学习、劳动的过程变成游戏活动。可见幼儿喜欢游戏,还喜欢把他们的一切活动游戏化。

(二)游戏是对幼儿生长的适应,符合幼儿身心发展的特点

游戏是对幼儿成长的适应,因为幼儿在成长中往往会面临身心发展需要与实际能力水平之间的矛盾,为解决这一矛盾,幼儿创造并参与到游戏之中,通过游戏去满足其在现实生活中无法满足的、更高水平的成长需要。而幼儿身心发展的水平又决定了其游戏的水平。幼儿游戏的内容、形式等与其身心发展的实际水平是相一致的。因此,也可以说游戏是与幼儿身心发展水平相适应的主要活动。

(三)游戏是幼儿的自发学习

对幼儿来说,游戏不仅仅是一种消遣,还是幼儿的主要学习方式。而且这种学习表现出显著的自发性,概括来说具有以下三个特点。

1. 学习目标是隐含的

游戏中的学习没有外显的目标。对幼儿来说,他并没有明确意识到在某个游戏之后,自己要了解什么、掌握什么、会做什么。但并不是说这种学习没有目标,而是说这种目标是隐含于游戏过程之中的。

2. 学习方式是潜移默化的

由于幼儿在游戏中总是伴随着愉悦的情绪体验,加上积极性、主动性高,因而幼儿在游戏中的学习是潜移默化的,甚至幼儿自己也不知道是在进行学习。

3. 学习动力来自幼儿内部

幼儿在游戏中学习,是为了满足自身的好动、好奇、操作摆弄物体、与人交往等需要,而不是成人要求他这样做,强迫他学习规定的东西,所以,游戏中的学习完全是由幼儿的兴趣、探索等内部动机推动的。

二、游戏相关理论

(一)早期的传统理论(经典游戏理论)

1. **剩余精力说**

代表人物:英国的斯宾塞。

主要观点:游戏是儿童和高等动物对剩余精力的一种无目的的消耗,即游戏是剩余精力的发泄。

2. **松弛说**

代表人物:德国的拉察鲁斯。

主要观点:对于幼儿来说,由于身心发展水平的限制及生活经验的缺乏,对复杂的外部

世界难以适应,很易疲劳,需要游戏来轻松一下,以便恢复精力。

3. 预演说

代表人物:德国的格罗斯。

主要观点:游戏是对未来生活的一种无意识的准备。例如玩娃娃家时当爸爸妈妈是为未来为人父母做准备。

4. 生长说

代表人物:美国的阿普利登。

主要观点:游戏是幼儿能力发展的一种模式,是机体练习技能的一种手段,成长的结果就是游戏,游戏是练习成长的内驱力,儿童通过游戏可以成长。

5. 复演说

代表人物:美国的霍尔。

主要观点:游戏是人类生物遗传的结果,儿童游戏是重现祖先生物进化的进程,重现祖先进化过程中产生的动作和活动。(一两的遗传胜过一吨的教育。)

6. 成熟说

代表人物:荷兰的拜敦代克。

主要观点:游戏是儿童操作某些物品以进行活动,是幼稚动力的一般特点的表现,而不是单纯的一种机能。

(二)现代游戏理论

1. 精神分析与新精神分析学派的游戏理论

代表人物:弗洛伊德、埃里克森。

主要观点:弗洛伊德认为游戏是补偿现实生活中不能满足的愿望和克服创伤性事件的手段。埃里克森从新精神分析的角度解释游戏,认为游戏是情感和思想的一种健康的发泄方式。在游戏中,儿童可以"复活"他们的快乐经验,也能修复自己的精神创伤。

这一理论已被应用于投射技术和心理治疗。据此发展起来的游戏疗法是一种利用游戏的手段来矫正儿童心理和行为异常的方法。游戏疗法针对儿童不同的心理和行为问题设计出不同的游戏方案,通过比喻、象征、玩具和游戏等方式,使儿童自然地进行心理投射或升华,释放紧张情绪,并最终从伤痛及焦虑中解脱出来。

2. 认知发展学派的游戏理论

代表人物:瑞士的皮亚杰。

主要观点:皮亚杰认为游戏是儿童认识新的复杂客体和事件的方法,是巩固和扩大概念、技能的方法,是使思维和行动结合起来的方法。儿童在游戏时并不发展新的认知结构,而是努力使自己的经验适合于先前存在的结构,即同化。他还认为儿童认知发展的阶段性决定了儿童特定时期的游戏方式。

3. 行为主义学派的游戏理论

代表人物:美国的桑代克。

主要观点:桑代克认为游戏是一种学习行为,受社会文化和教育要求的影响,也受学习的效果律和练习律的影响。

另外还有激励调节论、活动论等理论。

三、幼儿游戏的基本特征

（一）游戏是儿童主动的自愿的活动（自主性）

游戏是非强制性的，被迫的游戏就不再是游戏了。儿童之所以游戏，是出于自发、自愿的需要，因为游戏带给他们欢乐，他们在游戏中可以自由选择游戏的内容、玩法、材料及同伴等，自主性是游戏的最本质属性。

（二）游戏是在假想的情景中反映周围生活（假想性）

游戏具有社会性，受社会历史、文化、道德等影响，儿童游戏是对周围现实生活的反映。但是，这种反映不是机械的模仿，而是加入了想象，创造性地整合和表现周围生活。例如，儿童可以把地板当作草原，把椅子当作大马。

（三）游戏没有社会的实用价值，不直接创造财富，没有强制性的社会义务（非功利性）

游戏没有强烈的完成任务的需要，没有外部的控制。游戏的目的不在外部而在于其本身的过程中，它更多是一种获得愉快体验的手段，从功利角度讲是非功利性的。

（四）游戏伴随着愉悦的情绪（愉悦性）

游戏适应儿童身心发展水平和需要，因此使儿童感到满足和愉快。在游戏中，儿童能控制所处的环境，表现自己的能力，实现自己的愿望，从成功和创造中获得愉快。而且由于没有强制的目标，也减轻了紧张感，使儿童感到轻松愉快。

四、幼儿游戏的价值

（一）游戏能够促进儿童身体的发展

1. 促进儿童身体的生长发育

游戏既有全身的也有局部的运动，使儿童的各种生理器官和系统得到活动，促进骨骼肌肉的成熟，加速机体的新陈代谢，有利于内脏和神经系统的发育。

2. 发展儿童的基本动作和技能

游戏锻炼了儿童大、小肌肉的活动能力，能够促进对于肌肉运动的控制和协调。

3. 增强儿童对外界环境变化的适应能力

在户外进行的游戏可以使儿童充分接触自然环境：充足的阳光、新鲜的空气……从而促进儿童的身体健康。

4. 有利于儿童的身心健康

游戏的内容和形式丰富多彩，灵活多变，引人入胜，能够带给儿童愉快和满足，有利于儿童的身心健康。

（二）游戏能够促进儿童认知的发展

1. 游戏扩展和加深儿童对周围事物的认识，增长儿童的知识

游戏使儿童接触周围的各种事物，获取物理知识、数理逻辑知识、社会性知识，并在外部

动作操作和内部理解、巩固的心理活动中发展感知觉能力、注意力、记忆力等智力因素。

2. 游戏促进儿童语言的发展

儿童在游戏中发展了口头语言,在与同伴的交流中锻炼语言组织和表达能力。此外,拼音游戏、数数游戏等则直接锻炼儿童对书面文字的理解力。在游戏中儿童发展了语言,并以语言为中介建构对现实世界的理解与认知,发展了智力。

3. 游戏促进儿童想象力的发展

虚拟性或象征性是游戏的普遍特征,并以"假装"或"好像"为标志或条件给儿童提供了想象的充分自由与空间,也为儿童思维的创造性、流畅性、灵活性发展打下了基础。

4. 游戏促进儿童思维能力的发展

积极参与游戏的儿童需要不断思考,解决一个又一个问题,任何一种游戏活动的进行都蕴含着锻炼和发展儿童思维能力的条件。

5. 游戏提供了儿童智力活动的轻松愉快的心理氛围

在游戏轻松愉悦的心理背景下,儿童的觉醒水平适当或处于最佳的平衡状态,可以最大限度地发挥思维活动的积极性、主动性和创造性。

(三) 游戏能够促进儿童社会性的发展

1. 游戏提供了儿童社会交往的机会,发展了儿童的社会交往能力

游戏及玩具是学龄前儿童交往的媒介。通过游戏,儿童实现与同伴的交往,并形成社会性活动。

2. 游戏有助于儿童克服自我中心化,学会理解他人

在游戏中儿童出于扮演角色的需要,学会发展自我,以及自我与他人的区别,由自我为本位的社会认知向以他人为本位的社会认知过渡。

3. 游戏有助于儿童社会角色的学习,增强社会角色扮演能力

游戏中,儿童通过对角色多样化与稳定性的理解和体验,有助于现实生活的角色扮演和转换,增强社会适应能力。

4. 游戏有助于儿童行为规范的掌握,形成良好的道德品质

儿童在游戏中,尤其是在规则性游戏中模仿学习的社会行为规范会迁移到他们的实际生活中去,有助于他们对现实生活中道德行为规范的理解和遵守。

5. 游戏有助于儿童自制力的增强,锻炼儿童意志

游戏中儿童乐于抑制自己其他的愿望,使自身行为服从游戏要求(例如"1、2、3 木头人"),这个过程就是锻炼意志的过程。

(四) 游戏能够促进儿童情感的发展

1. 游戏中的角色扮演丰富了儿童积极的情绪情感体验

游戏时儿童能够体验各种情绪情感,学习表达和控制情感的不同方式,发展友好、同情、责任心等积极情感。

2. 游戏中的自由自主发展了儿童的成就感和自信心

儿童在轻松愉快的游戏氛围中学习解决疑难问题,可以享受成功的快乐,产生自豪感,

增强自信心。

3. 游戏中的审美活动发展了儿童的美感

游戏就是儿童感受美、创造美的一种特殊活动,这些活动有助于培养他们对自然、社会、艺术的审美能力,发展美感。

4. 游戏中的情绪宣泄有助于儿童消除消极的情绪情感

游戏,尤其是角色游戏为儿童提供了表现自己各种情绪的机会,不愉快情绪可以在游戏中得到发泄和缓和,因此具有心理诊断和治疗上的应用价值。

五、幼儿游戏的分类

(一) 根据儿童认知发展分类

皮亚杰开创了从儿童认知发展的角度研究儿童游戏的新途径,并将游戏划分为以下几种。

1. 练习性游戏(0—2岁)

练习性游戏是游戏发展的最初形式,也称为机能游戏或感觉运动游戏,对应于感知运动阶段。儿童主要是通过感知和动作来认识环境并与人交往,游戏的动因在于感觉或运动器官在使用过程中所获得的快感,游戏只是儿童为了获得某种愉快体验而单纯重复某种活动或动作,它既可以是徒手游戏,也可以是操作物体的游戏。主要表现形式为重复地操作物体的游戏或徒手游戏,如反复地扔球。

2. 象征性游戏(2—7岁)

该阶段是儿童游戏的高峰,对应于前运算阶段。在游戏中,儿童表现为通过以物代物、以人代人的方式,游戏中的主要特征是模仿和想象,角色游戏是其主要的表现形式。这时儿童可以脱离当前对实物的感知,以表象代替实物作为思想的支柱进行想象,并学会用语言符号进行思维,体现了儿童认知发展的水平。幼儿园中班时期是象征性游戏的高峰期。

3. 规则游戏(7—11岁)

规则游戏是儿童按照一定的规则进行的、带有竞赛性质的游戏,对应于具体运算阶段。规划游戏说明儿童游戏逐渐失去了具体的象征内容而进一步抽象化。

(二) 根据儿童社会行为发展分类

美国心理学家帕顿从儿童社会行为发展的角度(社会性行为即有没有跟同伴进行交流)将游戏分为以下六种。

1. 偶然行为(无所事事行为)

儿童往往为他感兴趣的事情吸引,新异刺激容易引起儿童的兴趣。如玩弄身体,在椅子上爬上爬下等。主要出现在婴儿期,也称之为无所事事。

2. 旁观游戏

儿童大部分时间是在注意同伴的游戏,听他们谈话,向他们提问题,观察某些儿童的游戏,但自己不加入到游戏中去。主要出现于儿童的学步早期。

3. 单独游戏(独自游戏)

儿童独自一个人在玩,只专注于自己的活动,不管别人在做什么,也没有接近其他儿童的尝试。一般出现在儿童学步中期。

4. 平行游戏

儿童各玩各的,所用的玩具和游戏方式相近,各自的游戏内容没有联系,不与同伴一起玩。有时儿童会相互模仿,但无意支配别人的活动。出现在儿童学步后期和3岁左右。

5. 联合游戏

儿童和同伴一起做游戏,时常发生许多如借还玩具、短暂交谈的行为,但还没有建立共同目标与分工,仍以自己的兴趣为中心。主要出现于3—4岁儿童中。

6. 合作游戏(大班为主)

游戏中有明确的分工、合作及规则意识,有一到两个游戏的领导者,为了共同的目标分工协作。主要出现在4岁或更大一些的儿童中。

(三)根据儿童在游戏中的情绪体验分类

比勒根据儿童在游戏中的不同情绪体验把游戏分为四类。

1. 机能性游戏

跟皮亚杰提出的练习性游戏、帕顿提出的偶然行为(无所事事)很相近,主要表现为以身体运动本身来产生快感的游戏。如动手脚、伸舌头、上下楼梯、捉迷藏等。婴儿期以机能性游戏为主,三四岁以后消失。

2. 想象性游戏

跟皮亚杰的象征性游戏接近。主要表现为运用玩具来模仿各种人和事物的游戏,也称模拟游戏,一般从2岁左右开始,随年龄的增加而逐渐增多。

3. 接受性游戏

主要表现为听童话故事、看画册、听音乐等以理解为主的游戏。儿童被动接受自己喜欢的游戏。

4. 制作性游戏

主要表现为儿童运用积木、卡片等主动地进行操作,并欣赏结果的游戏。如搭积木、折纸、玩沙、绘画、泥工等。从2岁开始,5岁左右较多。

(四)根据游戏的特征分类

萨拉·斯米兰斯基根据游戏的特征把游戏分为四个阶段。

1. 功能游戏

主要表现为一些简单的肌肉活动,包括行动的和言语的。儿童尝试新动作,模仿他人,通过游戏了解自己身体的能力,体验周围环境。

2. 建构游戏

儿童通过学习使用材料把自己看成是事物的创造者,儿童从形式创造中获得乐趣。

3. 扮演游戏

扮演游戏是儿童按照故事、童话的内容,分配角色,安排情节,通过动作、表情、语言、姿势等来进行的游戏。类似于象征性游戏,儿童用扮演角色展示身体技能、创造能力以及社会性技能。扮演游戏在儿童2岁左右开始,到了3岁左右时,产生了扮演游戏的最高形式——

社会角色游戏,儿童通过模仿别人的言行伪装成其他人。

4. 规则游戏

儿童能根据规则控制行为、活动和反应以有效地参加到集体活动中去。开始于学龄期,延续到成年期的主要活动。

斯米兰斯基将游戏发展的四阶段模型与帕顿的社会参与分类相结合,形成了游戏等级。

(五) 根据游戏的内容分类

布瑞恩·萨顿·史密斯在广泛吸收别人理论的基础上,结合跨文化研究形成了其独特的游戏分类法,认为游戏主要可以分为以下四类。

1. 模仿游戏

儿童从出生就开始模仿,1岁半时儿童会延迟模仿几小时甚至几天,2岁时儿童能模仿他人,3岁时儿童可以在角色中装扮他人,4岁时可以进行想象性的社会角色游戏。

2. 探索游戏

在婴儿6个月时就出现探索游戏,主要以舌和手作为探索工具,而且言语探索以笑话、谜语以及同音词的方式一直延续到学龄期。

3. 尝试游戏

通过此类游戏,儿童不仅学习并加强了身体和社会技能,而且提高了自我意识并学会了控制记忆的冲动,自我评价得到发展。

4. 造型游戏

开始于4岁,儿童以富于想象的建造房子等活动为游戏的目的,并常常伴随着扮演角色或社会角色游戏活动。

(六) 根据游戏的教育作用分类

苏联学者根据游戏在教育实践中的作用将游戏分为两大类。

1. 创造性游戏

包括角色游戏、结构游戏和表演游戏,此类游戏由儿童自由玩。

(1) 角色游戏。

角色游戏是儿童通过扮演角色,运用想象,创造性地反映个人生活印象的一种游戏,通常都有一定的主题,如娃娃家、商店、医院等,所以又称为主题角色游戏。角色游戏是幼儿期最典型,最有特色的一种游戏。

儿童角色游戏的共同特点是具有创作性、过程性和变化性。

(2) 结构游戏。

结构游戏又称建构游戏,是指利用各种结构材料或玩具(如积木、积塑、沙石、泥、雪、金属材料等)进行建构活动的游戏。这种游戏对幼儿手的技能训练和发展思维能力有十分积极的作用,被称为是"塑造工程师的游戏"。

(3) 表演游戏。

表演游戏是儿童按照童话或故事中的情节扮演某一角色,再现文化作品的内容的一种游戏形式。

表演游戏主要分为桌面表演、木偶表演、影子戏表演、戏剧表演等几种具体形式。

2. 有规则游戏

规则游戏是教师根据一定的教育目的,按照一定的目标设计的游戏。包括体育游戏、音乐游戏、智力游戏等。主要特点是竞争性和文化传承性。此类游戏由教师组织儿童进行。

我国幼儿园中多采用将游戏划分为创造性游戏和教学性游戏两大类。创造性游戏是幼儿主动地、创造性地反映现实生活的游戏,是学龄前儿童典型的、特有的游戏。教学性游戏是成人为发展幼儿的各种能力而编写的,它有明确的规则,一般包括四个部分,即游戏的目的、玩法、规则、结果,又被称为有规则游戏。

第二节 幼儿各年龄阶段的游戏特点及指导

聚焦考试大纲

了解各年龄阶段幼儿的游戏特点,并能够提供相应材料支持幼儿的游戏,根据需要进行必要的指导。

一、各年龄段幼儿的游戏特征

(一)3岁前儿童游戏的发展水平及游戏预设

1. 游戏的发展水平

3岁前儿童处于感知运动阶段。在生命的最初三年,儿童从每天只能躺着到学会抬头、翻身、坐、爬、站、走,儿童动作的发展是游戏发生发展的条件之一。

此阶段儿童主要以感觉运动型游戏为主,如大运动类游戏、用手的游戏、感觉游戏等,伴有象征性游戏的萌芽,此阶段儿童喜欢独自游戏和平行游戏。亲子游戏是2岁前儿童游戏的主要形式,在儿童游戏的发生、发展过程中占有重要地位。随着儿童对同龄伙伴的意识的发生,儿童的伙伴游戏也逐渐发生发展。

2. 游戏的预设

3岁前是孩子接触社会的最初阶段,父母与孩子的关系至关重要,应该常对孩子说话、讲故事、唱歌,给他们听柔和的音乐,玩色彩鲜艳的玩具,为他们创设一个安全、温馨、幸福、和谐的物质环境和心理环境,在保证安全的情况下,鼓励儿童的大胆探索行为,引导他们参与到游戏当中来,使之在轻松愉快的气氛中变得自信、主动、大胆,为今后的全面发展奠定良好基础。

(二)幼儿初期儿童游戏的发展水平及游戏预设

1. 游戏的发展水平

幼儿初期的儿童处于象征性游戏初期,此阶段儿童的象征性游戏内容和情节都比较简单,常常重复同一动作,而且游戏主题不稳定,常随外部条件和自己情绪的变化而改变。受思维水平的限制,他们对游戏规则的理解较差,自我控制的水平较低。此阶段儿童所进行的角色游戏比较简单,角色的种类不多,大都是独自充当角色和平行充当同一角色。这个时期幼儿游戏的一个明显特点是由独自游戏向联合游戏过渡。在同其他儿童共同游戏的过程中,儿童的思维、想象和各种社会性交往能力都能得到了一定程度的发展,在游戏活动中,儿童逐渐认识到自我的存在。因此,在这个阶段更多为幼儿创造与同伴接触的机会,将对他们的全面发展起到十分重要的作用。

2. 游戏的预设

幼儿初期是儿童在幼儿园生活的初始阶段,教师应注意为幼儿创设温馨的心理环境和物质环境,真正让幼儿感到"幼儿园像我家,老师爱我,我爱她"。在室内功能区的设置上要以角色区为主。室外设置运动区、玩沙玩水区等。值得一提的是,由于幼儿初期的儿童处在象征游戏初期,在游戏中经常独自充当角色和平行充当角色,所以,在游戏区投放玩具时应做到同种玩具提供多份以满足儿童的需求。

(三)幼儿中期儿童游戏的发展水平及游戏预设

1. 游戏的发展水平

幼儿中期是儿童象征游戏的高峰期,儿童游戏内容逐渐扩展,同时游戏的水平也提高了,游戏情节丰富、内容多样化,游戏兴趣明显增加。他们能够自己选择主题,设计组织游戏,自行分工,扮演角色等,由于表征水平的明显提高,还出现了用替代物进行游戏的行为,如他们会用小木棍代替体温计、用纸片代替钞票等,儿童的游戏不仅模仿、反映日常生活情景,还经常创造性地反映日常生活。幼儿建构游戏的水平也逐渐提高,能进行主题构造活动,还喜欢看图构造,对规则游戏产生了兴趣。

2. 游戏的预设

幼儿中期的儿童玩得最多的就是象征性游戏,要为他们创设一个宽松的心理环境,鼓励孩子积极思考、大胆想象、不断创新。在环境的创设中,以象征性游戏和结构游戏环境为主,适当增加低结构材料的种类和数量,以满足儿童想象和创造的愿望。

(四)幼儿晚期儿童游戏的发展水平及游戏预设

1. 游戏的发展水平

幼儿晚期的儿童处于象征游戏的高水平阶段,儿童已摆脱了实物直观相似性的束缚,语言描述和动作表象起主导作用,可以用语言、动作替代实物进行游戏。此阶段的儿童会自行策划游戏、讨论游戏主题、构思情节、分配角色、创设环境、积极主动地进行游戏。合作游戏的特征突出,喜欢有一定难度的棋牌类和富有挑战性的体育竞赛类的规则游戏。

2. 游戏的预设

在游戏环境的规划方面,为幼儿晚期的儿童创设的功能游戏区,应以游戏类别进行整体划分,玩具及材料应按类摆放。室外要有平坦、宽阔的运动区,场地上的玩具材料摆放要安全、科学、合理,以促进儿童的全面和谐发展。

二、幼儿游戏的条件创设

为了更好地发挥游戏在幼儿发展中的作用,教师应为幼儿创设良好的条件,包括充足的时间、良好的游戏环境与材料等。

（一）游戏的时间

1. 充足的时间是幼儿游戏的前提

游戏时间指幼儿一日生活中游戏活动所占的时间,充足的游戏时间是幼儿开展游戏活动的首要前提。游戏时间的多少直接影响游戏的数量和质量。

《幼儿园工作规程》规定,在幼儿园,幼儿每日户外活动时间不得少于2小时,寄宿制幼儿园不得少于3小时,高寒地区在冬季可以酌情减少。

2. 减少过渡环节,提高单位时间内幼儿游戏的有效时间

有些幼儿园虽然能够严格执行作息制度,不挤占幼儿的游戏时间,但活动室布置不够合理,不创设游戏角,没有专门的游戏空间。根据此问题,首先要在观念上打破桌椅板凳排排坐的"上课"模式,同时要在活动室的布置上动脑筋想办法,创设相对固定的游戏场地,以提高单位时间内幼儿游戏的有效时间。

（二）游戏的环境与材料

1. 游戏的环境

游戏环境是指为幼儿游戏提供的条件,包括游戏的空间环境和心理环境。

（1）游戏的空间环境。

游戏的空间环境包括户外游戏场地和室内游戏环境。

首先,户外游戏场地。

《托儿所、幼儿园建筑设计规范》规定,托儿所、幼儿园室外游戏场地应满足下列规定：

一是必须设置各班专用的室外游戏场地。每班的游戏场地面积不应小于60平方米。二是应有全园共用的室外游戏场地。室外共用游戏场地应考虑设置游戏器具、30米跑道、沙坑、洗手池和贮水深度不超过0.3米的戏水池等。

① 游戏场地中要放置数量适宜的大型设备和用具,设备、器械的数量与场地面积要保持合理的比例,以不妨碍幼儿奔跑、活动为原则。

② 好的游戏场地不仅要有设备,更要有"结构"。游戏场地的结构是指游戏场地中的各个部分、各种材料与器械构成一个有机整体。

③ 户外游戏场地在设计时要注意安全卫生。

其次,室内游戏场地。

室内游戏场地主要指活动室,足够的空间是开展游戏的必要条件。研究发现,游戏环境的空间密度直接影响幼儿的行为。所谓空间密度是指每个幼儿在游戏环境中所占的空间大小,亦即室内拥挤程度的指标,数值越低显示室内越拥挤。

据有关研究显示,较适合游戏的空间密度为人均2.32—7.0平方米之间。游戏活动空间的安排通常分为中心式和区隔式。这两种空间的安排对幼儿的游戏有着不同的影响。中心式便于幼儿开展集体性规则游戏、平行游戏和大动作游戏;区隔式根据游戏活动的不同类别,将游戏区分隔为若干个不同的区域,这样的空间便于幼儿开展合作性游戏和探索性游戏。

（2）游戏的心理环境。

① 教师应建立与幼儿民主、亲切、平等、和谐的关系。

② 幼儿间建立互助、友爱的伙伴关系。

③ 教师之间的真诚相待、友好合作，是幼儿最好的榜样。

2. 游戏的材料

游戏材料是幼儿游戏所用玩具和物品的总称。材料是游戏的物质支撑，是幼儿游戏的工具，离开了游戏材料，幼儿的游戏就难以进行。

（1）要为幼儿提供足够的游戏材料。

（2）根据幼儿的年龄特点提供游戏材料。

（3）提供与阶段教育目标、内容相匹配的游戏材料。

（4）尽量提供无固定功能的游戏材料。

（5）多提供中等熟悉和中等复杂程度的游戏材料。

（6）将游戏材料放在可见位置。

（三）儿童的自主参与

"自主游戏"研究者认为：游戏是学龄前儿童有机体的内在需要，是内发而非外力强加的。因此，游戏必须是儿童自由选择的，是以游戏活动本身为目的的愉快活动。

1. 自主是儿童游戏的重要条件

自主是儿童游戏的重要条件，游戏的形式、材料以及游戏的开始、结束都应由儿童自己掌握，按照他们自己的意愿、体力、智力来进行。自主游戏宽松自由的氛围消除了儿童的胆怯和儿童间的距离，使他们能够主动交往，友好合作。只有充分尊重游戏者的心愿，发挥游戏者的主动性，这样的游戏才是真正的游戏。

2. 儿童在自主游戏中得到主动发展

三、幼儿游戏的教师指导策略

环节一：教师对幼儿游戏的指导

教师对幼儿游戏的指导应当把握以下策略或基本要求。

（一）指导以观察为依据

只有通过观察，了解幼儿对当前活动的兴趣，已有的经验或问题，方能准确地做出是否介入以及如何指导的判断。游戏观察一般可以从以下几方面入手：

（1）观察幼儿游戏主题。

（2）观察游戏环境。

（3）观察幼儿游戏内容。

（4）观察幼儿游戏需求。

（5）观察幼儿游戏材料。

（6）观察幼儿游戏行为。

（二）确定指导的方式方法

1. 以自身为媒介

（1）游戏者。

教师通过游戏的语言、行为进行幼儿游戏指导,可采取平行游戏(教师通过模仿幼儿的游戏来对游戏施加影响)和共同游戏(教师直接参与到幼儿的游戏中与其共同玩耍)两种方式。

（2）旁观者。

教师站在幼儿游戏之外,以现实的教师身份干预幼儿游戏。但教师须特别注意尊重幼儿的游戏兴趣和愿望,切忌以成人意志代替幼儿意志。教师从旁观者身份影响幼儿的游戏,可采取多种方式方法：

① 言语的方法。

言语指导可分两种,一种是直接指导,它表现为教师对幼儿的明确指导、直接教授、具体指挥；另一种就是间接指导,主要包括询问、提问、建议、评论等具体策略,重在启发,暗示幼儿如何去做,它具有普遍的适用性。

② 非言语的方法。

除了言语的方法以外,教师可充分利用自己的表情、眼神、手势、动作等非言语的手段来支持和帮助幼儿在游戏过程中的学习。

2. 以材料为媒介

教师通过提供材料的方式来影响幼儿,支持和引导幼儿在游戏中的学习和发展。

（1）多提供有转换性的游戏材料。

开放性的、能转换的游戏材料隐含着多种玩法,幼儿通过试验物体的运动或观察物体的变化,可以了解物体和自我行为之间的互动关系,获得直接经验。同时,这种游戏材料本身具有暗示性,能诱发幼儿主动地去使用,去接触。

（2）多提供自然性的游戏材料。

自然性的游戏材料一方面可以让幼儿以独特的方式多接触自然、认识自然；另一方面,这些直观、生动的,集内容和手段为一体的自然性材料,既能激发幼儿的求知欲,培养幼儿丰富的情感以及思考力、表现力、想象力,又能有效地增进幼儿热爱自然、感受美、理解美的情感和态度。

（3）新旧玩具和材料之间应保持一定的比例。

要注意保持新旧玩具和材料的适当的动态性的比例。一方面,留下部分原有的玩具和材料,让幼儿带着新的想法使用以前使用过的玩具和材料,持续地发现、探索、游戏；另一方面,也可将旧的玩具和材料移至新的位置,以激发幼儿探索新的玩法；再一方面,为适应不断变化的动态性的游戏过程,可以及时呈现新的更复杂的玩具和材料,以丰富幼儿的游戏情节和内容,鼓励不同层次、不同需要的幼儿更好地参与活动,获得社会情感和认知水平的提高。

3. 以幼儿伙伴为媒介

教师利用幼儿伙伴互动这一因素,支持和引导幼儿的游戏和发展。

（三）确定指导的时机

介入幼儿游戏的时机,要根据观察的情况而定,教师要在观察的基础上再决定是否介入幼儿游戏,适时地帮助幼儿发展其游戏。

（四）把握好指导的对象范围

教师在幼儿游戏指导的过程中,在对象范围上要做到重点与一般、个别与集体、局部与整体的结合,针对具体情境去灵活把握。

（五）把握好互动的节奏

教师应站在幼儿的角度,以"假如我是孩子"的心态体验幼儿可能的兴趣与需要,给幼儿探索、思考的时间和空间,提供条件,鼓励支持幼儿去验证自己的想法,哪怕是"错误"的想法。

（六）及时自我反思

自我反思是教师着眼于自己的教育活动过程来分析自己做出的某种行为决策以及所产生的结果。游戏活动的自我反思可以两种形式进行。一是在游戏指导过程中反思,是指教师在游戏活动过程中能够密切关注幼儿的反应和参与程度,对自己的游戏指导行为随时保持有意识的认识和反省,能够敏感地意识到自己的游戏指导行为中存在的问题,并迅速分析所出现问题的原因及可能的解决方法与策略。二是对游戏指导行为的反思,是指教师在游戏活动结束之后,对已发生过的游戏活动进行回溯性的思考。

环节二：教师对幼儿游戏的介入

（一）介入的角色定位

1. 非支持性角色

（1）不参与者。

在幼儿园里我们经常看到,当幼儿游戏时,一些教师会利用这段时间忙其他的事。在没有成人参与的情况下,幼儿的游戏往往类型单一,社会性水平不高,情节简单,且常常十分吵闹。

（2）导演者。

如果教师以导演角色介入游戏,告诉幼儿在游戏中应该做什么,不应该做什么,完全控制了幼儿游戏,就很可能破坏幼儿游戏,变成"游戏幼儿"而不是"幼儿游戏"。

2. 支持者角色

（1）旁观者。

教师在一旁观察幼儿游戏,并用语言或非语言信号(如点头、微笑)来表示对幼儿游戏的关注,让幼儿感受来自教师的支持和赞同。

（2）舞台管理者。

教师不参与游戏,但积极地帮助幼儿为游戏做准备,并随时为正在进行的游戏提供帮助,如回应幼儿关于材料的要求,协助幼儿布置环境,提出适当的建议以延伸幼儿的游戏等。

（3）共同游戏者。

教师作为孩子们平等游戏伙伴积极参与幼儿游戏中,通常扮演小角色,并通过一些策略进行暗示,间接对游戏产生影响。这时教师一般遵循游戏的原有进程,让幼儿主宰游戏。

(4)游戏带头人。

通常在幼儿很难自己开展游戏或正在进行的游戏难以拓展下去的时候,教师积极地参与幼儿游戏,通过提议新的游戏主题、介绍新的道具或情节元素以扩展已有的主题等方式,对幼儿游戏施加更多的影响。

(二)介入的时机

教师对游戏干预时机的选择主要取决于两个因素:一是幼儿客观的需要,二是教师的主观心态和状况。

(1)当幼儿游戏出现困难时介入。

当幼儿不知道自己该做什么游戏、如何去游戏时,教师的介入是引导幼儿开始游戏的关键。

(2)当必要的游戏秩序受到威胁时介入。

当必要的游戏秩序受到威胁时,教师可用游戏口吻自然制止幼儿的干扰行为,并提出活动建议。

(3)当幼儿对游戏失去兴趣或准备放弃时介入。

这时教师的介入可以帮助幼儿拓展游戏内容,提高游戏技能,进一步激发幼儿游戏的兴趣。

(4)在游戏内容发展或技巧方面发生困难时介入。

在这种情况下,教师可以作为游戏同伴介入游戏给予幼儿示范,或者让幼儿相互启发,相互影响,以帮助幼儿克服困难,拓展游戏。

(5)当儿童就游戏内容展开讨论时介入。

(三)介入方式

1. 外部干预

是指教师并不直接参与游戏,而是以一个外在的角色,引导、说明、建议、鼓励游戏中幼儿的行为。

2. 内部干预

是指教师以游戏中的角色身份参与幼儿的游戏,以游戏情节需要的角色动作和语言来引导幼儿的游戏行为。

(四)介入的注意事项

1. 分层次指导

不同年龄段,幼儿游戏的发展水平各不相同,教师指导的侧重点也应有所不同。

2. 慎扮"现实代言人"角色

当幼儿假想类游戏的情节与现实不太吻合时,教师往往会介入提出一些现实性的问题,或试图加入教育因素,即扮演"现实代言人"角色。这种教师以现实为导向的评议和提问有时不会严重影响幼儿的游戏,但有时会严重破坏假想类游戏的"框架",致使幼儿停止游戏,因此要慎用。

3. 及时退出

无论采用何种干预方式,一旦幼儿开始表现出所期望的游戏行为,教师就应转而扮演无指导性的共同游戏者,或完全从游戏中退出,以便让幼儿重新控制游戏,从而培养幼儿的独立性和自信心。

环节三:幼儿游戏的支持与引导

(一) 幼儿游戏的激发与引导

教师可采用不同的方法来激发和引导幼儿的游戏。

1. 丰富幼儿的生活经验

幼儿的知识经验是游戏的源泉。幼儿游戏是建立在实际经验的基础上的。丰富幼儿的生活经验,可以使幼儿游戏的主题和内容变得多姿多彩。教师带领幼儿外出参观、给幼儿讲故事、让幼儿观看电影、阅读图书画册等,都有可能引发幼儿开展某种游戏的灵感,并使幼儿知道应如何使用材料、如何开展游戏。

2. 创设适宜的游戏环境

教师可以经常有意识地创设丰富、变化、新颖的环境。在游戏场地放置一些新材料、新设备,引发幼儿动手操作、想象创造的欲望,引起幼儿开展某方面游戏的意愿,以此驱使幼儿主动投入到游戏之中。

3. 提出启发性的问题

教师要适时提出开放性问题。在幼儿游戏活动的过程中,教师要善于把握时机,提出启发性的问题,激发幼儿的想象和思考,使游戏不断深入,以促进游戏的发展。

4. 提出合理化建议

当幼儿的游戏未能向前发展的时候,教师应适当地给予提示、建议,及时提出合理化建议以帮助幼儿更好地开展游戏。

5. 平行介入游戏,巧妙扮演角色

当幼儿在游戏中经常转移主题或半途而废时,教师可以以同伴的身份,平行介入幼儿的游戏,激发、鼓励幼儿将游戏坚持到底,获得成功;教师还可以通过巧妙地扮演游戏中的角色,自然而然地加入到游戏中来,针对具体情况,进行引导。

(二) 幼儿游戏的支持与推进

教师应以幼儿的眼光来看待游戏,尽量满足幼儿游戏的各种需要,从物质上和精神上给幼儿的游戏予以支持,推动游戏不断地向更高水平迈进。

1. 满足幼儿的物质需求

教师要满足幼儿对游戏材料的需求,在投放游戏材料时应做到丰富、充足且富于变化,从物质上保证游戏的顺利进行,支撑幼儿游戏的延伸,避免出现因游戏材料不足而阻碍游戏发展的情况。

2. 共同探索游戏奥秘

当幼儿碰到困难求助于教师时,教师通常不急于马上给予答案,而是介入幼儿之中与其共同探索,用同伴的口吻与幼儿讨论,也可以通过师生的共同探索和观察比较,幼儿自然地获得了直接体验,掌握了技能,发展了想象力、独立性和坚持性,推动游戏不断向前发展。

3. 满足幼儿充分游戏的心理需求

教师要满足幼儿充分游戏的心理需求,使幼儿的游戏能达到一个理想的境界,在游戏中充分地表现、尽情地体验,游戏结束时心满意足地离开游戏区。

4. 关心幼儿的游戏意愿

教师要关心幼儿游戏的意愿。教师应善于察言观色,从幼儿的语言、表情、动作上来揣摩幼儿的游戏心态,为他们顺利开展游戏铺平道路。

5. 关注游戏的发展进程

教师要关心幼儿游戏的进程。教师应随着幼儿游戏的发展而不断地给予支持,站在幼儿的立场上去思考游戏的进程,清醒地意识到幼儿什么时候可能会需要教师以及需要什么样的帮助,及时给幼儿提出合理化的建议,以刺激游戏活动的进一步展开。

> **真题链接**
>
> （2013年上）（论述题）李老师设计了一个"三只蝴蝶"的游戏活动,她选了三位幼儿扮演蝴蝶,又选了若干幼儿扮演花朵,结果幼儿兴趣不高,表现被动,还没等游戏结束,一个幼儿就问李老师:"老师,游戏完了吗？ 我们可以自己玩了吧？"针对这种现象,请从幼儿游戏特征和游戏指导的角度进行阐述。
>
> [参考答案] 从幼儿游戏特征的角度分析,幼儿游戏应该具有以下四个特征:
>
> （1）游戏是幼儿主动的自愿的活动;
>
> （2）游戏是在假想的情景中反映周围生活的;
>
> （3）游戏没有社会的实用价值,不直接创造财富,没有强制性的社会义务;
>
> （4）游戏伴随着愉悦的情绪。
>
> 从教师对游戏指导的角度分析,李老师在游戏中是一种导演者的角色,以导演角色介入游戏中,告诉幼儿在游戏中应该做什么,不应该做什么,完全控制了幼儿游戏,这样就很可能破坏幼儿游戏,变成"游戏幼儿"而不是"幼儿游戏"。

四、幼儿园各类游戏活动的指导

（一）角色游戏的指导

角色游戏是幼儿通过扮演角色,运用想象,创造性地反应个人生活印象的一种游戏,通常都有一定的主题,如娃娃家、商店、医院等,所以又称主题角色游戏。角色游戏是幼儿期最典型最有特色的一种游戏。

1. 幼儿园角色游戏的共同特点

（1）创造性——对社会现实生活的一种创造性再现。

（2）过程性——从开始到结束有完整过程,所占时间较长,条件较复杂。

（3）变化性——内容随社会生活变化而变化。

2. 不同年龄班幼儿角色游戏的特点与指导

（1）小班角色游戏。

① 特点。

处于独自游戏、平行游戏的高峰时期；角色意识差，游戏内容主要是重复操作、摆弄玩具，主题单一，情节简单；幼儿之间交往少，主要是与玩具发生互动，同伴之间玩相同或相似的游戏。

② 指导。

教师要根据幼儿的生活经验为其提供种类少、数量多且形状相似的成型玩具，避免其为争抢玩具而发生纠纷，满足其平行游戏的需要；以平行游戏法指导游戏，也可以以游戏中的角色身份加入游戏，在与幼儿游戏的过程中达到指导的目的；注意规则意识的培养，让幼儿在游戏中逐渐学会独立。

（2）中班角色游戏。

① 特点。

游戏内容情节比小班丰富多了；处于联合游戏阶段，想尝试所有的游戏主题，游戏主题不稳定；有了与别人交往的愿望，但还不具备交往的技能，常与同伴发生纠纷；有较强的角色意识，有了角色归属感。

② 指导。

教师应根据幼儿需要提供丰富的游戏材料，鼓励幼儿玩多种主题或相同主题的游戏；注意观察幼儿游戏的情节及幼儿间发生纠纷的原因，以平行游戏或合作游戏的方式指导；通过游戏讲评引导幼儿分享游戏经验，以丰富游戏主题和内容；指导幼儿学会并掌握交往技能及规范，促进幼儿与同伴交往，使幼儿学会在游戏中解决简单问题。

（3）大班角色游戏。

① 特点。

游戏主题新颖，内容丰富，能主动反映多种生活经验和较为复杂的人际关系；处于合作游戏阶段，喜欢与同伴一起游戏，能按自己的愿望主动选择角色并有计划地游戏；在游戏中自己解决问题的能力增强。

② 指导

教师应根据幼儿游戏的特点，引导幼儿一起准备游戏材料和场地，多用语言指导游戏，在游戏中培养幼儿的独立性；观察幼儿游戏的种种意图，给幼儿提供开展游戏的练习机会和必要帮助；允许并鼓励幼儿在游戏中进行创造，通过讲评让幼儿相互学习，拓展思路，不断提高游戏水平。

真题链接

（2012年下）李老师发现大班"理发店"的"顾客"很少，"顾客"对"理发店"不感兴趣。于是李老师带幼儿到理发店参观，看理发店的设施，鼓励幼儿向理发师咨询问题，记录幼儿的问题，还拍下照片。幼儿在理发店看到顾客躺着洗头，理发师用发型梳给他们梳理发型。回到幼儿园，李老师组织幼儿讨论"如何开好理发店"，并把照片给孩子回顾，有的幼儿反映没有躺椅，有的反映没有发型梳，李老师则启发幼儿自己用积木做躺椅，自己画发型，之后"理发店"的生意又红火起来。

请分析案例中教师采用了哪些策略来支持幼儿的游戏活动。

[参考答案] 教师指导游戏就需要介入到幼儿的游戏当中去，介入的目的是引导幼儿继续游戏，促进幼儿游戏向高一级水平发展，从而提高游戏质量，促进幼儿社会性发展。在这个案例中，教师采用的是外部干预的介入方式来指导游戏，外部干预是指教师并不直接参与游戏，而是以一个外在的角色，引导说明、建议、鼓励游戏中幼儿的行为。

该案例中，李老师采用了如下策略来支持幼儿的游戏活动。

（1）及时帮助幼儿记录与总结角色游戏中的突出特点。

李老师观察游戏中孩子的表现以及游戏主题及材料的使用情况，及时记录孩子在游戏中的特点，帮助幼儿把无意识的游戏变为有意识的学习过程，以不断得到重复与提高。另外，还让幼儿通过参观、记录、提问的方式发现问题，通过自己制作躺椅，自己画发型来参与游戏。通过这些，不断地充实和深化幼儿的角色游戏。

（2）以交流体验为媒介。

李老师引导幼儿自发地进行交流（幼儿向理发师咨询问题，记录幼儿的问题），积极地表达情感，相互体验，共享快乐，共解难题，进一步为幼儿提供表现和交往学习的机会。自发交流是游戏同伴间对游戏的交流，自发交流改变了过去交流只是教师对幼儿的自上而下的片面做法，突显了幼儿在整个游戏过程的主体地位，更有利于幼儿自主独立创造的个性和社会性人格情感的培养发展。

（二）结构游戏的指导

结构游戏，又称建构游戏，是指利用各种结构材料或玩具（如积木、积塑、沙石、泥、雪、金属材料等）进行建构活动的游戏。这种游戏对幼儿手的技能训练和思维能力的发展有十分积极的作用，被称为"塑造工程师的游戏"。

1. 积木建构的发展阶段

（1）搬弄：是指只是把积木拿来拿去，并不搭建什么东西。

（2）重复：是指只是重复堆叠、平铺等简单动作。

（3）搭建：是指可以搭成"桥""楼房"等结构。

（4）围封：是指用积木围成封闭空间。

（5）再现：是指为所建造的东西命名，使其成为现实世界中某种物体的象征。

2. 不同年龄班幼儿结构游戏的特点与指导

（1）小班结构游戏。

① 特点。

A. 材料选用盲目而简单；

B. 建构技能简单；

C. 易中断，坚持性差；

D. 无主题建构计划。

② 指导。

A. 引导幼儿认识建构材料,引发活动兴趣;

B. 为幼儿安排游戏场地和足够数量的建构游戏材料;

C. 在游戏中指导幼儿学习建构技能,鼓励其尝试独立建构简单物体;

D. 引导幼儿理解和明确建构的目的,发现其想象力,使主题逐渐稳定;

E. 建立游戏规则;

F. 教会幼儿整理和保管玩具最简单的方法,让其参与部分整理工作,培养其爱惜玩具的习惯;

G. 提供小型木质积木、大型轻质积木和小动物玩具、交通工具模型、平面板、小筐等辅助材料。

(2) 中班结构游戏。

① 特点。

A. 能按建构物体的特性来选择材料;

B. 建构技能,以"架空"为主打;

C. 与同学交流,坚持性增强;

D. 有建构主题,易变化。

② 指导。

A. 设法丰富幼儿的生活经验,为建构活动打下基础;

B. 引导幼儿设计建构方案,学会有目的地选材,学会看平面结构图;

C. 着重指导幼儿掌握建构技能并运用其塑造各种物体;

D. 组织幼儿评议建构活动,鼓励其独立、主动地发表意见和创造发明;

E. 提供大积木、中小型积木和人偶、小动物玩具、交通工具模型、废旧材料、橡皮泥等各种建构材料及辅助材料。

(3) 大班结构游戏。

① 特点。

A. 建构的目的性、计划性和持久性增强;

B. 能合作选取丰富多样的材料;

C. 建构技能日趋成熟;

D. 能根据游戏情景需要,不断产生新的建构主题。

② 指导。

A. 培养幼儿独立建构的能力,要求其按计划、有顺序地建构;

B. 让幼儿围绕一个主题进行建构时学习表现物体的细节和特征,能准确表现游戏的构思和内容,会使用建构材料和辅助材料;

C. 引导幼儿在欣赏自己和同伴作品的过程中,逐渐发展自我评价和评价他人的能力;

D. 鼓励幼儿集体进行建构活动,共同设计方案,确定规划,分工合作,开展大型建构游戏;

E. 提供大积木、中小型积木、平面板和更多形状的辅助材料。

(三)表演游戏的指导

表演游戏,指儿童按照童话或故事中的情节扮演某一角色,再现文艺作品的内容的一种游戏形式。

1. 表演游戏分类

(1)桌面表演:是用各种玩具和游戏材料在桌面上扮演文艺作品中的角色,用口头语言和对玩具进行操控来再现文艺作品内容的一种游戏形式。

(2)木偶表演:也称木偶戏。

(3)影子戏表演:是根据光学原理,通过光的作用,利用物体阴影来表演故事。

(4)戏剧表演:是幼儿以自己创编的或来自文学作品的故事为线索,通过自身扮演其中的角色来再现故事情节的一种游戏活动。

2. 不同年龄班幼儿表演游戏的特点与指导

(1)中班表演游戏。

① 特点。

A. 能独立进行角色分配,但进入游戏过程较慢;

B. 嬉戏性强,目的性弱;

C. 一般性表现为主,以动作为主要表现手段。

② 指导。

A. 为幼儿准备封闭或半封闭的空间,且该空间最好在一定时间内是固定的;

B. 保证幼儿有不少于 30 分钟的游戏时间;

C. 提供简单易搭的材料,以 2—4 种为宜;

D. 最初开展阶段帮助幼儿做好分组工作,讲解角色更换原则,不急于示范,耐心等待幼儿协商、讨论,提醒其坚持游戏主题;

E. 在游戏展开阶段,应提高幼儿的角色表现意识,可参与游戏,为幼儿提供适当示范。

(2)大班表演游戏。

① 特点。

A. 能独立完成角色分配任务,有很强的角色更换意识;

B. 游戏的目的性、计划性较强,能自觉表现故事内容;

C. 具有一定的表演意识,但尚待提高;

D. 具备一定的表演技巧,能灵活运用多种表现手段,但表现水平尚待提高。

② 指导。

A. 可为幼儿提供较多种类的游戏材料,鼓励和支持他们进行多样化探索;

B. 在游戏最初阶段应尽可能少地干预;

C. 随着游戏的展开,及时给幼儿提供反馈,提高其表现故事、塑造角色的能力,侧重点放在帮助幼儿运用语气、语调、生动的表情、夸张的动作来塑造角色上;

D. 通过反思性谈话和小组讨论来帮助幼儿丰富游戏情节。

(四)规则游戏的指导

规则游戏是由成人选编的以规则为中心的游戏。包括智力游戏、音乐游戏、体育游戏。

1. 规则游戏的特点

(1) 具有竞争性。

竞争性是规则游戏的重要特征,但其强弱与不同的游戏者有关,亲子游戏和年幼的伙伴之间发生的规则游戏往往不具有竞争性。

(2) 具有文化传承性。

规则游戏往往以代代相传的方式流传于民间,并以"言传身教"的方式获得传播。

2. 规则游戏的指导要点

(1) 尽可能选择让大多数幼儿参与而不是旁观、等待的游戏。

(2) 游戏如需分组,最好采用随机的方式帮助幼儿分组而不要让幼儿因性别、能力、性格等的差异而体验到来自同伴的"忽视"或"拒绝"的压力。

(3) 让幼儿体验到游戏成功的快感而不是挫折感。

① 选择适合幼儿年龄特点和发展水平的规则游戏;

② 游戏过程中不要常常让幼儿停下来被"纠错";

③ 在参与游戏的幼儿年龄与技能水平不同的情况下,适当增加游戏的"碰运气"因素,以使每个幼儿都有"赢"的机会。

(4) 保持规则的灵活性。

① 由简单到复杂,逐渐加大游戏规则的难度;

② 如果幼儿要求且他们都同意改变规则,则应允许幼儿改变规则。

(5) 降低游戏的竞争性。

① 重点放在游戏过程,而不是"赢"的结果上;

② 不要为"赢者"提供奖品或奖赏;

③ 把幼儿的注意力引导到"赢者"所用的有效策略上,引导幼儿学习伙伴的策略,意识到他人的想法和观点。

(6) 注意幼儿的年龄特点。

① 3—5岁的幼儿喜欢非竞争性的猜谜游戏、简单的拼图和匹配游戏、棋牌游戏、简单的追跑等大肌肉活动,指导要点要放在提醒幼儿如何玩和注意游戏的技能上。

② 5岁以上的幼儿会就游戏规则进行协商、谈判,并改变规则以增强游戏的新颖性和挑战性,成人不要轻易干预。

(7) 幼儿参与游戏基于自愿原则,允许个别幼儿在集体游戏时间里独自玩耍。

★拓展训练

一、单项选择题

1. "剩余精力说"代表人物是( )。
   A. 格罗斯 B. 斯宾塞 C. 维果茨基 D. 皮亚杰

2. 下面不属于皮亚杰的游戏观点是( )。
   A. 游戏是儿童认识新的复杂客体和事件的方法
   B. 游戏是巩固和扩大概念、技能的方法
   C. 游戏是使思维和行动结合起来的方法
   D. 游戏的本质是同化作用大于顺应

3. 下列哪一项不属于游戏的本质特征?( )
   A. 游戏是内在需要的自愿活动
   B. 游戏是"日常生活"的表征
   C. 游戏富有选择性的自足乐趣
   D. 游戏有无规则并不重要

4. 下列哪一项不能体现幼儿游戏自主性的含义?( )
   A. 幼儿游戏是"我要玩"而不是"要我玩"
   B. 游戏活动体现了幼儿的直接需要
   C. 教师可以选择和决定幼儿做什么游戏以及怎样做
   D. 游戏中幼儿心理需要不受游戏之外的因素支配

5. 幼儿期最典型、最有特色的游戏,也是最有创造性的游戏是( )。
   A. 角色游戏 B. 表演游戏
   C. 结构游戏 D. 建筑游戏

6. "娃娃过家家"属于( )。
   A. 结构游戏 B. 角色游戏
   C. 表演游戏 D. 智力游戏

7. 幼儿通过扮演角色,运用想象创造性地反映个人生活印象的是( )。
   A. 规则游戏 B. 结构游戏 C. 角色游戏 D. 表演游戏

8. 儿童按照故事、童话的内容,分配角色,安排情节,通过动作、表情、语言、姿势等来进行的游戏被称为( )。
   A. 规则游戏 B. 结构游戏 C. 角色游戏 D. 表演游戏

9. 不属于表演游戏种类的是( )。
   A. 商店游戏 B. 桌面游戏
   C. 影子戏 D. 木偶戏

10. 下列有关表演游戏的说法,正确的是( )。
    A. 幼儿按照自己所熟悉的经验,以周围真实生活为游戏内容的来源
    B. 以虚构的童话故事作为游戏内容的来源

C. 在教师的组织下,严格按照故事、童话的情节、语言进行表演

D. 游戏以演给他人看为目的

11. (　　)是促进幼儿心理发展的最好的活动形式。

A. 游戏　　　B. 劳动　　　C. 交往　　　D. 学习

12. 3—6、7岁幼儿游戏的典型特征是(　　)。

A. 练习性　　B. 发展性　　C. 象征性　　D. 表演性

13. 下列哪一项属于按认知划分的游戏阶段?(　　)

A. 独自游戏阶段　　　　　B. 平行游戏阶段

C. 象征性游戏阶段　　　　D. 合作游戏阶段

14. 将学龄前儿童的游戏对象分为单独游戏、平行游戏、联合游戏、合作游戏,这是按照(　　)方式进行分类的。

A. 认识形式　　　　　　　B. 体验形式

C. 社会性行为　　　　　　D. 心理发展的不同冲突阶段

15. 某幼儿和同伴一起做游戏,出现了简单的沟通交流,但没有建立共同目标与分工。按照帕顿游戏分类,该儿童的游戏属于(　　)。

A. 旁观游戏　　B. 平行游戏　　C. 联合游戏　　D. 合作游戏

16. 角色游戏中幼儿从独自游戏发展为平行游戏,主要反映了幼儿的(　　)。

A. 认知发展水平　　　　　B. 社会性发展水平

C. 情感发展水平　　　　　D. 身体发展水平

17. 幼儿在一起玩,彼此之间有交谈,彼此之间有自己玩的主题,每个人的主题皆是独自的,这是属于(　　)形态。

A. 单独游戏　　B. 联合游戏　　C. 平行游戏　　D. 合作游戏

18. 投形盒、拼图、嵌板等属于(　　)的玩具。

A. 音乐游戏　　B. 体育游戏　　C. 表演游戏　　D. 智力游戏

19. 以发展基本动作为主,并能培养幼儿勇敢、坚毅等优良品质的游戏是(　　)。

A. 结构游戏　　B. 音乐游戏　　C. 角色游戏　　D. 体育游戏

20. 教师根据教育教学目的,按照一定的目标设计的游戏被称为(　　)。

A. 规则游戏　　B. 结构游戏　　C. 角色游戏　　D. 表演游戏

21. 《托儿所、幼儿园建筑设计规划》中规定:必须设置各班专门的室外游戏场地,每班的游戏场地不少于(　　)平方米。

A. 50　　　　B. 60　　　　C. 70　　　　D. 80

22. 教师在指导儿童游戏时应(　　)。

A. 对儿童不正确的做法进行指责

B. 注重游戏的结果而不是过程

C. 尊重儿童的意愿,让儿童自由分配角色

D. 给儿童制定详细的游戏规则

23. 在指导幼儿游戏时,下列行为不恰当的是(　　)。

A. 参与幼儿的游戏　　　　　　　B. 控制幼儿的游戏
C. 支持幼儿的游戏　　　　　　　D. 指导幼儿的游戏

24. 下列结束角色游戏的方式不适当的是(　　)。
A. "现在时间到了,该下班了"
B. "没看好病的病人请明天再来吧"
C. "时间到了,游戏结束,老师要收玩具了"
D. "请还没卖完东西的售货员明天再来"

二、简答题

简述如何创设幼儿游戏的心理环境。

三、论述题

简述游戏对幼儿社会性发展的作用。

四、材料分析题

1. 某教师在语言活动"小乌龟开店"的基础上,组织了一次表演游戏。教师一一出示早已准备好的道具。介绍完道具,配班教师带领全班幼儿"开火车"离开活动室去"剧场"看表演,主班教师忙着在活动室里布置场景:一家花店、一家书店、一家气球店。场地布置好了,幼儿由配班教师带领进"剧场"。主班教师提问:"谁愿意上来表演?""哗!"几十只小手举了起来。教师挑了五个没有举手而上次语言活动表现又不好的幼儿上来表演。

表演时,教师不停地提示孩子们对话,做动作。第二轮,教师请了五个"做得好的孩子"上来表演,五个孩子表演同一个角色。教师还是不时地按照故事情节规范语言,纠正孩子们的动作。好多孩子忙着摆弄有趣的道具,忘了表演,教师又不停地提醒……

结合我国对学龄前儿童游戏基本特征的认识,试分析该活动是不是真正意义上的游戏活动。

2. 小班幼儿在角色游戏区活动,文文在"邮局"里无所事事,摆弄一个称重器。在此之前,孩子们没有"邮局"这个角色游戏的经验。教师看到这种情况,拿了一个盒子走过去对文文说:"我想把这个寄到超市(旁边有超市游戏区)去,你能帮我称一下吗?"文文马上接过盒子,放在称重器上,看了一下,说:"100克。"教师问:"多少钱?""10块钱。"教师假装付了钱,文文立刻把盒子送到了隔壁的超市。接着有几个小朋友也学着教师的样子将一些东西寄到旁边的医院、美容院、娃娃家,邮局变得热闹起来。

请分析在这个案例中,老师是如何指导幼儿游戏的。

参考答案

一、单项选择题

1. B 2. D 3. D 4. C 5. A 6. B 7. C 8. D 9. A 10. A 11. A 12. C 13. C 14. C 15. C 16. B 17. C 18. D 19. D 20. A 21. B 22. C 23. B 24. C

二、简答题

(1) 教师应与幼儿建立民主、亲切、平等、和谐的关系;(2) 幼儿间建立互助、友爱的伙伴关系;(3) 教师之间的真诚相待、友好合作,是幼儿最好的榜样。

三、论述题

(1) 游戏提供了幼儿社会交往的机会,发展了幼儿社会交往的能力。游戏(及玩具)是幼儿交往的媒介。通过游戏活动,特别是社会性游戏活动,幼儿实现与同伴的交往活动,并形成他们的社会性行为。游戏中的这种幼儿之间的交往活动,构成幼儿实际的社会关系网络,使幼儿逐渐熟悉、认识周围的人和事,了解自己和同伴的想法、行为、愿望和要求,理解他人的思想、行为和情感,逐渐掌握人与人之间的交往规则。(2) 游戏有助于幼儿克服自我中心化倾向,学会理解他人。幼儿往往只是从自己的角度出发看问题,以自己的想法、体验、情感来理解周围现实的人和事,这反映了幼儿在社会性认知上的自我中心化特点。(3) 游戏有助于幼儿社会角色的学习,增强其社会角色扮演的能力。幼儿一出生,就不可避免地处在一定的人际关系和社会地位中,他们不可避免地被赋予某种角色。(4) 游戏有助于幼儿对行为规范的掌握,形成良好的道德品质。游戏是对现实生活的反映,游戏中蕴含着人与人交往的基本规则。在内容健康的社会性表演游戏中,幼儿通过扮演角色,模仿社会生活中人们的文明行为,这样可以缩短幼儿掌握道德行为规范的过程。(5) 游戏有助于幼儿自制力的增强,锻炼幼儿意志。意志是个性的重要构成因素。在现实生活中,行动的果断性、对无意义行为的自我控制能力、遵守规则、克服困难等意志品质,是幼儿社会性构成的重要方面。幼儿自制力差,意志行动尚未充分发展,但在游戏中,幼儿却表现出较高水平的意志行为,游戏能培养和锻炼幼儿的意志。

四、材料分析题

1. 角色游戏的组织与指导要遵循自主性、接纳性原则。角色游戏是幼儿主动自愿、自由自主的活动,教师在游戏中,至多只能充当游戏"脚本"的"改写者"角色,而不是游戏"脚本"的"编写者",不能把自己的意志和想法强加给幼儿,而材料中幼儿"表演时,老师不停地提示孩子们对话,做动作"。第二轮表演时,"教师还是不时地按照故事情节规范语言,纠正孩子们的动作。好多孩子忙着摆弄有趣的道具,忘了表演,教师又不停地提醒……"这都充分体现了教师干涉过多,没有发挥幼儿游戏的自主性。接纳性原则是指幼儿在与同伴、材料互动中会产生新的兴趣和需要,而这些未必是教师所预设的,这时教师应当及时更正自己的计划,敏锐地发现其中的意义和价值,帮助幼儿实现他们的想法,使幼儿的角色游戏真正成为幼儿自己"想要玩的"和"喜欢玩的"游戏,而不是"教师要他们玩的游戏"。而案例中,教师明显没有悦纳幼儿对游戏的新想法,而是不断通过言语指导把自己的想法强加给幼儿。

2. (1) 幼儿教师注重观察幼儿在游戏中的行为表现。例如案例中教师看到文文在邮局里无所事事,摆弄一个称重器,所以教师及时赶过去进行游戏指导。

(2) 教师对幼儿采取的是内部干预的方法,教师以游戏者的身份参与其中,带动了幼儿游戏的开展。例如案例中教师走过去对文文说:"我想把这个寄到超市(旁边有超市游戏区)去,你能帮我称一下吗?"

(3) 教师介入的时机适宜。例如教师看到文文的表现后进行适时指导,当游戏开展起来之后教师适时地退出游戏。

　　案例中教师以顾客身份参与幼儿的邮局游戏,虽然没有直接建议幼儿该怎么做,但以角色行为暗示了游戏方法,提示幼儿可以如何进行游戏。对于没有多少生活经验的小班幼儿来说,教师参与游戏、通过角色行为给予游戏暗示的方法比简单的几句建议更有效。

第六章 教育活动的组织与实施

学习导航

《幼儿园教育指导纲要(试行)》指出:幼儿园教育活动是教师以多种形式有目的、有计划地引导幼儿生动、活泼、主动活动的教育活动。幼儿园教育活动的计划、组织、实施是幼儿园教育的中心,也是幼儿园教师的核心能力。

本章学习要求:了解各领域教育活动组织与实施的基本要求;理解教育活动组织与实施的基本原则、方法与流程;能根据健康、语言、社会、科学、艺术等领域教育的不同特点,确定适宜的教育活动目标,设计合理的教育活动方案,科学地组织和实施教育活动。

本章希望学习者通过小组合作交流式学习,采用"做中学""做中体验"的方式,尝试运用相关知识开展模拟与模仿教育活动,以验证各领域教育活动策略的有效性,积累实践操作经验,提升教学实践能力。

聚焦考试大纲

1. 能根据教育目标和幼儿的兴趣需要和年龄特点选择教育内容,确定活动目标,设计教育活动方案。
2. 掌握幼儿健康、语言、社会、科学、艺术等领域教育的基本知识和相应的教育方法。
3. 理解并整合各领域教育的意义和方法,能够综合地设计并开展教育活动。
4. 能根据活动中幼儿的需要,选择相应的互动方式,调动幼儿参与活动的积极性。
5. 在活动中能根据幼儿的个体差异进行指导。

第一节 幼儿园教育活动概述

一、幼儿园教育活动的含义

《幼儿园教育指导纲要(试行)》指出：幼儿园教育活动是教师以多种形式有目的、有计划地引导幼儿生动、活泼、主动活动的教育活动。

幼儿园教育活动是幼儿园教育的基本形式以及幼儿园课程的实施载体，它是以幼儿为主体，在教师创设以适应幼儿身心发展需要和特点的多种形式的活动与环境材料的互动过程中，引发幼儿积极参与、主动探索并大胆表现的教育活动系列，旨在促进幼儿全面、健康、和谐、整体地发展。

幼儿园教育活动从根本上说是一种师幼交往的过程，教师、幼儿是教育活动最基本的主体和参与者，也是教育活动最直接的体现者，因而幼儿园教育活动首先是从教师和幼儿为主体的活动，其次，幼儿园的教育活动也应具有明确的目的性和一定的规范性。

二、幼儿园教育活动的基本类型

(一)根据幼儿园教育活动的结构分类

分为学科领域结构的教育活动(通常包括语言活动、数学活动、科学活动、音乐活动、美术活动和体育活动六种类型)和主题单元结构的教育活动两大类。

(二)根据幼儿园教育活动的特征分类

分为生活活动、游戏活动和学习活动。

(三)根据幼儿园教育活动的内容领域分类

分为健康领域教育活动、语言领域教育活动、社会领域教育活动、科学领域教育活动和艺术领域教育活动五类。当然，幼儿园的教育内容应当是全面的、启蒙性的和相互渗透的，所以，这种划分是相对的。

(四)根据幼儿园教育活动的性质分类

分为由幼儿自主生成的教育活动和由教师预先设置的教育活动两类。前者更关注幼儿的兴趣、幼儿的学习需要，是在幼儿偶发性的探究和兴趣的支配下产生内部动机的需要，并由教师引导和帮助幼儿生成某个主题的活动；后者更强调教师的计划组织和直接引导，是在教师设定教育活动目标、提供活动环节和材料并有计划地实施指导下的活动。

(五)根据幼儿园教育活动的组织形式分类

分为集体活动、小组活动、个别活动三类。

1. 集体活动

集体活动是指全班一起进行的活动形式。这种活动的特点是集中性和统一性，即活动是全员参与的，并有统一的活动目标和活动要求。

2. 小组活动

小组活动是指部分幼儿一起进行的活动形式。这种组织形式有利于教师对幼儿活动情况的了解和指导,有利于因材施教,有利于幼儿之间的相互交往和合作,可为幼儿提供更多的交流与操作机会,使其减少等待时间。

3. 个别活动

个别活动是指幼儿的自我学习或教师对幼儿的个别教育活动。这种活动形式可以满足幼儿的个人需要和兴趣。但是,个别活动不是幼儿随心所欲、盲目的活动,而是教师有意安排的,有目的、有计划的活动。

> **真题链接**
>
> (2012年下)(选择题)在幼儿教育活动中,最能为幼儿提供交谈机会的组织形式是( )。
>
> A. 全园活动　　B. 班集体活动　　C. 小组活动　　D. 个别活动
>
> (参考答案:C)
>
> (2014年上)(论述题)简述幼儿园集体活动的利与弊。
>
> 【参考答案】
>
> 利:一般而言,由于集体教学是教师有目的、有计划地组织的,班级所有幼儿都参加的一种教育活动,因此,从理论上看它可以具有以下优越性:(1)高效、经济、公平;(2)对幼儿学习和发展的引领性强;(3)系统性强;(4)形成学习共同体,对培养幼儿的集体意识、组织纪律性和自控力等有特殊的意义。
>
> 弊:(1)幼儿的兴趣、能力等存在差异性,集体活动很难做到因材施教;(2)教学过程缺乏有效的师生互动,"启发引导"不足,"灌输控制"有余,幼儿多处于被动学习状态;(3)教学方法单一,与幼儿学习特点不符,不能有效促进幼儿学习等。

三、幼儿园教育活动设计的基本原则

(一)发展性原则

是指在教育活动设计中必须准确地把握幼儿的原有基础和水平,并以此为依据着眼于促进幼儿在身体、认知、情感、个性以及社会性等方面的全面而整体的发展。

(二)主体性原则

是指教师必须坚持遵循和体现以幼儿为活动的主体。此外,在重视幼儿主体性的同时,适时、适地、适宜发挥教师的主体性作用。

(三)渗透性原则

是指在教育活动设计中将各种不同领域的内容、各种不同的学习形式与方法加以有机地融合,将其作为一个相互联系而不可分割的完整体系。

(四)开放性原则

是指在教育活动设计中,教师要根据一定的教育目标要求和内容,以及在分析幼儿的学习需要以及年龄特点的基础上,为幼儿创设和提供促进其学习的环境和资源,即对教育活动

进行必要的预设。主要体现在：目标的开放、灵活和适时调整；内容的开放、丰富和多元；形式的开放、多向和灵活。

四、幼儿园教育活动的方法

（一）观察法

观察法是教幼儿学会运用视觉、听觉、味觉、嗅觉、触觉等感官去认识所选定的观察对象，是幼儿获得感性经验的主要途径。在使用观察方法的过程中，重点是教幼儿学会运用自己的感官去观察事物的方法，而不是只知道观察的结果"是什么"。

（二）实验法

实验法是利用一些生活中常见的物品或材料，让幼儿通过自己的操作，进行尝试和探索的方法。

（三）游戏法

游戏法是把幼儿的学习寓于游戏活动中的方法，这种方法很适合幼儿活泼好动及思维具体形象的特点。

（四）操作法

操作法是提供给幼儿足够的实物材料，创设一定的环境，引导他们按一定的要求和程序，通过自身的实践活动进行学习的方法。

（五）参观法

参观法是教师根据教育目标的要求，组织幼儿到园外去学习的活动的方法。

（六）谈话、讨论法

谈话、讨论法是教师和幼儿双方围绕一个问题或主题，自由地发表自己的想法、意见，表达自己的感受、体验，进行相互交流的过程。

（七）讲解、讲述法

讲解法是运用口头语言向幼儿说明、解释事物或事情的方法。

讲述法是运用语言向幼儿叙述事实材料或描绘所讲的对象的方法。

五、幼儿园教育活动方案的设计与指导

（一）幼儿园教学活动设计的指导

1. 幼儿园教学活动设计的含义

幼儿园教学活动设计是幼儿教师通过选择与规划教与学的目标、内容、实施与评价方法等，从而提出具体的活动实施方案。它要求幼儿园教师充分分析和把握幼儿的学习特点，有计划、有目的地制订适宜的教育活动目标，合理选择教学活动的内容和形式，创设适宜的教学活动的环境，并能预备教学活动的过程。

幼儿园教学活动的设计由两部分组成。一是对幼儿园教学活动的整体设计。如设计每学期、每月、每周、某一主题的教学活动计划。二是具体教学活动的设计，即编写教案。一般由幼儿园教师根据幼儿园整体教学活动计划和本班幼儿特点，对某项具体教与学活动的目标、内容、过程、方法等设计出具体的实施方案。

2. 幼儿园教学活动设计的指导策略

(1) 选择具体的教学内容。

① 内容选择的依据。

符合《幼儿园教育指导纲要(试行)》的要求;符合教育目标的要求;符合幼儿的生活逻辑;符合幼儿的心理逻辑。

② 内容选择的具体方法。

可从四方面入手选择具体的教学内容:从幼儿的兴趣入手;从幼儿的经验入手;从幼儿园提供的教材入手;从知识、经验的关联性入手。

(2) 设计具体教学活动的目标。

① 常用的表述形式。

第一,行为目标:一种用可以观察到的或可测量的幼儿的行为来表述的课程目标。表述的是可观察到的幼儿行为,也就是幼儿的学习行为变化的结果。它具体、明确,具有客观性和可操作性的特点。行为目标一般包括三个构成要素:核心行为、行为产生的条件、行为表现的标准。

第二,表现性目标:表述的是幼儿在参与活动后得到的各种不相同的结果。它所关注的是幼儿在活动中表现出来的某种程度上首创性的反应形式,而不是事先规定的幼儿行为变化的结果,强调的是幼儿行为的开放性。

第三,过程目标:不是以预先规定的目标为中心,而是强调以过程为中心,从幼儿获得的活动体验为出发点建构目标。

② 教学活动目标表述时的注意事项。

第一,具体教学目标的表述要清晰、准确。一个完整的教学活动目标表述包括行为、条件和标准等,其中核心要素是行为的表述,即幼儿通过本次教学活动在行为方面的预期结果,它应该是清晰、准确的。

第二,具体教学活动目标要体现综合性、整体性。幼儿身心发展具有整体性、综合性,幼儿园具体教学活动目标的设计也应体现这一特点。在设计具体教学活动目标时,既要从幼儿的情感、态度、经验、知识、技能、能力等多个维度去考虑,同时也应该在主要满足某个学习领域目标的同时,适当兼顾、融合其他领域的目标。

第三,具体教学目标的设计要具有可操作性。应能具体指导、调控师幼双方的教学过程。

③ 教学活动准备的设计。

教学活动准备指幼儿园教师对具体教学活动开展所需前提、条件的筹备和规划,即考虑从哪些方面为教学活动的开展准备条件。教学活动准备应从三方面入手,即教学活动材料的准备、知识经验的准备和学习情境的创设。

④ 幼儿园教学活动过程的设计。

幼儿园教学活动过程的设计是指幼儿园教师对教学活动展开过程的预想和规划。设计教学过程要注意两点:

第一,教学活动过程的设计要全面。教学活动过程一般包括开始环节、展开环节、结束环节,教师要全面考虑各个环节如何展开、如何衔接。尽量设想在教学过程中可能会出现的问题,如幼儿可能提出的问题、遇到的困难等,只有全面、细致地设计出教学的过程,才能确保教学活动的顺利实施。

第二,师幼双方在各环节的互动是教学过程设计的重点。幼儿园教学活动是由教师的教与幼儿的学共同组成的,在这一过程中,幼儿园教师和幼儿的互动是关键。因此,在设计教学过程中,要充分考虑每一环节师幼如何互动,包括语言的互动、行为的互动影响等。

总之,一个好的教学活动方案的设计既是教师创造性劳动的成果,也是教师综合能力的再现,更是教师教育观念的体现。

(二)幼儿园教育活动设计流程

1. 活动名称的设计

(1)从活动名称能大概了解本次教育活动的主要内容和目标。

(2)在为活动取名时注意尽量符合儿童化的特点。

(3)书写内容完整,应包括活动类型、活动名称、年龄班。

2. 设计意图

(1)从活动内容出发,分析活动产生的原因。

根据《幼儿园教育指导纲要(试行)》的要求,分析内容选择的意图、内容的前后联系、内容的重难点和能力点、情感态度教育点,以及学习类型、前次概念与新知的联系、自己的个性见解等。

(2)从客观实际出发,分析活动产生的背景

分析《幼儿园工作规程》《幼儿园教育指导纲要(试行)》《3—6岁儿童学习与发展指南》中的相关理念与该活动之间的关系,即教育理念对该活动内容所述领域目标的具体要求,也即"理论依据"。

分析当下的社会背景以及本园、本地的现实条件,即"现实依据"。

(3)从幼儿角度出发,分析幼儿的现状

包括幼儿的年龄特点、身心发展状况;幼儿原有知识和基础技能的掌握情况、智力的发展情况;幼儿的非智力因素,包括幼儿的兴趣、动机、行为习惯、意志等发展状况。

3. 活动目标

幼儿园教育活动目标是幼儿园教育活动方案的"指南针",是指通过某一次或某几次教育活动所期望取得的效果。

(1)活动目标主要包括三个方面。

认知目标:包括知识、领会、应用、分析、综合和评价等6级水平。

情感目标:包括接收、反应、形成价值观念、组织价值观念系统和价值体系个性化等5种基本目标。

动作技能目标:包括直觉、模仿、操作、准确、连贯和习惯化等6种。

(2)活动目标的设计与书写原则。

一致性原则:应采用发展目标的表述方式设计和书写目标。即以幼儿的口吻表述,所述

为幼儿通过该教育活动所应该达到的发展目标。

针对性原则：即活动目标具体，所指涉的价值标准细化，而不是笼统地表述。

系统性原则：《幼儿园教育指导纲要（试行）》倡导幼儿园教育活动的内容要相互渗透，有机联系。所谓的渗透与联系，不仅仅指五大领域的教育活动内容要相互整合，还指在一个幼儿园教育活动中，根据实际情况，将认知目标、情感目标、动作技能目标有效整合。

4. 活动准备的设计

准备工作是实施活动的前提，它直接影响着幼儿参与活动的积极性、活动的进程和实际效果。

活动准备包括知识准备、情感准备和材料准备三方面。

5. 活动重点、难点

活动重点是教师按照活动目标，通过有计划地开展教育活动必须让幼儿掌握的重要的知识或经验，它是针对所学的教育内容主次而言的，也是教师教育活动反思必须首先考虑的因素之一。

活动难点是教师按照活动目标，通过有计划地开展教育活动必须让幼儿掌握的知识或经验，它是幼儿认知经验范围内较难理解或较难掌握的知识经验，是针对幼儿现有经验和水平背景下的理解和能力而言的。

教师要分析幼儿的发展，找准重难点，借以实施教学，达到突出重点、突破难点的目的。

6. 活动过程的设计

活动过程包括开始部分、基本部分和结束部分。

(1) 活动的开始部分（活动导入）。

导入要求精炼、巧妙、准确。导入方式主要有教具导入、演示（悬念）导入、作品导入、游戏导入、歌曲导入等。

(2) 活动的基本部分（活动展开）。

在设计基本部分时，主要考虑以下几点：大体分为哪几个步骤？每个步骤必须完成哪些内容？采用什么方式方法？哪一个步骤是重点？哪一个步骤是难点？怎么突出重点？怎么突破难点？每个步骤的时间大体怎样分配？每个步骤采用什么指导策略？用什么方式来进行步骤之间的过渡？

在设计活动的基本部分时，教师应注意以下几点：教学的每一个环节都要围绕目标进行设计；突出重点、解决难点；教师的角色；幼儿的表现；在活动过程中掀起高潮（常用的策略有悬念策略、启发诱导策略、参与表演策略和竞赛策略等）。

(3) 活动的结束部分。

结束的策略要求是首尾照应、结构完整、水到渠成，适可而止。常用的结束方式有总结归纳、自然结束、游戏表演、操作练习等。

7. 活动延伸

广义的活动延伸一般指在具体活动结束以后，教师为巩固幼儿所学内容，更好地实现活动目标所设计的一切活动。

延伸方向：可以延伸到游戏活动，使半日活动或者一日活动成为一个有机联系的整体；

可以延伸到区域活动中去,使区域活动成为教学活动的自然延伸;可以延伸到家庭和社会活动中,真正实现幼儿园与家庭、社会的紧密配合。

8. 活动评价

活动评价即教学小结,它应包括教师对本次活动内容的总结,也包括对活动中幼儿行为表现的小结。

写活动评价时,要突出自身在教育观念上的转变、教育技能上的提升、教学过程的有效,凝聚出自身的教学风格与特色。

(三) 具体活动计划设计应注意的问题

(1) 设计一定要层次分明,条理清晰。

(2) 要有目标意识,围绕活动目标,为实现目标开展相关活动。

(3) 应充分考虑如何突出重点,如何突破难点。

(4) 设计好启发性提问,要通过提问激发幼儿学习兴趣,充分调动幼儿学习的主体性。

第二节 幼儿园语言领域教育活动

一、幼儿园语言领域教育的目标

(一) 幼儿园语言教育总目标

学前语言教育的总目标,是学前语言教育任务和要求的总和,即学前语言教育所期望的最终结果。《幼儿园教育指导纲要(试行)》中做了如下规定:

(1) 乐意与人交谈,讲话礼貌;

(2) 注意倾听对方讲话,能理解日常用语;

(3) 能清楚地说出自己想说的事;

(4) 喜欢听故事、看图书;

(5) 能听懂和会说普通话。

上述总目标基本上将幼儿园语言领域教育目标分为四大块面:倾听、表述、文学作品欣赏和早期阅读。

1. 倾听

倾听是理解和感知语言的行为表现,就学龄前儿童语言的学习和发展而言,它是不可缺少的一种行为能力。

2. 表述

表述是以一定的语言内容、语言形式以及语言运用方式交流个人观点的行为,幼儿表述能力发展的重点在于学习正确恰当的口语表达,从语音、语法、语义以及语用四个方面掌握母语的表达能力。学龄前儿童口头表述行为有个人独白、集体讲述、对话交谈等不同的表现方式,需要在教育过程中有目的地加以引导。

3. 文学作品欣赏

幼儿文学作品欣赏的重点在于学会较好地理解作品内容,初步感知不同类型文学作品的特点和构成,并培养对艺术语言的敏感性。

4. 早期阅读

早期阅读行为,是指学龄前儿童从口头语言向书面语言过渡的前期阅读和书写准备。其中包括懂得图书和文字的重要,愿意阅读图书和辨认汉字,掌握一定的阅读和书写的准备技能等;认识口语与文字的对应关系;掌握看懂图画书的基本技能;初步辨认自己的名字等常见字;做好进入小学的书写姿势、书写技能的准备。

(二) 幼儿园语言教育年龄阶段目标

1. 小班

(1) 谈话活动的目标。

① 学会安静地听同伴说话,不随便插嘴。

② 喜欢与同伴交谈,愿意在集体面前讲话。

③ 能听懂并愿意说普通话。

④ 在教师的引导下,学习围绕主题谈话,能用短句表达自己的意思。

⑤ 初步学习常见的交往语言和礼貌用语。

(2) 讲述活动的目标。

① 有兴趣运用各种感官,按照要求去感知讲述内容。

② 理解内容简单、特征鲜明的实物、图片和情景。

③ 愿意在集体面前讲述。

④ 能正确地说出讲述内容的主要特征或主要事件。

⑤ 能安静地听老师或同伴讲述,并用眼睛注视讲述者。

(3) 听说游戏的目标。

① 乐于参加游戏活动,在游戏中大胆地说话。

② 发准某些难发的音,初步掌握方位词及人称代词,学习正确运用动词。

③ 在游戏中尝试按照规则运用简单句说话。

④ 养成在集体活动中倾听别人讲话的习惯,能听懂并理解较简单的语言游戏规则。

(4) 文学活动的目标。

① 喜欢欣赏文学作品,愿意参加文学活动,对文学作品的语言感兴趣。

② 能初步感受文学作品的语言美,知道故事、诗歌和散文是不同体裁的文学作品。

③ 学习理解文学作品的情节内容或画面情节,能用语言、动作、表情等方式表达自己对文学作品的理解。

④ 在文学作品原有基础上扩充想象,仿编诗歌、散文中的一句或续编故事结尾。

(5) 早期阅读活动的目标。

① 喜欢看书,知道看书的基本方法,能初步看懂单页中单幅儿童图画的主要内容。

② 能用口头语言将儿童图画书的主要内容说出来,开始感受语言和其他符号的转换关系。

③ 对文字感兴趣,能在成人的启发下认读最简单的文字。

④ 在活动中以描画图形的方式练习基本笔画。

2. 中班

(1) 谈话活动的目标。

① 能集中注意力,耐心地倾听别人谈话,不打断别人的话。

② 乐意与同伴交流,能大方地在集体面前说话。

③ 能说普通话,能较连贯地表达自己的意思。

④ 学会围绕一定的话题谈话,不跑题。

⑤ 学会用轮流的方式谈话,不抢着讲,不乱插嘴。

⑥ 继续学习交往语言,提高语言交往能力。

(2) 讲述活动的目标。

① 养成先仔细观察,后表达讲述的习惯。

② 逐步学会理解图片和情景中展示的事件顺序。

③ 能主动地在集体面前讲述,声音响亮,句式完整。

④ 学习按照一定的顺序讲述实物、图片和情景的内容。

⑤ 能积极地倾听别人的讲述内容,发现异同,并从中学习好的讲述方法。

(3) 听说游戏的目标。

① 在游戏中巩固练习发音,正确运用代词、方位词、副词、动词、连词和介词等。

② 能说简单而完整的合成句。

③ 能听懂并理解多重游戏规则。

④ 学习较迅速地领悟游戏中的语言规则,并能及时做出相应的反应。

(4) 文学活动的目标。

① 喜欢不同形式的文学作品,主动积极地参加文学活动。

② 知道文学作品语言与日常生活语言的不同,进一步感受文学作品的语言美。

③ 学习理解文学作品的人物形象,感受作品的情感基调,能运用较恰当的语言、动作、绘画形式表现自己的理解。

④ 能根据文学作品提供的线索,扩展想象,仿编或续编一个情节或一个画面。

(5) 早期阅读活动的目标。

① 能仔细观察图画书画面的人物情节、看懂单页多幅的儿童图画的内容,增强预知故事情节发展和结局的能力。

② 懂得爱护图书,知道图画书的构成,有兴趣模仿制作图画书。

③ 在阅读过程中初步了解汉字的由来和简单的汉字认读的规律,并有主动探索汉字的愿望。

④ 喜欢描画图形,尝试用有趣的方式练习汉字的基本笔画。

3. 大班

(1) 谈话活动的目标。

① 能主动、积极、专注地倾听别人谈话,迅速掌握别人谈话的主要内容,并从中获取有用的信息。

② 能主动地用普通话与同伴交流,态度自然大方。

③ 能围绕话题谈话,会用轮流的方式交谈,并能用恰当的语言表达自己的情感,与同伴分享感受。

④ 逐步学习用修补的方法延续谈话,进一步提高语言交际水平。

(2) 讲述活动的目标。

① 通过观察,理解图片、情景中蕴含的主要人物关系和思想情感倾向。

② 能有重点地讲述实物、图片和情景,突出讲述的中心内容。

③ 在集体面前讲话态度自然大方,能根据场合的需要调节自己讲述时的音量和语速。

④ 讲述时语言表达流畅,用词用句较为准确。

(3) 听说游戏的目标。

① 在游戏中学习正确运用反义词、量词和连词等,并能说出完整的合成句。

② 养成积极倾听的习惯,迅速把握和理解游戏中较复杂的多重指令。

③ 不断提高幼儿倾听的精确程度,准确掌握和传递有细微差别的信息。

④ 在游戏中按照规则迅速调动个人已有语言经验编码,并进行迅速的语言表达。

(4) 文学活动的目标。

① 乐意欣赏不同体裁、不同风格的文学作品,在文学活动中积累文学语言,并尝试在适当场合运用。

② 在理解文学作品中人物、故事情节或画面情景的基础上,学习理解作品的主题或感受作品的情感脉络。

③ 初步感知文学作品语言和结构的艺术表现特点,开始接触文学作品的艺术语言构成方式。

④ 依据文学作品提供的想象线索,联系个人已有经验扩展想象,并创造性地进行表述。

(5) 早期阅读活动的目标。

① 能与同伴合作制作图画书,进一步了解图画书的构成。

② 知道图画书画面与文字的对应关系,开始有兴趣阅读图画书中的简单文字。

③ 积极学认常见的汉字,进一步了解汉字认读的规律,提高观察摹拟的能力,并能注意在生活中运用已获得的书面语言。

④ 掌握基本的书写姿势,在有趣的图形练习中做好写字的准备。

二、幼儿园语言教育的内容

(一)《幼儿园教育指导纲要(试行)》规定的内容与要求

(1) 创造一个自由、宽松的语言交往环境,支持、鼓励、吸引幼儿与教师、同伴或其他人交谈,体验语言交流的乐趣,学习使用适当的、礼貌的语言交往。

(2) 养成幼儿注意倾听的习惯,发展语言理解能力。

(3) 鼓励幼儿大胆、清楚地表达自己的想法和感受,尝试说明、描述简单的事物或过程,发展语言表达能力和思维能力。

(4) 引导幼儿接触优秀的儿童文学作品,使之感受语言的丰富和优美,并通过多种活动帮助幼儿加深对作品的体验和理解。

（5）培养幼儿对生活中常见的简单标记和文字符号的兴趣。

（6）利用图书、绘画和其他多种方式，引发幼儿对书籍、阅读和书写的兴趣，培养前阅读和前书写技能。

（7）提供普通话的语言环境，帮助幼儿熟悉、听懂并学说普通话。少数民族地区还应帮助幼儿学习本民族语言。

（二）幼儿园语言教育活动的类型

1. 谈话活动

谈话活动是帮助幼儿学习围绕一定话题，运用语言与他人进行交流的活动。谈话活动可以激发幼儿与他人交谈的兴趣，帮助幼儿学习基本的谈话规则，提高幼儿语言交往水平。

2. 讲述活动

讲述活动是帮助幼儿学习运用比较规范的语言讲述某一事物的活动。讲述活动可以培养幼儿的讲述能力，使幼儿学会清楚、完整、连贯地讲述某一事物，对培养幼儿的语言表达能力，提高幼儿的语言水平具有重要的作用。

3. 听说游戏活动

听说游戏活动是指用游戏的方式组织进行的语言教育活动。这种语言教育活动含有较多规则游戏的成分，有明确的语言学习目标和具体的语言学习内容，因而又被称为语言教学游戏。听说游戏以培养幼儿倾听和表述能力为主要目的，能够较好地吸引幼儿参与到学习语言的活动中去，并在积极愉快的活动中完成语言学习任务。

4. 文学活动

文学活动是以文学作品为基本教育内容而设计组织的语言教育活动。文学活动从一个具体的文学作品入手，围绕这个作品开展一系列相关活动，为幼儿创设学习运用文学语言的情境，帮助幼儿理解文学作品所展示的丰富而有趣的生活，体会语言艺术的美，为幼儿提供全面的语言学习机会。

5. 早期阅读活动

早期阅读活动是有计划、有目的地培养幼儿学习书面语言的教育活动。早期阅读活动向幼儿提供集体学习的环境，帮助幼儿接触书面语言，发展他们学习书面语言的能力，培养他们对书面语言的敏感性，为正式学习书面语言打下良好基础。早期阅读是幼儿语言学习不可缺少的部分，对促进幼儿语言发展具有重要作用。

三、幼儿园语言教育的方法

（一）示范模仿法

示范模仿法是指教师通过自身规范化的语言，为幼儿提供语言学习模仿的榜样，让幼儿始终在良好的语言环境中自然地模仿学习。教师的示范是幼儿进行语言模仿的基础。

运用示范模仿法应注意：

（1）教师的示范语言要规范到位。教师的语言是幼儿模仿的直接对象，教师的一言一行都会成为幼儿模仿的对象。教师任何时间、任何地点都能运用规范语言，才能为幼儿创设良好的语言环境,成为幼儿模仿学习的典范。

(2) 教师要把握好示范的时机和力度。语言教育中幼儿不易掌握的新的学习内容,教师要反复地重点示范,让幼儿有意识地进行模仿学习。

(3) 善于运用激励方法,引导幼儿大胆模仿。教师要关注幼儿在各种活动中的语言表现,善于发现幼儿语言发展的差异,因材施教,随时鼓励幼儿正确的语言行为和习惯,善于运用激励方法,引导幼儿大胆模仿。

(4) 示范模仿法不要限制了幼儿的思维。在运用示范模仿法时,要鼓励幼儿在模仿的基础上大胆创新,允许他们说出不同于教师的语句及其叙述方式,不要限制了幼儿的思维。

(二) 视听讲做结合法

"视"是指教师提供具体形象的讲述对象,让幼儿充分地观察;"听"是指教师用语言描述、启发、引导、暗示、示范等,让幼儿充分地感知与领会;"讲"是指幼儿在感知理解的基础上,充分地表述个人的认识;"做"是指教师给幼儿提供一定的想象空间,通过幼儿的参与或独立的操作活动,帮助幼儿充分构思,从而组织起更加丰富、连贯、完整、富有创造性的语言进行表述。视听讲做结合法的四个方面必须有机地结合,"视""听""做"都是为"讲"服务的,在"讲"的过程中,促使幼儿语言能力的发展。

运用视听讲结合法应注意:

(1) 辅助材料来源于幼儿生活。教师所提供的语言教育辅助材料,应该是幼儿接触过的,有一定生活经验的或符合幼儿认识特点的,这样,才能被幼儿所理解,才能更好地促进幼儿的语言发展。

(2) 留有一定的时间和空间。在观察讲述对象时,教师要留给幼儿一定的观察时间和空间,使其有足够的时间对观察的对象进行感知和理解。

(3) 教师的提问具有开放性。教师的提问要有顺序性、启发性,有助于帮助幼儿开放性地构思与表达。封闭式的提问,只能让幼儿给出是否或正反两方面选择性的答案。

(三) 游戏法

游戏法是指教师运用有规则的游戏,训练幼儿正确发音,丰富幼儿词汇和学习句式的一种方法。游戏法符合幼儿的年龄特点,目的在于提高幼儿学习兴趣,集中幼儿的注意,促进幼儿各种感官和大脑的积极活动。

运用游戏法应注意:

(1) 根据幼儿语言教育的目标和内容选择和编制游戏。游戏的选择和编制要有目的性,紧扣活动目标,不能盲目编制游戏。

(2) 运用游戏法的同时,配合使用教具或学具。运用游戏开展语言活动,适当使用图片、实物等教具。随着幼儿年龄的增长,要逐渐减少直观教具的使用。

(四) 表演法

表演法是指在教师的指导下,幼儿学习表演文学作品以提高口语表达能力的一种方法。

运用表演法应注意:

(1) 在幼儿理解、熟悉文学作品的基础上进行表演,鼓励幼儿在表演中大胆地创作。教师须在幼儿理解故事内容、熟悉人物对话及体会角色心理的基础上,指导幼儿正确地运用语言、表情、动作等扮演角色,进行故事表演。

(2) 要为全体幼儿提供参与表演的机会。

四、幼儿园语言活动的设计与指导

1. 谈话活动的设计步骤与组织指导

(1) 创设谈话情境,引出话题。

谈话情境的创设,主要有两种方式:

① 实物创设情境。利用活动角布置、桌面玩具或图片向幼儿提供可视形象,启发幼儿谈话的兴趣与思路。

② 运用语言创设情境。教师通过说一段话、提一些问题来唤起幼儿的记忆,调动他们的经验,以便让幼儿顺利进入谈话情境。

创设谈话情境需注意:

① 注意创设谈话情境的方式。无论以实物还是以语言的方式创设谈话情境,都必须以有利于幼儿谈话为前提。

② 注意创设的情境与谈话话题之间的关系。谈话情境的创设是为了引出话题,应避免与谈话内容无关的摆设,避免过于热闹和喧宾夺主。

(2) 引导幼儿围绕话题自由交谈。

引导幼儿围绕话题自由交谈的目的在于调动幼儿个人相关的知识与经验,使其交流个人见解。这一步骤需要把握几个原则:

① 放手让幼儿围绕话题自由交谈。

② 鼓励每位幼儿积极参与谈话。

③ 适当增加幼儿操作的机会。

(3) 引导幼儿逐步拓展谈话范围。

这一阶段,教师通过逐层深入的谈话,向幼儿展示并帮助他们学习运用新的谈话经验,使幼儿的谈话水平进一步提高。向幼儿提供新的谈话经验,需要注意:

① 应在幼儿原有谈话经验的基础上进一步扩展他们的经验范畴。

② 各个谈话活动设计的新语言经验允许有不同的侧重点。

2. 讲述活动的设计步骤与组织指导

(1) 感知理解讲述对象。

感知理解讲述对象,主要是通过观察的途径进行,大部分是通过视觉获取信息,也可以通过触觉、听觉让幼儿去感知理解讲述对象。教师在这一步骤中重点是指导幼儿充分具体地观察、感知、理解讲述对象,以便为讲述打好基础。

(2) 运用已有经验讲述。

在幼儿感知理解讲述对象的基础上,教师指导幼儿运用已有的经验进行讲述。组织幼儿自由讲述方式很多,归纳为三种:幼儿集体讲述、幼儿分小组讲述、幼儿个别交流讲述。

(3) 引进新的讲述经验。

通过上一阶段自由开放式讲述之后,教师可以根据活动目标要求为幼儿引进新的讲述

经验,归纳为三种:

① 教师示范新的讲述经验。

② 教师通过提示引进新的讲述经验。

③ 教师与幼儿一起讨论新的讲述思路。

(4) 巩固和迁移新的讲述经验。

讲述活动仅仅引进新的讲述经验是不够的,还需要提供幼儿实际操练新经验的机会,以利于他们更好地获得这些经验。

3. 听说游戏的设计步骤与组织指导

(1) 设置游戏情境。

这一步骤的主要目的在于向幼儿展示听说游戏的情境,引发幼儿参与游戏的兴趣。一般可采用三种方式进行:

① 用物品创设游戏情境。

② 用动作创设游戏情境。

③ 用语言创设游戏情境。

(2) 交代游戏规则。

这一步骤的目的是教师对幼儿布置任务,讲解要求的过程。可以通过讲解和示范相结合的方式,告诉幼儿游戏的规则、步骤和要求。教师在交代游戏规则时,要注意以下几点:

① 用简洁明了的语言讲解。

② 要讲清楚听说游戏的规则要点和游戏的开展顺序。

③ 教师用较慢的语速进行讲解和示范。

(3) 教师引导游戏。

教师带领幼儿开展游戏,教师在这一过程中充当重要角色,主宰游戏的进程。幼儿在这一过程中可以以两种方式参加游戏:一种是幼儿分组参加游戏,实行轮换,以便其他组幼儿有观察熟悉的机会。另一种是全体幼儿参加游戏的一部分活动,待幼儿熟悉掌握游戏后再完全参加游戏。

(4) 幼儿自主游戏。

幼儿自主游戏阶段,教师处于旁观者的地位,在观察中注意对个别幼儿进行针对性指导,及时解决游戏过程中幼儿产生的冲突和矛盾。幼儿自主游戏有的以集体活动的形式进行,全班共同参与;有的以小组形式开展游戏,让幼儿自由组合;也可让幼儿一对一结伴进行游戏。

4. 文学活动的设计步骤与组织指导

(1) 学习文学作品。

这一阶段教师可根据作品内容的难易程度采用较直观形象的幻灯片,或使用挂图等直观教具等帮助幼儿对作品进行初步的学习。教师在这一环节需要注意三个问题:

① 不要过多重复讲述作品,以免幼儿失去对文学作品的兴趣。

② 不强调让幼儿机械记忆背诵文学作品内容,引导他们将注意力更多投向学习过程的理解和思考。

③用提问的方式组织幼儿讨论,帮助他们理解作品的情节、人物形象和主题倾向,尤其是注意用联系幼儿个人经验的问题或假设性的问题引导幼儿深入思考和想象。

(2) 理解体验作品。

在学习文学作品的基础上,教师还需要进一步组织与作品内容认识有关的活动,帮助幼儿深入理解、体验作品内涵,尤其要让幼儿切身地感受作品所展示的情感心理和精神世界。为了帮助幼儿理解和体验作品,教师可根据每一个具体的作品内容来设计相关活动,可以采用观察走访的活动方式,也可以选取绘画、表演的方式引导幼儿表现对作品的理解,还可以组织专门的讨论帮助幼儿理解体验作品。

(3) 迁移作品经验。

引导幼儿迁移作品经验的目的是帮助幼儿将文学作品内容纳入自己的经验范畴,使幼儿的直接经验与文学作品的间接经验实现双向迁移。迁移作品经验的活动往往是围绕作品重点内容开展的可操作性的,或具有游戏性质的活动。

(4) 创造性想象和语言表述。

这一环节的目的在于教师通过进一步创设机会让幼儿扩展想象,创造性地运用语言去表达自己的认识与想象。教师可以让幼儿续编童话故事、表演童话故事,可以让幼儿仿编诗歌散文,也可以让幼儿围绕所学作品内容想象讲述。

5. 早期阅读活动的设计步骤与组织指导

(1) 幼儿自己阅读。

这一环节的目的在于教师为幼儿创设自主阅读的机会,将阅读活动学习的书面语言展现在幼儿面前,让幼儿自由地接近学习内容,观察认识对象,获得有关信息。这一过程教师可以通过提问的方式引导幼儿自己阅读,也可以提出观察的要求,让幼儿自主阅读。

(2) 教师与幼儿一起阅读。

这一环节是由教师带领幼儿进一步学习理解书面语言信息的过程。在这一环节,教师不必着急告诉幼儿什么,而是可以采用平行的方式,与幼儿共同阅读,与幼儿一起去学习书面语言信息。

(3) 围绕阅读重点开展活动。

这一环节的目的在于帮助幼儿深入地掌握学习内容和正确的学习方式。教师在这一环节可以运用组织讨论的方式指导幼儿重点学习作品,也可以采用表演、游戏等方式加深对作品的理解。

(4) 归纳阅读内容。

这一环节的作用在于帮助幼儿巩固、消化所学的内容。归纳阅读内容的方式有多种,可以用竞赛性活动的方式帮助幼儿巩固所学内容,还可以通过表演或游戏的方式帮助幼儿学会组织归纳阅读内容。

附活动设计示例:诗歌《出海》(中班)

出海

出海坐大船,海蓝天也蓝。

浪花一朵朵,白云一片片,

海鸟一只只,帆船一点点。

【设计意图】

《出海》这首诗歌短小精悍、结构简单、富有趣味,节奏也很欢快,朗朗上口,生动地描绘出海面上的景象,意境非常美;而且诗歌中的量词不断变化,有助于丰富中班幼儿的词汇,因此非常适合用于中班的语言活动。

【活动目标】

(1)帮助幼儿感受诗歌的美好意境,使其萌发热爱大自然的情感。

(2)提高幼儿的观察力,发展其连贯讲述的能力。

(3)引导幼儿理解、欣赏诗歌内容,丰富量词词汇并学习运用量词,尝试仿编诗歌。

【活动准备】

(1)利用背景视频《海浪》组织幼儿来"旅游",创设"旅游出海"的情境。

(2)利用大海和蓝天相接的PPT,创设"海天相接"的情境。

(3)利用浪花、白云、海鸟、帆船的PPT,创设"参观景点一"的情境。

(4)利用儿歌的大书和出海的真实视频,创设"参观后"的情境。

(5)利用游乐园的大场景图,创设"参观景点二"的情境。

【活动过程】

(1)利用"旅游出海"的情境,引导幼儿初步感受诗歌。

师:各位小游客,大家好!我是本次旅行团的导游,今天我将带领大家出海!听!海上有什么声音?大家觉得我们这次出海会看到什么风景?马上要去看这些风景了,你现在的心情怎样?出海观光我们应该坐什么去呢?请各位小游客坐上大船,我们出海啦!

(2)利用"海天相接"的情境,让幼儿理解"海蓝天也蓝"的意境。

师:大家看到了什么?大海和天空是什么颜色的?海天相接好美啊!小游客们,看到这么美丽的风景,导游我想作诗了,我把刚才从上船到现在看到的风景变成了两句诗,你们想不想听?

(3)利用"参观景点一"的情境,丰富量词词汇。

师:小游客,你们想不想作诗?我们一起试着把看到的风景作成诗吧!行驶在海上大家都看到了什么?(浪花)浪花像花儿一样一朵一朵的,我们把它作成一句诗来说一说,听一听导游的这句诗:浪花一朵朵。天空中有怎样的白云?(一片片的)请看这又是什么?(海鸟)海鸟一……(引导幼儿说出"海鸟一只只")远处的又是什么?(帆船)帆船为什么只有那么一点点?(因为离得太远)远远地看,帆船……(帆船一点点)

(4)利用"参观后"的情境,加深幼儿对诗歌的理解,感受诗歌的意境和韵律。

(5)利用视频,让幼儿完整欣赏诗歌,加深对诗歌的理解。

师：我们在看风景的过程中作了一首完整的诗歌,让我们一起边回顾风景边欣赏诗歌吧!

(6)利用大图谱,上幼儿尝试朗诵,感受诗歌的意境和韵律。

师：让我们一起学小诗人用优美的声音朗诵诗歌吧!

师：小游客们,这首诗歌有一个有趣的特点,你们听出来了吗?

小结：一朵朵、一片片、一只只、一点点。

教师先引导幼儿了解诗歌的句式特点"一"后面加量词,再帮助幼儿扩展量词的词汇。

师：以前我们常说一朵浪花,可是如果用诗歌的语言来说,就要把句子倒过来,变成浪花一朵朵。除了诗歌里说到的事物,大家还知道什么是"一朵朵"(成团的东西)、"一片片"(平而薄的东西)、"一只只"(像小兔子一样的动物)、"一点点"(很小的东西)?

(7)利用"参观景点二"的情境,请幼儿尝试仿编诗歌。

师：请各位小游客下船吧!接下来我们将要去游乐园,请各位小游客用诗歌的语言说一说你看到了什么。(引导幼儿运用量词仿编：城堡一座座、碰碰车一辆辆、花儿一簇簇等。)

(8)利用"参观家乡"的情境,鼓励幼儿朗诵仿编的诗歌。

师：小游客们,不知不觉中我们将今天看到的景物编成了一首优美的诗歌,请大家一起合作来朗诵一下吧!现在我们的周围有什么东西可以用诗歌里的语言来说一说?

师：小游客们,接下来我们一起去下一个景点,去看看我们美丽的家乡,请试着用我们诗歌里的句子来形容一下美丽的家乡。

(本案例来自山东省滨州市槟城区教育实验幼儿园,设计者：常小芳、薛莲)

第三节 幼儿园科学领域教育活动

一、幼儿科学领域教育的目标

(一)《幼儿园教育指导纲要(试行)》中关于幼儿科学教育的总目标

(1)对周围的事物、现象感兴趣,有好奇心和求知欲。

(2)能运用各种感官,动手动脑,探究问题。

(3)能用适当的方式表达、交流探索过程和结果。

(4)能从生活和游戏中感受事物的数量关系并体验到数学的重要和有趣。

(5)爱护动植物,关心周围环境,亲近大自然,珍惜自然资源,有初步的环保意识。

(二)《3—6岁儿童学习与发展指南》中关于幼儿科学教育的目标

1. 科学探究

(1)亲近自然,喜欢探究。

(2)具有初步的探究能力。

(3)在探究中认识周围事物和现象。

2. 数学认知

(1) 初步感知生活中数学的有用和有趣。

(2) 感知和理解数、量及数量关系。

(3) 感知形状与空间关系。

> **真题链接**
>
> （2017年上）（单项选择题）桌面上一边摆了三块积木，另一边摆了四块积木。教师问："一共有几块积木？"从幼儿的下列表现来看，数学能力发展水平最高的是（　　）。
>
> A. 把三块积木和四块积木放在一起，然后一个一个点数
>
> B. 看了一眼三块积木，说出"3"，暂停一下，接着数"4、5、6、7"
>
> C. 左手伸出三根手指，右手伸出四根手指，然后掰手指数出总数
>
> D. 幼儿先看三块积木，后看四块积木，暂停一下，说"7块"
>
> [参考答案]　D

二、幼儿科学领域教育的内容和要求

（一）幼儿科学探究活动的内容和要求

《幼儿园教育指导纲要（试行）》中幼儿科学教育内容的范围是：了解自然环境及其和人们生活的关系；探究身边事物的特点及其变化规律；感受科学技术及其对生活的影响。

具体要求如下：

(1) 经常带幼儿接触大自然，激发其好奇心与探究欲望。

(2) 真诚地接纳、多方面支持和鼓励幼儿的探索行为。

(3) 有意识地引导幼儿观察周围事物，学习观察的基本方法，培养其观察与分类能力。

(4) 支持和鼓励幼儿在探究的过程中积极动手动脑寻找答案或解决问题。

(5) 鼓励和引导幼儿学习做简单的计划和记录，并与他人交流分享。

(6) 帮助幼儿回顾自己的探究过程，讨论自己做了什么，怎么做的，结果与计划目标是否一致，分析一下原因以及下一步要怎样做等。

(7) 支持幼儿在接触自然、生活事物和现象中积累有益的直接经验和感性认识。

(8) 引导幼儿在探究中思考，尝试进行简单的推理和分析，发现事物之间明显的关联。

(9) 引导幼儿关注和了解自然、科技产品与人们生活的密切关系，逐渐懂得热爱、尊重、保护自然。

（二）幼儿数学认知活动的内容和要求

幼儿数学认知活动的主要内容包括：感知集合，10以内的数概念，认识几何形体，量的比较及自然测量，空间与时间概念。

具体要求如下：

(1) 引导幼儿注意事物的形状特征，尝试用表示形状的词来描述事物，体会描述的生动形象性和趣味性。

(2) 引导幼儿感知和体会生活中很多地方都用到数,关注周围与自己生活密切相关的数的信息,体会数可以代表不同的意义。

(3) 引导幼儿观察发现按照一定规律排列的事物,体会其中的排列特点与规律,并尝试自己创造出新的排列规律。

(4) 鼓励和支持幼儿发现、尝试解决日常生活中需要用到数学的问题,体会数学的用处。

(5) 引导幼儿感知和理解事物"量"的特征。

(6) 结合日常生活,指导幼儿学习通过对应或数数的方式比较物体的多少。

(7) 利用生活和游戏中的实际情境,引导幼儿理解数的概念。

(8) 通过实物操作引导幼儿理解数与数之间的关系,并用"加"或"减"的办法来解决问题。

(9) 用多种方法帮助幼儿在物体与几何形体之间建立联系。

(10) 丰富幼儿空间方位识别的经验,引导幼儿运用空间方位经验解决问题。

三、幼儿学习科学和数学的特点和方式

1. 幼儿科学探究的特点和方式

(1) 强烈的好奇心和探究欲望。

幼儿有着强烈的好奇心和探究欲望,有一双敏锐的眼睛。他们个个都是天生的科学家,好奇、好问、好探索。他们精力充沛、不知疲倦地探索周围世界。正如杜威所说,儿童有调查和探究的本能,探索是幼儿的本能冲动,好奇、好问、好探索是幼儿与生俱来的特点。

(2) 最初关心的问题都和自然环境有关,是基本的科学问题。

幼儿最初关心的问题均和自然环境有关,他们有太多想要知道的事情:天空为什么是蓝的?小草为什么是绿的?为什么会下雨?为什么冬天冷、夏天热?为什么月亮会住在天上?太阳为什么不会掉下来?鸟儿为什么会在天上飞?……

幼儿所关心的这些问题,恰恰是最基本的科学问题。这些问题在本质上与科学家关心的问题并无太大差异,只是科学家们是以专业的方式进行研究并寻求问题的答案的。

(3) 通过直接经验来认识事物。

幼儿往往通过直接经验来认识事物,他们常常敢于实践、勇于探索。心理学研究表明,幼儿的年龄特点决定了他们认识物质世界往往是感性的、具体形象的,其思维常常需要借助于动作。

(4) 探究方法具有试误性。

幼儿的探究大致会经历"发现问题—假设—探索—得出结论—表达与交流"这样一个不断循环的过程。在这一过程中,当事物之间的关系或原因不明显或较复杂时,幼儿可能会得出错误的结论。随着幼儿年龄的增长、方法的掌握、能力的提高,幼儿探究的试误性会降低,探究的目的性会增强。

(5) 所获得的知识经验具有非科学性。

幼儿往往用原有经验解释事物,他们对事物的认识和解释受其原有经验和思维水平的直接影响,形成了幼儿期所独有的"天真幼稚的理论"和"非科学性"的知识经验。因此,幼儿

对事物的认识具有表面性和片面性,同时还表现出主观性和泛灵论。幼儿往往不能客观地解释自然现象和相关事物,更多地从主观意愿出发,或者赋予万物以灵性。

2. 幼儿数学认知的特点和方式

(1) 幼儿学习数学开始于动作。

(2) 数学知识的内化需要借助于表象的作用。

(3) 对数学知识的理解建立在多样化的经验和体验基础上。

(4) 抽象数学知识的获得需要符号和语言的关键作用。

(5) 数学知识的巩固有赖于练习和应用的活动。

四、幼儿科学教育方法探析

(一)科学探究的主要方法

1. 自主探究(幼儿科学教育的基本方法)

自主探究,即让幼儿以类似或模拟科学探究的方式学习科学。当代科学教育专家、美国芝加哥大学教授施瓦布(J. Schwab)这样界定"探究学习活动":儿童通过自主地参与知识的获得过程,掌握研究自然所必需的探究能力,同时形成认识自然的基础——科学概念,进而培养探索世界的积极态度。

2. 观察(幼儿科学教育中最重要、运用最多的方法)

观察,是教师有目的、有计划地组织和启发幼儿运用多种感官,去感知客观世界的事物和现象,使幼儿获得具体的印象,并在此基础上逐步形成概念的一种方法。

3. 科学实验

科学实验,是在人为控制的条件下,教师或幼儿利用一些物质材料、仪器或设备,通过简单演示或操作,对周围常见的科学现象加以验证的一种方法。其特点是:仅仅是重复前人的实验;内容及操作方法较简单;常采用游戏形式;一般在中大班运用。

4. 交流与讨论

交流讨论是指幼儿在自主探究与收集材料、整理资料的基础上,通过集体交流与讨论等手段来丰富科学经验,获得科学知识,进而获得全面发展的科学教育活动。交流与讨论,可以使幼儿对事物的理解更清晰;有助于幼儿语言的发展;促进了幼儿之间的交往和师生间的沟通;有助于教师及时了解幼儿的学习情况;便于教学效果及时得到反馈。

5. 测量与统计

测量是通过观察或运用简单的测量工具,对物体进行简单的、初级的测定。其类型包括观察测量、非正式量具测量、正式量具测量。

统计是指在科学教育中培养幼儿粗浅的处理信息的能力,引导幼儿学习用统计的方法进行计数、测量、分类、比较、寻找规律等,即以统计的形式表示信息、体现食物数量关系的方法。其类型有统计表、统计图、记录。

(二)数学认知的主要方法

1. 操作法

操作法,是幼儿学习数学的基本方法,是指幼儿在教师指导下,运用实物、教具、学具等各种材料,按一定的要求和程序,通过自己动脑、动手活动,学习和掌握数学有关知识、技能的一种重要方法。幼儿只有在"做"的过程中,在与材料相互作用的过程中,才可能对某一数学概念属性或规律有所体验,才可能获得直接的经验。这种体验和经验是幼儿建构初级数学概念所必需的。

2. 游戏法

游戏法,是幼儿通过游戏的方式和途径获得数学经验的方法。幼儿游戏就是幼儿本身一种无强制的外在目的的、在假想情境中发展的一种假想成人的实践活动。游戏可以促进幼儿思维能力的发展,可以促进幼儿分析与综合能力的发展,可以增强幼儿对数学的兴趣。

3. 引导发现法

引导发现法,是以探究问题为中心,引导幼儿在进行结构性材料操作的同时有所发现,然后在幼儿努力获得丰富的感性认识的基础上交流讨论,表达他们自己的思维,互相启发和补充,逐渐从具体的材料中抽象出数学概念,加深对概念本质的认识。教师要注重观察幼儿,了解幼儿的经验、兴趣、需要,创设宽松和谐的环境气氛,激发他们去操作、去体验、去创造。

4. 演示法

演示法是幼儿园数学教学中最直观的一种教学方法。在数学活动中,教师可以通过各种直观的教具,进行操作、演示,使幼儿通过直观的教学手段获得抽象的数学知识。运用演示法时,要突出知识的重点和难点,且要提出明确要求。在演示时,使用的教具要大一些,使每位幼儿都能看清楚每一个动作,充分发挥演示的作用,从而使幼儿学到抽象的数学知识。

5. 比较法

比较法的目的是通过两组或两组以上物体的比较,找出相同和不同之处。按照比较的形式来分,可分为对应比较(如重叠等)和非对应比较(如单双排的不对应等)。在比较法的运用过程中必须注意:(1)比较过程中要引导幼儿进行认真观察比较;(2)教师要以启发性的提问(问题要围绕重点要求进行),指导幼儿进行比较;(3)观察的过程中要引导幼儿积极思考,努力发现,并学会总结和归纳。

五、幼儿科学领域教育活动设计与指导

(一)幼儿科学教育活动设计与指导

1. 目标设计

(1)教育目标和内容需求化是幼儿主动探究和有意义学习的基本前提。

(2)教育目标和内容需求化的途径。

① 顺应—生成途径。

顺应幼儿的需求和兴趣,开发和利用幼儿需求和兴趣中的教育价值。

首先,顺应和支持幼儿提出的问题和疑问,生成科学教育。其次,支持幼儿的需求和想法,利用和实现其中已有的教育价值。再次,在幼儿的兴趣和关注点上不断开发、生成和深化教育。最后,应顺应幼儿的需求和兴趣,开发和利用其教育价值的关键因素。

② 预设—转化途径。

将教育目标和内容转化为幼儿的需求,激发幼儿的学习兴趣和动机。

不断提供易于引发幼儿产生问题和探究行为的、物化教育目标和内容的新材料;创设问题情境,引发幼儿的探究兴趣和需求;创设教育情境,使幼儿感到学习对自己有意义。

2. 材料与环境设计

(1) 材料是幼儿学习科学的重要支柱和中介物。

(2) 材料的呈现方式:

① 开放式呈现。投放有明确主题和任务,投放构成问题情境。

② 主题或任务式呈现。有助于激发幼儿的探究活动,引导幼儿在与材料的互动中容易地获得对事物的认识,发现事物间的关系。

③ 问题情境式呈现。仔细结构材料,使其构成问题情境呈现在幼儿面前,引发幼儿主动探究。

④ 分层呈现。分层投放材料即是一种有效的引导,教师通过不断增加或改变材料的投放,提示和引导幼儿,使其发现由很不精确到接近精确、从很少到逐渐丰富的知识经验。

(3) 教师的作用:选择并结构材料;支持、引导幼儿与材料相互作用;引导幼儿在与材料的相互作用中学习。

(4) 选择材料的标准:材料物化着幼儿能够达到的教育目标和内容;材料能引起幼儿探究的兴趣;因地制宜,就地取材;每个幼儿都有足够的材料;幼儿可以自己选择材料;材料有多种组合的可能;材料随时扩展和增加;材料已构成主客体的相互作用。

(5) 环境创设。在幼儿一日生活中形成鼓励幼儿探究的安全的心理氛围。创设安全探究氛围的主要策略和原则是:

① 给予幼儿出错的权利。教师的可贵之处在于尊重幼儿,给幼儿出错的权利,接纳幼儿的错误认识,让自然结果的反馈调整幼儿的认识。

② 寻求幼儿的真实意图和认识水平,避免误解或伤害幼儿。观察、倾听幼儿的问题和谈论,询问幼儿的意图,努力理解幼儿的想法;观察幼儿用材料做什么,用与幼儿相同的方式使用材料。

③ 尊重和接纳每一个幼儿的观点、兴趣、探索、发现和解释。当幼儿提出不合常理的事情时,应尊重孩子、相信孩子;在幼儿兴趣点上生成教育,做一个与幼儿平等的探索者;让幼儿通过探索来寻找答案。

④ 挖掘每一个幼儿探究活动的独特价值。教师要善于挖掘每一个幼儿探究活动过程和结果的价值,使每一个幼儿在每一次的探究活动中都有所发现,有成功的体验。

⑤ 给予每一个幼儿理性的评价和具体的反馈。不要笼统地表扬,应做出具体的反馈。

3. 过程设计

(1) 幼儿探究活动的步骤及教师指导策略。

阶段一:确定探究主题,提出问题——幼儿关注问题,进入探究情境。

教师首先要选择适合于幼儿发现的知识经验,这些知识经验必须能反映某一领域关键概念,具有方法论意义,同时又符合幼儿的年龄特点和经验水平,能引起幼儿的探究兴趣。

阶段二:推测与讨论——幼儿主动建构知识的前提。

在确定了要探究的问题后,教师应鼓励幼儿对问题的答案进行推测。经过师幼之间、幼儿与同伴之间的讨论,得出有依据的预测,并尽可能用不同方式记录下来。

阶段三:进行实验和观测——幼儿学习获得事实依据和实证材料。

本阶段,教师指导的重点在于,要让幼儿明显地看到实验结果或获得直接真实的体验。幼儿思维的具体形象性决定了他们难于理解和发现隐蔽的间接的事物关系。

阶段四:记录、处理信息和数据,并把它们转换成证据——幼儿学习对事物的客观描述。

在不同阶段,教师都要鼓励和指导幼儿用适宜的方式记录活动信息。幼儿可以用图表、符号、表格、简单的文字、照片等多种适宜的方式,记录活动的主要过程和关键步骤。

阶段五:表达和交流——幼儿学习表达自己和倾听别人。

表达交流在探究活动中是必不可少的。教师应引导和帮助幼儿依据事实得出结论,并与事先的猜想做比较,形成解释,为幼儿创设不断运用知识的条件。

附活动设计示例:数玉米(大班数学活动)

【活动目标】

(1)感知玉米种子排列的方式,学习用合适的方法做标记,正确地计数玉米的列数。

(2)初步发现玉米排列是双数的规律,能与同伴协作计数。

【活动准备】

(1)经验准备:在日常活动中引导幼儿发现苹果、石榴、香蕉等植物的种子的排列方式是不一样的。

(2)物质准备:(教具)苹果、石榴、香蕉的图片,玉米排列统计表,实物投影仪。(学具)完整的玉米、分成段的玉米棒,珠子数量在20以内的串珠一串,每组提供安全钉、圆点标记、勾线笔。

【重难点】

重点:能用合适的方法做标记,确定数数的起点和终点,正确地计数玉米的列数。

难点:计数时知道起点只能数1次,不多数也不漏数。

【活动过程】

(1)观察玉米粒排列的主要特征。

出示苹果、石榴、香蕉的图片,谈论它们的种子在哪儿以及种子的排列方式,以此来导入话题。

师:最近我们认识了许多的种子,苹果、石榴、香蕉的种子是怎样排列的呢?

观察玉米种子排列的特点。

师:玉米的种子在哪里?玉米的种子是怎样排列的?(引导幼儿发现玉米种子排列与苹果、石榴、香蕉是不同的,知道玉米种子是一列一列分布在玉米的最外面。)

(2)学习用合适的方法做标记,正确地计数玉米的列数。

教师:请你数一数,这节玉米棒上的玉米有多少列?(教师请幼儿在实物投影仪下数给大家看,引导幼儿数出玉米棒上的玉米列数。)

师:刚才他数得对吗?为什么?

师:当串珠是一竖排或者一横排的时候,我们很容易找到它的起点和终点,当它围成一圈之后好不好数?怎样找到串珠的起点和终点?(引导幼儿使用标记,提醒幼儿计数时起点的地方不要漏数也不能重复数。)

师:老师这里有一个小盘子,里面有一张小纸片以及不同颜色的贴画,还有安全钉,你们在数的过程中需要它们的帮忙的话,可以怎样使用它们?(引导幼儿利用小纸片、不同颜色的贴画以及安全钉,再次尝试数玉米种子的列数。)

出示串珠,引导幼儿发现标记的作用。

师:我们现在再来试着数数玉米的列数。

(3) 计数玉米棒的列数。

引导幼儿用学到的方法再次数出玉米的列数并记录。

交流、统计大家数出的列数。

师:我们来看看这张大统计表,你发现了一个什么规律呢?

小结:原来玉米的列数都是双数,真有趣。

第四节 幼儿园社会领域教育活动

幼儿社会教育是指幼儿园教师在幼儿的日常生活中,通过各种有计划有目的的活动对幼儿施加教育影响,引导幼儿积极主动地参与活动,促进幼儿在社会认知、社会情感和社会行为等方面健康发展的过程。具体说来是指帮助幼儿正确地认识自己、他人和社会(社会环境、社会活动、社会规范、社会文化),形成积极的自然情感和社会情感,掌握与同伴、成人相互交往以及与周围环境相互作用的方式,从而使幼儿能有效地在社会中生存与发展的教育。

一、幼儿园社会教育活动目标

幼儿社会教育旨在促进幼儿的社会性发展,教育的根本目的是通过教育使幼儿成为能够适应社会、参与社会生活、在社会中独立生存和发展的成熟的人。幼儿社会教育是促进幼儿全面发展教育的一个重要组成部分。它的目标不仅体现并规定了向幼儿进行社会教育的目的和要求,同时还是向幼儿进行社会教育的依据和准则。它明确指明幼儿社会教育进展的方向,圈定幼儿社会教育计划的范围,影响幼儿社会教育活动的设计,决定幼儿社会教育评价的依据。因此,只有有了明确的教育目标,才有可能选择相应的教育内容,为儿童选择所需要的学习经验,才能够依据一定的目标评价社会教育的效果。

幼儿社会教育总目标的制定依据于三大信息来源:幼儿的发展、当代社会生活对幼儿社会教育提出的要求、幼儿社会教育学科发展的特性。幼儿社会教育总目标是幼儿园教育所期望的最终结果,是幼儿教育阶段教育任务和要求的总和,是对幼儿社会教育目标最为概括的陈述,是其他层次目标的依据和基础。

(一)总目标

2001年我国颁布了《幼儿园教育指导纲要(试行)》,将社会领域作为幼儿园教育的五大

领域之一,进一步以社会需求、儿童发展和学科等因素为依据,明确提出了幼儿园社会领域的总体教育目标要求:

(1) 喜欢参加游戏和各种有益的活动,活动中快乐、自信。
(2) 乐意与人交往,礼貌、大方、对人友好。
(3) 知道对错,能按基本的社会行为规则行动。
(4) 乐于接受任务,努力做好力所能及的事。
(5) 爱父母、爱老师、爱同伴、爱家乡、爱祖国。

总目标体现了以儿童为本的价值取向,明确表达了目标重在以儿童情感性发展为基础,以社会关系建构为维度的取向。

(二) 年龄阶段目标

年龄阶段目标的主要特点就是将社会教育分化为不同的要求,形成对每一个年龄阶段幼儿逐步提高要求的具体目标,引导幼儿逐步达到社会教育的总目标,并且不同年龄阶段的目标之间应该是连续、衔接的。

2012年10月,教育部颁发了《3—6岁儿童学习与发展指南》,从健康、语言、社会、科学、艺术五大领域分别描述了幼儿学习与发展,提出了非常具体的目标和教育建议。其中,社会领域的学习与发展目标部分分别对3—4岁、4—5岁、5—6岁三个年龄段末期幼儿应该知道什么、能做什么、大致可以达到什么发展水平提出了合理期望,指明了幼儿在社会领域方面学习与发展的具体方向,共7个目标。从内容上看,社会领域从人际交往和社会适应两个方面,着重强调了三点:一是培养幼儿的交往愿望与交往能力;二是学习自尊、自主和自信;三是关心和尊重他人逐步适应群体生活,遵守基本的行为规范。建议要为幼儿创设温暖、关爱和平等的家庭和集体生活氛围,建立良好的亲子关系、同伴关系和师生关系。强调幼儿的社会性是在日常生活和游戏中通过观察和模仿潜移默化地发展起来的,成人的榜样作用至关重要。

《3—6岁儿童学习与发展指南》对幼儿社会教育阶段目标表述如下:

1. 人际交往

目标1 愿意与人交往

3—4岁	4—5岁	5—6岁
1. 愿意和小朋友一起游戏。 2. 愿意与熟悉的长辈一起活动。	1. 喜欢和小朋友一起游戏,有经常一起玩的小伙伴。 2. 喜欢和长辈交谈,有事愿意告诉长辈。	1. 有自己的好朋友,也喜欢结交新朋友。 2. 有问题愿意向别人请教。 3. 有高兴的或有趣的事愿意与大家分享。

目标2　能与同伴友好相处

3—4岁	4—5岁	5—6岁
1. 想加入同伴的游戏时,能友好地提出请求。 2. 在成人指导下,不争抢、不独霸玩具。 3. 与同伴发生冲突时,能听从成人的劝解。	1. 会运用介绍自己、交换玩具等简单技巧加入同伴游戏。 2. 对大家都喜欢的东西能轮流、分享。 3. 与同伴发生冲突时,能在他人帮助下和平解决。 4. 活动时愿意接受同伴的意见和建议。 5. 不欺负弱小。	1. 能想办法吸引同伴和自己一起游戏。 2. 活动时能与同伴分工合作,遇到困难能一起克服。 3. 与同伴发生冲突时能自己协商解决。 4. 知道别人的想法有时和自己不一样,能倾听和接受别人的意见,不能接受时会说明理由。 5. 不欺负别人,也不允许别人欺负自己。

目标3　具有自尊、自信、自主的表现

3—4岁	4—5岁	5—6岁
1. 能根据自己的兴趣选择游戏或其他活动。 2. 为自己的好行为或活动成果感到高兴。 3. 自己能做的事情愿意自己做。 4. 喜欢承担一些小任务。	1. 能按自己的想法进行游戏或其他活动。 2. 知道自己的一些优点和长处,并对此感到满意。 3. 自己的事情尽量自己做,不愿意依赖别人。 4. 敢于尝试有一定难度的活动和任务。	1. 能主动发起活动或在活动中出主意、想办法。 2. 做了好事或取得了成功后还想做得更好。 3. 自己的事情自己做,不会的愿意学。 4. 主动承担任务,遇到困难能够坚持而不轻易求助。 5. 与别人的看法不同时,敢于坚持自己的意见并说出理由。

目标4　关心尊重他人

3—4岁	4—5岁	5—6岁
1. 长辈讲话时能认真听,并能听从长辈的要求。 2. 身边的人生病或不开心时表示同情。 3. 在提醒下能做到不打扰别人。	1. 会用礼貌的方式向长辈表达自己的要求和想法。 2. 能注意到别人的情绪,并有关心、体贴的表现。 3. 知道父母的职业,能体会到父母为养育自己所付出的辛劳。	1. 能有礼貌地与人交往。 2. 能关注别人的情绪和需要,并能给予力所能及的帮助。 3. 尊重为大家提供服务的人,珍惜他们的劳动成果。 4. 接纳、尊重与自己的生活方式或习惯不同的人。

2. 社会适应

目标1　喜欢并适应群体生活

3—4岁	4—5岁	5—6岁
1. 对群体活动有兴趣。 2. 对幼儿园的生活好奇,喜欢上幼儿园。	1. 愿意并主动参加群体活动。 2. 愿意与家长一起参加社区的一些群体活动。	1. 在群体活动中积极、快乐。 2. 对小学生活有好奇和向往。

目标 2　遵守基本的行为规范

3—4 岁	4—5 岁	5—6 岁
1. 在提醒下，能遵守游戏和公共场所的规则。 2. 知道不经允许不能拿别人的东西，借别人的东西要归还。 3. 在成人提醒下，爱护玩具和其他物品。	1. 感受规则的意义，并能基本遵守规则。 2. 不私自拿不属于自己的东西。 3. 知道说谎是不对的。 4. 知道接受了的任务要努力完成。 5. 在提醒下，能节约粮食、水电等。	1. 理解规则的意义，能与同伴协商制定游戏和活动规则。 2. 爱惜物品，用别人的东西时也知道爱护。 3. 做了错事敢于承认，不说谎。 4. 能认真负责地完成自己所接受的任务。 5. 爱护身边的环境，注意节约资源。

目标 3　具有初步的归属感

3—4 岁	4—5 岁	5—6 岁
1. 知道和自己一起生活的家庭成员及与自己的关系，体会到自己是家庭的一员。 2. 能感受到家庭生活的温暖，爱父母，亲近与信赖长辈。 3. 能说出自己家所在街道、小区（乡镇、村）的名称。 4. 认识国旗，知道国歌。	1. 喜欢自己所在的幼儿园和班级，积极参加集体活动。 2. 能说出自己家所在地的省、市、县（区）名称，知道当地有代表性的物产或景观。 3. 知道自己是中国人。 4. 奏国歌、升国旗时能自动站好。	1. 愿意为集体做事，为集体的成绩感到高兴。 2. 能感受到家乡的发展变化并为此感到高兴。 3. 知道自己的民族，知道中国是一个多民族的大家庭，各民族之间要互相尊重，团结友爱。 4. 知道国家一些重大成就，爱祖国，为自己是中国人感到自豪。

（三）社会教育活动目标

社会教育活动目标是总目标和年龄阶段目标的进一步具体化，是教师通过一定的方法和途径可以直接实现的目标。社会教育活动目标一般由教师自己制定，其最为主要的特点是可操作性强，可以通过具体的教与学的行为，通过教师与幼儿及与环境的相互作用得以实现。

幼儿社会教育活动的目标应提得具体、可操作，并尽量用行为化的语言加以描述，尽可能地从幼儿角度出发提发展性目标。

幼儿社会教育活动目标的提出，还应与活动的具体内容紧密联系，与社会教育总目标、年龄阶段目标相一致，只有相互衔接，才能使幼儿在社会活动中获得更好的发展。

二、幼儿社会教育内容

幼儿社会教育内容是指依照幼儿社会教育领域的目标选定并通过一定的形式表现和组织的基本知识、基本态度和基本行为。幼儿社会教育的内容是幼儿社会教育课程的主体部分，是幼儿园教师设计和实施社会教育活动的主要依据。

根据《幼儿园教育指导纲要（试行）》中的总体内容和要求，参照幼儿园社会教育目标的分类方法，我们可以从自我意识、人际交往和社会学习三个方面对幼儿园社会教育内容做进一步分解。

(一) 自我意识

自我意识是指幼儿对自己的了解和认识,教育内容包括自我认识、自我体验和自我调控三个方面的教育。其中,自我认识包括认识自己的身体,自己的基本信息(姓名、性别及年龄)和兴趣喜好,自己的活动状态、情绪状态等,以及自我评价;自我体验包括培养自尊、自信、自爱、自我价值感等内容;自我调控则包括自由选择、自我决断、独立性、自主、自制、坚持性、初步的责任感等方面的内容。

(二) 人际交往

人际关系指幼儿在与周围环境中人(家长、老师、小朋友、其他社会成员等)的交往过程形成的相互关系。教育内容主要包括交往态度、交往规则、交往技能,以及交往中形成的自我意识、他人意识和相互关系。这些教育内容主要存在于各种各样的交往活动中。如幼儿在园一日生活中同伴间的交往,与教师的师生交往,以及教师与教师、教师与家长间的交往。幼儿园与家庭相比,有着进行人际交往教育的诸多有利条件。教师应充分利用这些条件,帮助幼儿从小学习如何积极地对待别人,认识自己,学习如何与人和睦快乐相处,学会懂得分享和尊重别人,学习如何正确处理分歧和纠纷;培养乐意与人交往,互助、合作、分享,有同情心,关心、理解、尊重和赞赏他人,协调自己与他人的兴趣和想法等社会行为与社会品质。

(三) 社会学习

社会学习包括社会环境、社会规则与行为规范、社会角色和社会文化。

其中,社会环境涉及幼儿家庭、幼儿园、社区、家乡、祖国以及世界其他国家的环境。如要求幼儿掌握家庭地址、电话号码、用品名称,幼儿园的名称,家乡的主要地形、建筑、公共场所、名胜古迹、物产,国家的国名、国旗、国歌、首都等。选择这方面内容,是为了帮助幼儿了解和熟悉自己的生活环境,丰富其生活经验,扩大其视野,引发其对周围环境的关心和兴趣,培养他们参与、关注社会生活的公民意识。

社会规则与行为规范指幼儿在社会生活和社会交往中需要了解和掌握的各种行为准则,包含幼儿园集体生活规则和活动规则、公共交通规则、公共卫生行为、社会行为和道德规范等内容。如遵守公共秩序,爱护环境,不随便打扰别人,不损害别人的利益,举止要文明,待人有礼貌,诚实、守信等。选择这方面的社会行为规范作为教育内容,是为了使幼儿从小就懂得社会生活是有一定的规则的。通过学习,使幼儿习惯于按照这些准则去行动,从而逐渐培养他们的道德意识和按道德标准行动的自觉性。

社会角色包括亲人以及与自己生活有关的社会职业角色。如家庭和家庭成员,幼儿园和幼儿园工作人员、小朋友,商店和售货员、顾客,医院和医生、病人,以及家乡(城市,农村)、祖国和她的建设者、保卫者等等。选择这方面内容,是为了帮助幼儿了解和熟悉自己的生活环境,了解和熟悉与自己生活有关的人及他们的劳动,从而初步感受人们(包括自己)之间、人与社会之间的相互依存关系,进而提高他们的社会适应性。

社会文化指幼儿需要了解的人类在社会历史发展过程中所创造的物质财富和精神财富,包括民族文化和世界文化。具体内容有祖国和其他国家的民俗节日、人文景观、文化精髓、民间艺术、各民族文化与习俗、优秀的艺术作品、社区文化等。选择社会文化作为教育内容，为的是引导幼儿从小熟悉民族的优秀文化，认同它们，使爱国主义情感不知不觉、自然而然地深深扎根于他们幼小的心灵之中。同时，世界优秀文化是全人类的共同财富，了解各种不同的文化，学会尊重它们，鉴赏它们，有利于开阔幼儿的视野，培养他们广阔的胸怀。

此外，还可以根据幼儿心理活动的不同领域进行分类，将幼儿社会教育内容分为三大方面。

（1）社会认知。

社会认知是指幼儿对自我、社会中的他人、社会关系、社会环境、社会规范等社会性客体和社会现象及其关系的感知理解的心理活动。社会认知的内容十分广泛，就其对象看，社会认知包括对自己（自我概念、自我形象、自我情感体验、自我评价、独立性、行为动机和后果的分辨能力等）、他人（对同伴意见的理解和采纳能力、对成人要求的理解和采纳能力等）、社会关系（权威、友谊、公平等）、社会群体（家庭成员、同伴、教师、邻里等）、社会角色（社会职业、行为方式等）、社会环境（家庭、幼儿园、社会机构、国家及民族、重大节日、重大社会事件等）、社会规范（文明礼貌、生活习惯、公共规则、集体规则、交往规则等）和社会生活事件等的认知。

> **真题链接**
> （2012年下）（单项选择题）幼儿意识到自己和他人一样都有情感、有动机、有想法，这反映幼儿（　　）。
> A. 个性的发展　　　B. 情感的发展　　　C. 社会认知的发展　　　D. 感觉的发展
> [参考答案] C

（2）社会情感。

社会情感是指幼儿在社会生活、社会交往中的内心感受、心理体验。包括积极情绪、情绪表达与控制、依恋感、愉快感、羞愧感、同情心、责任感等。如当幼儿的自我需要得到满足或实现了预想的目标时，就会产生积极愉快的情感体验。社会情感是在幼儿社会认知发展的过程中产生的，在生活中应多为幼儿创设温馨、自由、和谐的环境，让幼儿感受生活的美好、幸福与快乐。

（3）社会行为。

社会行为是指幼儿在社会活动和人际交往中对他人和事情表现出来的态度、言语和行为的反应和行为技能，包括交往的技能，倾听交谈的技能，非言语交往技能，辨别和表达自己感情的技能，合作、轮流和遵守规则，解决冲突，社会适应等社会行为技能或能力。通常来说，社会行为按动机和目的可划分为亲社会行为和反社会行为。亲社会行为是指人们在社会交往中所表现出来的谦让、合作、友善、帮助、共享等有利于他人和社会的积极行为。反社会行为是指违背法律、法规或为社会所不能接受的行为，是一种消极的社会行为。幼儿最具代表性的、最常见的反社会行为就是攻击性行为。

社会认知、社会情感和社会行为虽然是相对独立的，在不同的教育活动中，侧重点有所不同，但事实上，在幼儿社会教育实践中，它们是相互关联、相辅相成的统一体，它们彼此之间相互促进和渗透。

三、幼儿社会教育的方法

社会生活丰富多彩,若要使幼儿充分感知社会生活的丰富内容,产生相应的社会情感,理解相关的社会行为规范,逐渐形成良好的社会道德规范,就必须将多种教育方法有机结合对其进行教育。幼儿社会教育的方法,包括一般的教育方法和专门的教育方法。我们将逐一介绍这些方法的具体操作过程和特点。

(一)语言引导法

语言引导法主要是指通过教师的语言传递来影响幼儿的社会认知,一般包括讲解法、谈话法、讨论法和行为评价法,幼儿在学习社会环境、社会文化时较多采用这类方法。

1. 讲解法

讲解法是教师用生动的语言向幼儿描述事物的特征,解释事物的关系,说明一些简单的道理、规则及其意义,使幼儿明辨是非,懂得应该怎样做和为什么要这样做。讲解法是社会教育活动中运用得非常普遍的方法,无论是幼儿对人际关系的了解,对社会环境的认知,还是对社会行为规范的学习和对社会文化的吸取,都需要教师用生动浅显、富有感染力的语言进行讲解、启发和引导。它可以拓宽幼儿的眼界,丰富幼儿的社会认知,提高幼儿的语言理解能力,使幼儿学习社会规则,懂得处世之理。

教师在运用讲解法时应该注意以下几个方面的问题:

(1)讲解前,教师要选择幼儿感兴趣的、与幼儿日常生活紧密联系、有教育意义的内容;还要选择直观形象的教具或情境进行辅助,激发幼儿对活动的兴趣。

(2)讲解过程中,教师要采用各种方法进行讲解,如用图片、模型、音乐、影像等配合,通过情境表演进行讲解等,要对幼儿适当地提问,请幼儿参与情境表演,讲解要清晰,明白易懂,语音、语态要富有变化,配合适当的动作,使讲解变得生动有趣,有感染力。

(3)讲解结束后,教师要做总结,还要请幼儿参与总结。

2. 谈话法

谈话法就是教师与幼儿相互提问、对答的教育方法。在幼儿语言教育中也使用谈话法,目的主要是发展幼儿的语言表达能力;在社会教育中,谈话法使幼儿获得社会性规范性语言,发展幼儿的语言交往能力;除此之外,还可以使教师借助恰当的问题,帮助幼儿分拣、提炼原有的社会知识经验,使之系统化、明确化。谈话法中幼儿的提问与回答是其真实思想活动的反映,有利于教师把握其思想实质。

具体操作时,教师应注意以下几个方面的问题:

(1)提问的内容应以幼儿熟悉的社会认识经验为主。

(2)提出的问题应具体明确,富有启发性、发散性;提出问题后应给幼儿足够的思考时间。

(3)如果是集体谈话,教师的提问应面向全体,通过各种方式让每个幼儿都有回答问题的机会。幼儿的提问以及幼儿对教师提问的回答无论是简单幼稚,还是复杂成熟,教师都应耐心倾听,并用发展的眼光做适当小结。

3. 讨论法

讨论法是教师指导幼儿教育活动中,对某些社会性的问题、观点及认识相互启发、相互学习、交流意见的教育方法。这种方法的运用,有利于幼儿自由发表意见和感受,帮助幼儿养成独立思考的习惯和能力,懂得不同的人对待问题的看法不同,有利于幼儿摆脱自我中心。使用时应注意:

(1) 幼儿要有足够的社会知识经验,并已具备交谈的基本技能。

(2) 教师要提供或创设一种或多种社会情境,努力创设宽松自由的气氛,让幼儿大胆发表自己的看法。

(3) 教师要通过提问调节讨论的节奏,使讨论不走题;还要善于运用开放式的提问来拓展讨论的深度和难度。

(4) 在讨论的过程中,教师不轻易、简单评价,鼓励幼儿对问题以及其他幼儿的观点发表自己的看法。

(5) 讨论结束时,教师要简明阐述正确的观点,引导幼儿对问题做出正确的小结。

4. 行为评价法

行为评价法是指教师对幼儿符合社会言行的表现给予褒贬判断,从而使幼儿受到教育。行为评价法可分为肯定性评价(肯定、表扬和鼓励等)和否定性评价(批评、惩罚等)。前者对幼儿社会性言行有着正强化作用,能提高幼儿的积极性,激发幼儿亲社会的言行出现;后者对幼儿社会性言行有负强化作用,能减少、纠正和制止幼儿不良的社会行为和后果。无论采用哪种评价方式,都应公平、公正、合理、多样化,要尊重幼儿、信任幼儿、理解幼儿,注意及时评价,用发展的眼光进行纵向评价,引导幼儿自我评价。

要注意的是,对幼儿进行肯定评价时,教师不宜经常采用物质奖励等外部强化手段(如小红花、小玩具等),这容易使幼儿为了获得某种物质奖励而去做某种特定的行为。提倡教师多采用身体动作、语言的强化方式,如点头、微笑、抚摸、摇头、叹息等,这种效果会比物质强化更能打动幼儿的内心,可使幼儿为了得到某种行为的愉快体验而再次出现该行为,或为了不感受某种行为的难过体验而不再出现该行为。

(二) 直观经验法

直接经验法是指通过让幼儿直观地感知、实际参与活动、在活动中获得直接经验来影响他们的社会行为,主要包括演示法、参观法、行为练习法,一般来说,社会环境、社会规则、人际交往等方面内容的教育才采用此类方法。

1. 演示法

演示法是指教师将实物、教具直接展示给幼儿看,或者引导幼儿通过实际表演,思考或表现对社会知识的理解,使幼儿从中明白一些道理。社会教育活动中常用情景演示法,由教师展示一些社会情景,让幼儿对其中的社会问题进行思考,明白社会规范。展示给幼儿的情景可以是图片中的情景,也可以是幼儿或幼儿与教师共同表演的情景。这种方法的运用,能增进幼儿对社会教育活动的兴趣,提高活动的效果。

2. 参观法

参观法即根据社会教育的目的和内容,教师组织幼儿在园内或园外通过对实际事物和现象进行实地观察、考察,获得新的社会知识与社会规范的教育方法。它能使幼儿将社会教育活动与其实际生活紧密联系起来,通过身临其境,耳闻目睹,接触社会,得到教育。

参观可以丰富幼儿直观感性的社会认知经验,拓宽幼儿的社会活动范围,培养幼儿积极的社会情感和态度。运用参观法,要注意以下几个问题:

(1) 参观之前,教师要做好充分的准备,要做详细而周密的计划,如选择与幼儿生活经验密切联系的参观内容;参观场所要安全、卫生、离幼儿园不太远;提前联系好参观单位,获取支持和配合;预先规划好参观路线和讲解内容;做好相应的物质和心理准备和检查。

(2) 参观过程中,教师在出发前要向幼儿简单介绍参观的地点、内容以及参观的要求,激发幼儿参观的愿望和兴趣;特别要关注幼儿的安全问题,避免危险,以防走失;教师要善于使用讲解、提问、提醒等方法,有步骤地引导幼儿集中注意力观察,启发幼儿讨论,鼓励幼儿提问。

(3) 参观结束后,回到幼儿园,教师要组织幼儿针对参观内容展开讨论并进行总结,加深幼儿参观体验,提升幼儿经验;还可以进一步将参观内容及相关问题融入课程设计中。

3. 行为练习法

行为练习法,又称实践法,即组织幼儿按照正确的社会行为规范去进行实践的一种方法。它能使幼儿明白正确的社会行为规范,形成和巩固幼儿社会行为习惯。行为练习法的形式是多种多样的,既有教师人为创设的特定的情境,也有教师组织的多种实践活动,如修补图书、做值日生、帮厨、种植和饲养等活动,学习自我服务和服务他人。还有在各种生活情境中教师组织的幼儿行为练习,如来园和离园的礼貌行为练习,文明用餐的行为练习等。

运用行为练习法时要注意:

(1) 教师选择的行为练习内容应该是幼儿生活中常接触的、感兴趣的、比较容易操作的、可以接受的,如洗手绢、剥豆、擦桌椅、收拾玩具、整理生活用品等,做到循序渐进。

(2) 教师要仔细地讲解加动作示范,让幼儿明确行为练习的内容和要求,行为练习的要求应前后一致,长期坚持以便幼儿能持之以恒并形成习惯。

(3) 无论以何种形式进行行为练习,都要注意激发幼儿练习的愿望,发挥其主动性;活动中应给每个幼儿提供充分的练习机会,要让幼儿真正在练习中体验到快乐,达到练习的目的和效果。

(4) 幼儿在行为练习时教师要巡回指导,如发现有问题或进行不下去,教师要做出指导,不一定要把答案告诉幼儿,引导他们一步步引出答案。

(5) 最后要让幼儿享受行为练习的成果,如将洗好的手帕带回家给父母看,吃自己剥的豆子等等。

(三) 情感体验法

情感体验法主要是指通过环境熏陶和情感激发等手段来影响幼儿的情感和行为,包含陶冶法、角色扮演法、观察学习法,一般自我意识、人际交往方面的教育多采用这类方法。

1. 陶冶法

陶冶法主要是利用人际关系、行为环境、社会风气、情感气氛等来陶冶幼儿的性情,培养幼儿良好的社会公德、社会行为和亲社会情感。它包括环境陶冶法和艺术感染法。

环境陶冶法,即通过优美的自然环境,良好的社会环境和教师有意识创设的教育情境,对幼儿进行社会化培养的一种教育方法。幼儿由于其年龄特点,对事物、问题尚未形成积极稳定正确的认识,容易受外界环境的影响,所以教师有必要引导幼儿感受与体验外部环境的熏陶,并有意识地创设良好的教育环境,使幼儿社会性情感、社会习惯得到良好的培养和陶冶。

艺术感染法,即利用音乐、绘画等艺术形式的感染力,让艺术渗透幼儿心灵,使幼儿得到心灵的感染与熏陶,激发幼儿的情感,并使之化作行动的一种教育方法。艺术感染法主要运用于社会领域教育的社会文化教育活动中,因为社会文化中的人文景观、文化精品、优秀的艺术作品等,本身就体现了较高的艺术性。幼儿在学习、观赏中获得了直接积极的情感体验,有利于社会情感的激发与培养。运用这种方法时,应注意选择有利于幼儿社会性发展的有潜力的作品,努力创造机会,让幼儿参与艺术实践活动,从而获得与社会性发展有关的积极的情感体验。

2. 角色扮演法

角色扮演法即教师创设现实社会中的特定情境,让幼儿扮演一定的社会角色,使幼儿表现出与这一角色一致的且符合这一角色规范的社会行为,并在此过程中感知角色间的关系,感知和理解他人的感受、行为经验,从而掌握自己的角色所应遵循的社会行为规范和道德要求。如大班活动"我是小记者"就是一个很好的实例。通过让幼儿自己扮演小记者进行采访,了解记者这一职业的特点,知道与人交往时要态度诚恳,使用礼貌用语,提出一些他人感兴趣的问题等。幼儿的身心特点决定了他们喜欢角色扮演,在角色扮演过程中往往十分投入,所以能够在体验到新角色应有的情感的同时,又学到相应的行为模式。

3. 观察学习法

观察学习法指幼儿通过模式模仿或观察学习,直接学会新的行为模式,获得相应的社会行为的方法。这种方法可以使幼儿立即学习新的行为模式,可以激励幼儿将隐藏在内心的行为倾向变为外部的实际行动,可以通过对行为模式的模仿,改变、消除或强化个体原有的行为模式。

观察学习通常有两种模式,一种是幼儿通过观察模仿直接学习新的行为模式,另一种是幼儿通过观察,对示范者——榜样行为的强化及其引起的行为变化来改变自己的行为,即如果学习者看到别人的行为受到奖励,就会增强产生与他人出现相同行为的欲望;如果看到别人的行为受到惩罚,则会削弱或抑制产生这种有可能受罚行为的欲望。

运用这种方法时要注意,教师应根据幼儿社会性发展水平和特点选择观察、模仿的内容,为幼儿提供正面、优秀的榜样示范,应与讨论法、行为练习方法相结合使用。

4. 移情训练法

移情,指设身处地地站在他人的位置和立场上考虑问题,理解他人的感情和需要。移情训练法是通过故事、情景表演等形式使幼儿理解和分享别人的情绪体验,使幼儿在日后生活中对他人类似的情绪体验会主动地、"习惯性"地产生理解和分享的教育方法。它在幼儿社会教育活动中是一种很重要的教育方法。在移情训练中,教师往往通过让幼儿想象、表演,以及实际地作用于被理解对象的行为等方式,使幼儿介入对被理解对象特殊情绪反应的关心、安慰等过程。如大班教育活动"他为什么哭",教师通过让幼儿观看情景表演展开讨论

"小明、小华为什么会哭";进而提出"你什么时候会哭""你哭时希望别人怎样对待你"让幼儿进行回忆、想象,以唤起自己伤心、委屈、不被他人尊重时的情感体验,帮助幼儿理解小明、小华不愉快的感受;接着提出"我们该怎么做",使幼儿产生愿意关心、帮助别人的社会行为;最后让幼儿分组商量设定情景"发生了什么事,大家该怎么关心、帮助别人,结果会如何"以巩固幼儿良好社会行为的产生。移情训练的主要途径有讲故事、续编故事、情景表演、生活情景体验、开展主题游戏等。

总而言之,幼儿社会教育的方法多种多样,在实际操作中,要做到正确选择与灵活运用,从而有效地推动幼儿社会教育活动的开展,达到较好的教育效果,有力地实现幼儿社会教育的目标。

四、幼儿社会教育的原则

幼儿的社会学习具有随机性、无意性、长期性、反复性、实践性的特点,根据这些特点,幼儿社会教育应当遵循以下原则。

(一)目标性原则

在幼儿社会教育的过程中,教师对幼儿的指导、活动的方式、活动的结果等都要受到目标的制约,因此,对幼儿进行社会教育必须遵循目标性原则。教师在组织社会教育活动时要有强烈的目标意识,在教育过程中选择的教育内容、教育方法等都要围绕目标进行。除了要遵循国家教育部在学龄前儿童社会教育领域设定的目标外,教师还要为社会教育活动制定具体且合理的目标。

(二)主体性原则

幼儿社会教育中始终要坚持将幼儿作为活动的主体,将他们对社会的感知放在首位,准确地把握幼儿社会性发展的特点和现状,尽可能在活动内容的选择以及活动形式的安排方面注重激发儿童的兴趣、能动性、自主性、创造性,将课程内容设计成为幼儿各种乐意参与的自主性活动,变"要我学"为"我要学"。

(三)渗透性原则

《幼儿园教育指导纲要(试行)》在指导要点中明确提出:"社会领域的教育具有潜移默化的特点。幼儿社会态度和社会情感的培养尤应渗透在多种活动和一日生活的各个环节之中,要创设一个能使幼儿感受到接纳、关爱和支持的良好环境,避免单一呆板的言语说教。"社会教育渗透在各领域教育中、渗透在游戏中、渗透在一日生活中、渗透在家庭教育中、渗透在社区教育中。

(四)实践性原则

对幼儿进行社会教育的过程中,要注重实践,尽量鼓励幼儿动手操作,引导幼儿积极地与人交往、体验、观察、思考、记录、表达,主动地发展社会性。因为活动是幼儿心理发展的基础和源泉,幼儿的社会学习要通过实践才能实现内化,幼儿的社会认知、社会情感必须要和社会行为相结合,才能实现教育的最大效应。社会教育不能只凭单纯的说教方式灌输给幼儿,必须通过幼儿的亲身实践、体验和感知,才能真正为幼儿所理解和接受。

（五）正面教育原则

正面教育是指教师要直接告诉幼儿具体做什么以及怎么去做，而不是告诉他们不要做什么，不应该做什么。教师要用积极的正面方式对幼儿提出要求和建议，因为幼儿还处在自我意识的发展初期，更多地以来自外部的评价来自我评价。他们知识经验少，是非判断能力差，在观察学习和熏陶习染中获得发展，更容易接受各种外部影响和模仿各种外部行为。消极地制止和纠正幼儿的行为容易使幼儿产生逆反心理，教师与幼儿之间容易产生情绪性的对抗，影响教育效果。对于教师来讲，用积极的态度进行建议，容易产生愉快的教育体验，避免消极的情绪反应。通过爱和关心来建立教师与幼儿的双向接纳关系，为幼儿的社会性发展营造良好的情感氛围，促进幼儿的社会性发展。

五、幼儿社会教育活动设计与指导

幼儿园社会教育活动设计的一般步骤，包括确定教育目标、选择活动内容、拟定活动目标及策划活动过程几个部分。设计则是将以上思考的过程文字化，即写成教案。一份完整的社会教育活动教案，一般包括活动名称及适用年龄、活动目标、活动准备、活动过程和活动延伸几个部分。

（一）教学活动目标设计

具体的社会教育活动的目标制定最直接的依据是单元目标。单元目标一般是根据总目标、分类目标和年龄阶段目标由本园同一年龄组的教师共同讨论制定的。通过哪些课题的活动来实施这一目标，也是各班基本统一的。而具体的每个教育活动目标，则需要每位带班教师发挥自己的才能，根据本班幼儿的社会性发展状况，包括近来幼儿在社会教育活动中的具体情况来拟定。一般要考虑幼儿社会认知、社会情感、社会行为技能发展三个方面的情况。当然，根据具体活动，目标会有所侧重，有的是潜在的、隐性的。表述时应做到简洁、明了和可操作。

此外，还要注意幼儿社会教学活动目标表述的角度应该一致，要么从教师的角度出发，要么从幼儿的角度出发；目标设计要符合幼儿的年龄特点；目标设计要明确具体，重点突出，有可操作性；目标表述要尽可能精简。

（二）教学活动准备

活动的准备包括物质材料的准备和知识经验的准备。幼儿社会教育活动有其自身的特点。幼儿社会认知的增加、社会情感的激发及社会行为技能的培养等目标，不是靠教师空口说教就能达到的。直观、形象、生动的活动形式易于幼儿理解和学习。因此，活动的准备在整个活动设计中显得非常重要，是实现社会教育活动目标的有力保障。

（三）教学活动过程设计

在活动的目标确定后，就要思考可以通过哪些具体的活动内容和活动形式来实现目标。活动过程的设计则是将这种思考书面化与细致化，一般包括开始部分、展开部分和结束部分。

（1）活动开始部分。这是引导幼儿活动的第一个步骤，起到初步激发幼儿参与活动的兴趣及调动幼儿学习主动性的作用。教师组织活动的方式,一般有猜谜、讲故事、做游戏、出示图片或教具、欣赏录像资料、情景表演、角色扮演等。如果是外出参观活动,则在开始部分告诉幼儿参观的内容,提出参观的具体要求等。

(2)活动展开部分。这部分主要是教师引导幼儿主动学习、积极探索,既是教学活动的主要过程,也是实现活动目标的重要环节。幼儿要掌握的知识、需要感知和体验的情境、应该练习的行为都是在这一环节展开,因而活动的大部分时间应放在这一部分。活动过程的每一个步骤都应是实实在在地为达到目标服务的。在活动步骤的安排中,要十分重视前一步骤向后一步骤的过渡,使内容和目标自然连贯,促进幼儿的学习从低一层次向高一层次发展,保证活动目标的有效实现。

(3)活动结束部分。教师可改变原先的活动方式,引导幼儿通过其他符号系统的参与(如音乐、美术、身体动作等),让幼儿在轻松愉快的情绪中自然而然地结束。如要在结束部分对活动进行小结评价,应做到简洁、精练,对幼儿在活动中的表现以宽容积极的态度进行评价,对问题本身应留有一定的思考余地,使得活动能够有效地延伸,幼儿能够保留对活动的兴趣,体验到活动带来的快乐,以企盼的心情和态度等待下次活动的到来。

(四)活动的延伸

符合一定社会行为规范的社会行为技能的产生,是幼儿社会性发展的关键。幼儿园社会教育活动只停留在增进幼儿社会认知、激发幼儿情感上是不够的。良好的社会行为技能的产生非一朝一夕之功,也不是通过某一个活动就能形成的。为此,社会教育的活动延伸设计也是不可或缺的一环。活动延伸的方式多种多样,可以是家园共育、领域渗透、环境创设、区域活动、游戏等,如通过游戏或其他形式的活动,让幼儿继续学习巩固活动中所了解的社会认知和社会技能,也可利用家庭、社区条件,帮助幼儿学习社会知识,锻炼社会技能等。

最后,要强调的是,活动过程的设计只是静态地保证了活动目标的实现。真正能够对幼儿的社会性发展起作用,还有赖于活动的实施。活动过程的实施是指通过一些具体的活动方式和运用一定的方法实施活动的过程。在实施过程中,教师的组织指导是关键。幼儿社会教育活动的途径和方法多种多样,教师可根据各个活动步骤、内容的需要,恰当地选择,灵活地运用。通常是多种途径、几种方法交替使用,以发挥其综合作用。

附活动设计示例:我爱爷爷奶奶(大班社会活动)

【活动目标】

(1)在调查、谈话、交流中了解爷爷奶奶对自己的关爱。
(2)学习用可行的方式表达回报爷爷奶奶的关爱。
(3)激发关心、亲近爷爷奶奶的美好情感。

【活动准备】

(1)发放调查表《我的爷爷奶奶》,请幼儿回家调查。
(2)课件视频《东东和奶奶》,公益广告《家》。
(3)爷爷奶奶的生活照片。

(4)水笔,表格《我是爷爷奶奶的小"拐杖"》。

【活动过程】

师:老师请小朋友当小记者,回家做了一个调查。今天我们一起分享调查的结果。

1. 介绍自己的爷爷奶奶

(1)提问:小朋友在家里采访的是谁呀?请大家分小组交流,夸夸自己的爷爷奶奶,看谁对自己的爷爷奶奶最了解。

幼儿出示爷爷奶奶的照片,相互交流爷爷奶奶叫什么名字,多大了,属什么,生日在哪一天,爷爷奶奶喜欢做什么,爷爷奶奶做什么工作等。

(2)请个别小朋友介绍,老师在大表上汇总:年龄、做过的工作、喜好……

2. 观看视频《东东和奶奶》

视频内容:奶奶在家捡菜、做饭,东东在家中玩电脑游戏。奶奶突然腰疼了,让东东帮忙捶捶背。东东一动不动照玩游戏,还说:"烦死了,我要打游戏,我就不高兴弄。"

讨论:看了以后,你想说什么?东东这样做,奶奶的心情会怎样?东东怎么做才对呢?

3. 夸夸我的爷爷奶奶

(1)爷爷奶奶是怎样关心你的?

起床时,爷爷奶奶给你做了什么?

吃饭时,爷爷奶奶给你做了什么?

要睡觉了,爷爷奶奶给你做了什么?

外出时,爷爷奶奶给你做了什么?

爷爷奶奶还给你做了什么?

(2)喜欢爷爷奶奶吗?为什么喜欢他们呢?

小结:爷爷奶奶都很爱你们,给你们做了很多的事。你们很喜欢他们,爱自己的爷爷奶奶。

4. 讨论如何关心爷爷奶奶

(1)师:爷爷奶奶年纪大了,你知道他们有什么烦恼吗?

(2)播放:公益广告《家》视频。讨论:爷爷奶奶年纪大了,我们怎样关心他们?

(3)出示表格《我是爷爷奶奶的小"拐杖"》,请幼儿用自己的方式记录关心爷爷奶奶的方法。

(4)交流,教师在大表记录。

5. 总结

师:今天小朋友交流了当小记者采访爷爷奶奶的情况,知道了许多爷爷奶奶的故事,说出了爷爷奶奶对自己的关心和帮助,也懂得了要感恩爷爷奶奶。在家中小朋友们要学做爷爷奶奶的"小拐杖",做爷爷奶奶的小帮手,关心、孝敬爷爷奶奶。

【活动延伸】

发放表格《我是爷爷奶奶的小"拐杖"》,请孩子在家记录每天关心爷爷奶奶而做的事。一周在班级交流一次。

第五节 幼儿园音乐教育活动

一、幼儿园音乐教育的目标

(一) 幼儿园音乐教育目标的结构及其分析

幼儿园音乐教育是指通过音乐这一媒介来促进幼儿在身体、认知、情感、个性、社会性等方面的整体和谐发展。

《幼儿园教育指导纲要(试行)》中对艺术领域的目标做了如下规定：

(1) 能初步感受并喜爱环境、生活和艺术中的美。

(2) 喜欢参与艺术活动，并能大胆地表现自己的情感和体验。

(3) 能用自己喜欢的方式进行艺术表现活动。

幼儿园的艺术活动，不仅包括音乐活动，美术、戏剧、舞蹈等都属于艺术活动的范畴。根据《幼儿园教育指导纲要(试行)》的精神，结合音乐学科的特点以及幼儿的年龄特点，我们确定了幼儿园音乐教育的总目标：

(1) 感受周围环境和音乐作品中的美，发展幼儿对音乐的敏感性和审美能力。

(2) 初步学会操作一些简单的材料和道具，通过歌唱活动、韵律活动、欣赏音乐和乐器演奏等音乐活动，培养幼儿言语的和非言语的思维能力、想象能力和创造能力。

(3) 在集体音乐活动中进行自我表达和人际沟通、协调，体验音乐活动的乐趣，发展健全、和谐的人格。

(二) 幼儿园音乐教育活动目标的撰写和表述方法

1. 撰写活动目标的顺序

(1) 提出音乐知识、技能的获得与音乐感发展的目标。

(2) 确定学习技能、策略的获得与学习能力发展的目标。

(3) 描述情感智能与积极的个性、社会性发展的目标。

2. "行为化"活动目标的表述方式

教育活动所期望的结果应是在活动目标中可以观察到的，在表述方式上，通常应该采用"行为化"的目标表述方式。这里的"行为化"具体体现在三个方面：

(1) 统一将幼儿作为行为发出的主体，陈述时主语可以不出现。

(2) 应陈述可见的行为，必要时也可以补充说明该行为隶属于哪一类发展总目标。

(3) 需要时还可以补充该行为发生的附加条件，以及行为反应水平等方面的限定语。

二、幼儿园音乐教育活动的内容

1. 歌唱活动

歌唱是指用嗓音来演唱有旋律、有歌词的歌曲，以及节奏朗诵、唱名游戏等。

2. 韵律活动

韵律活动是指随音乐而进行的多种有节奏的身体动作，包括律动、舞蹈以及各种伴随音乐进行的大肌肉表演活动。

3. 打击乐演奏活动

打击乐演奏活动泛指所有通过简单打击乐器进行的艺术表现活动。

4. 音乐欣赏活动

音乐欣赏活动是指以具体音乐作品为对象,通过倾听的方式及其他辅助手段来帮助幼儿感受、理解音乐,从而得到精神愉悦的一种审美活动。

三、音乐游戏和音乐教学游戏化

音乐游戏是指从适合幼儿的学习方式出发,所有的音乐活动(歌唱活动、韵律活动、打击乐演奏活动、音乐欣赏活动)以游戏的方式来开展,配合真正吸引幼儿参与的音乐操作,激励幼儿不断提升参与音乐活动和享受音乐乐趣的水平的活动。

音乐教学游戏化是指在具体的音乐教学中,将所有的音乐活动都转化为能够让幼儿乐此不疲、流连忘返的"游戏状态",以激发幼儿的好奇心、好胜心和爱美之心,吸引和激励幼儿主动投入学习活动。

四、幼儿园歌唱活动的设计与指导

(一)幼儿园歌唱活动的教育内容

1. 歌曲

歌曲是有旋律、有歌词,能用嗓音表现出来的一种音乐艺术形式。适合幼儿演唱的歌曲有很多,可以是成人专门为幼儿创作的歌曲,可以是传统的童谣,也可以是由幼儿自己创作或即兴创作的歌谣,一些国外著名的儿童歌曲也是幼儿歌唱活动的重要内容。

2. 歌唱的表演形式

幼儿可以掌握的歌唱表演形式(包括节奏朗诵形式)主要有:独唱、齐唱、接唱、对唱、领唱齐唱、轮唱、合唱和歌表演等。

3. 歌唱的简单知识技能

在幼儿园歌唱活动中,幼儿可以掌握的最基本、最简单的知识技能主要有:正确的歌唱姿势,正确的发声方法,正确的呼吸方法,正确的演唱技能,自然、恰当的表达技能,正确、默契的合作技能,嗓音运用和保护的知识技能等。

(二)幼儿园歌唱材料的选择

1. 歌词的选择

歌词内容有趣,文字活泼,富于爱、富于美、富于情感和教益,能为幼儿所理解,适于用动作表现,且有重复、发展余地。

2. 曲调的选择

曲调优美,音域较狭窄,节奏较简单,旋律较平稳,以五声音阶为主,结构较短小工整,词曲关系较简单。

3. 歌曲的总体选择

具有纯真性、思想性和艺术性,在歌曲内容、形式、风格等方面具有丰富性和多样性。

（三）幼儿园歌唱活动的设计与指导

1. 幼儿园歌唱活动的导入方法

幼儿园歌唱活动的导入方法主要有动作导入法、歌词创编导入法、情境表演导入法、故事讲述导入法、歌词朗诵导入法等。

2. 幼儿园歌唱活动的组织结构

（1）导入活动，激发幼儿演唱的兴趣。

教师在介绍新歌时，应选用多种方法，以唤醒幼儿的注意力，激发幼儿演唱的兴趣，调动幼儿的学习积极性。

（2）范唱歌曲，帮助幼儿形成清晰的歌曲旋律表象。

清晰的"听觉旋律表象"是幼儿"胸有成竹"地正确再现歌曲的重要前提。为此，教师在范唱环节应做到：第一，范唱要有吸引力；第二，范唱时声音不能太响；第三，范唱时，尽量采用清唱的方式；第四，注意让幼儿先听后唱，并给予幼儿充足的倾听机会。

（3）帮助幼儿熟悉、记忆歌词。

此环节应进行得生动、灵活、有艺术性，而不是枯燥、呆板、机械地照本宣科。一般可以采用填充提问法、逻辑提问法、直观教具提示法、节奏朗诵法等。

（4）模唱练习，引导幼儿学唱新歌。

教唱新歌主要有整首教唱和分句教唱两种方法。幼儿歌曲本身较为短小，所以目前幼儿园一般不采用分句教唱的方法，而是比较多地采用整首教唱法。当然，歌曲中难唱的句子有时也可单独抽出来重点练习。

教给幼儿初步的歌唱技能，就是让幼儿掌握一些初步的表现手法，通过咬字、吐字、气息的断续变化和声音力度的强弱、速度的快慢及音色的控制、变化等，准确表达歌曲的思想感情。

（5）拓展练习，进一步促进幼儿的发展。

这一环节可进行的活动有很多，常见的有创编歌词、创编表演动作、处理歌曲的演唱表情和演唱形式等方法。

（6）复习歌曲

在复习环节中，教师不应对幼儿提出一遍又一遍重复再现歌曲的要求，而是应关注幼儿是否能通过每一次接触歌曲的机会获得新的发展。为此，教师应有意识地在复习过程中设计有吸引力的活动，使幼儿从不同角度或不同层次享受同一歌曲材料所带来的新的快乐，以满足幼儿的成长需要。

常见的复习歌曲的方法有表演唱、分组唱、分句接唱、边唱边奏乐、边唱边游戏等，组织形式有全体唱、部分幼儿唱、独唱、领唱齐唱等。

五、幼儿园韵律活动的设计与指导

（一）幼儿园韵律活动的教学内容

1. 韵律动作

韵律动作一般可分为基本动作、模仿动作和舞蹈动作。

（1）基本动作。在反射动作基础上发展起来的生活动作。

（2）模仿动作。在表现特定事物的外在形态和运动状况时所用的身体动作，此外，还包括儿童模仿日常活动的动作和模仿成人活动的动作。

（3）舞蹈动作。是人类在从事舞蹈活动的几千年中，经过长时间的演化和改步而积累下来的程式化了的艺术表演动作。

2. 韵律动作组合

韵律动作组合指按一首完整音乐的结构组织起来的一组韵律动作。一般可分为身体节奏动作组合、律动模仿动作组合、表演舞、集体舞、自娱舞等。

3. 韵律活动的表演形式

韵律活动的表演形式主要与参与人数和参加者的合作方式有关。在幼儿阶段可以掌握的韵律活动的表演形式主要有独舞、双人舞、三人舞、群舞、领舞等。

4. 韵律活动的简单知识技能

（1）基本动作的知识和技能。包括身体各部位运动的方式、身体各部位运动的方向、重心的控制、身体各部位的配合等。

（2）变化动作的知识和技能。包括变化动作的幅度、力度、节奏、姿态等。

（3）组织动作的知识和技能。包括按情节内容组织、按身体部位的秩序组织、按音乐重复与变化的规律组织、按对称的原则组织，按主题动作组织等。

5. 韵律活动的常规

（1）活动开始和结束的常规。包括听音乐的信号起立和坐下，听音乐的信号开始活动和结束活动，活动结束时自己收拾道具和整理场地等。

（2）活动进行的常规。包括在规定的范围内活动；在没有队形要求的情况下，找比较空的地方活动；在自由移动的情况下，不与他人或场内的障碍物相撞；在自由结伴的活动中，迅速、安静地在规定时间内寻找、选择和交换舞伴，分组和分配角色等。

（二）幼儿园韵律活动材料的选择

1. 动作的选择

（1）动作的类别应符合幼儿的兴趣。

（2）动作的难度应适应幼儿的能力。

2. 音乐的选择

（1）音乐的风格应适合幼儿的审美需要。

（2）音乐的选择应适合动作的需要。

3. 道具的选择

（1）道具应能增加活动的趣味性，且便于使用。

（2）道具应经济实惠，且便于获得。

（3）道具应具备审美特点。

（4）道具应能有效地推动教学，促进幼儿的学习。

（三）幼儿园韵律活动的设计与指导

1. 幼儿园韵律活动的导入方法

幼儿园韵律活动的导入方法有观察导入、回忆导入、基本动作复习或练习导入、队形复习或学习导入、舞谱导入、动作创编导入、游戏导入、故事导入和音乐欣赏导入等。

2. 幼儿园韵律活动的组织结构

（1）创造性律动教学的组织结构。

创造性律动教学的组织结构一般由以下三个步骤组成：

① 导入活动，激发幼儿参与律动的兴趣。

此环节可起到吸引幼儿的注意，调动其学习的积极性，积累动作表达语汇，感受动作与音乐之间的关系等作用。

② 示范、模仿、练习与引导创造性表现相结合。

不同的创造性律动教学应采用不同的设计方案，但不管方案有何变化，其"动静交替、层层深入、层层累加"的设计原则总是不变的。也只有这样，幼儿在学习中才能较长时间地保持身心舒适，愉快有效的学习也才能够得到保障。

对于比较单纯的律动模仿动作来说，教师可以采用"先鼓励幼儿探索模仿性动作，再加以反馈，最后按音乐的结构将这些动作编成一个完整的律动，并引导幼儿学习"的教学方案。

对于动作结构比较复杂的韵律动作组合来说，教师可以采用"先放慢速度，边示范、边讲解、边练习，然后再逐步增加连贯性和速度"的教学方案。

对于音乐结构比较复杂的韵律动作组合来说，教师可以采用"先用简单身体动作感知音乐的性质和结构，然后再学习动作和动作结构"的教学方案。

③ 享受体验，结束创造性律动活动。

（2）集体舞教学的组织结构。

幼儿园的集体舞是指全班幼儿共同参与的，强调在队形变化中进行人际交流的一种舞蹈类型。其教学步骤为：

① 导入活动，激发幼儿参与舞蹈的兴趣。

② 根据舞蹈难易程度，采用整体感知或部分分解学习的教学策略。

比较简单的集体舞可以采用"先省略细节，以帮助幼儿感知舞蹈的大体轮廓，再逐步将舞蹈细致化、复杂化"的教学方案。

比较复杂的集体舞蹈可以采用"先感知、理解、学习舞蹈中的重难点部分，再逐步累加、逐步深入，不断激励幼儿学习或练习"的教学方案。

③ 放松享受，结束集体舞活动。

六、幼儿园打击乐演奏活动的设计与指导

（一）幼儿园打击乐演奏活动的内容

1. 打击乐曲

幼儿园音乐教育活动中使用的打击乐曲一般可以分为两类：一类是纯粹的打击乐曲，即专门为打击乐器创作或仅由打击乐器、替代性打击乐器来演奏的乐曲；另一类是指特定的歌曲或器乐曲。

2. 打击乐器演奏的简单知识技能及常规

幼儿可以学习的有关打击乐器演奏的简单知识技能主要包括：乐器和乐器演奏的知识技能、配器的知识技能以及指挥的知识技能。

（1）乐器和乐器演奏。

幼儿可以接触到的打击乐器主要有大鼓、铃鼓、串铃、碰铃、三角铁、钹、锣、木鱼、双响筒、圆弧响板、蛙鸣筒、沙球等。与此有关的简单知识技能包括了解上述乐器的名称、形状、质地、音色特征及一般持握演奏方法等。

（2）配器。

配器主要是指教师引导、组织幼儿用集体讨论的方式，选择适当的节奏型，以及合适的乐器，为幼儿所熟悉的歌曲或乐曲等设计伴奏的一种活动形式。与此有关的知识技能主要有：按音色为歌曲或乐曲分类；按表现需要选择比较合适的节奏型、乐器以及演奏方法；用简单的动作、图形、语音符号记录设计好的配器方案等。

3. 指挥

知道如何用动作表示"准备""开始"和"结束"，并能使自己的动作清楚、明确，易于让被指挥者根据动作做出反应。

4. 打击乐器演奏的常规

（1）活动开始和结束的常规。

听音乐的信号整齐地将乐器从座椅下面取出或放回；乐器拿出后，凡不演奏时须将乐器放在腿上，不发出声音，眼睛也不看乐器；开始演奏前，按指挥者的手势整齐地将乐器拿起，做好准备演奏的姿态；演奏结束后，按指挥者的手势将乐器放回腿上；活动结束后，自己收拾乐器和整理场地。

（2）活动进行的常规。

演奏时身体倾向指挥者，眼睛注视指挥者，积极地与指挥者交流；演奏时注意倾听音乐和他人的演奏；演奏时注意力集中，不做与演奏无关的事情；交换乐器时，须先将原来使用的乐器放在座椅上，再迅速无声地找到新的座位，拿起新乐器放在腿上做好演奏准备。

（二）幼儿园打击乐演奏活动材料的选择

1. 乐器的选择

（1）音色要好。

（2）乐器的形状、大小、重量应适合幼儿持握。

（3）乐器的演奏方法要适合特定年龄幼儿运动能力的发展水平。

2. 音乐的选择

节奏工整、结构清晰、旋律优美、形象鲜明等。

3. 配器方案的选择

配器方案应适合幼儿的实际能力，并有一定的艺术性。

（三）幼儿园打击乐演奏活动的设计和指导

1. 幼儿园打击乐演奏活动的导入方法

幼儿园打击乐演奏活动的导入方法有总谱学习导入、总谱创编导入、主要声部学习导入、主要声部创编导入、音乐欣赏导入、故事导入、韵律活动导入和歌唱导入等。

2. 幼儿园打击乐演奏活动的组织结构

(1) 导入,引起兴趣。

通过导入活动可起到激发幼儿的兴趣,调动其学习的积极性等作用。

(2) 运用多通道参与的方法欣赏、熟悉音乐。

此环节的目的是帮助幼儿初步地整体感知和理解音乐,因而可以采用音乐欣赏中的多通道参与法来帮助幼儿把握音乐的情绪、风格、节奏等。

(3) 模仿学习或探究创作变通总谱。

此步骤旨在帮助幼儿进一步把握作品整体音响的横向(句子和段落之间)和纵向(声部与声部之间,配器与旋律之间)结构,进而能比较顺利地掌握打击乐曲的演奏方案。

(4) 分声部练习。

在掌握变通总谱的基础上,幼儿尝试进行整体演奏的练习。可以先徒手练习,再用乐器演奏。开始练习时,演奏的速度可稍慢,由教师指挥并作语言指导,指挥的动作要清楚、利落。指挥除手的动作之外,眼神和面部表情也应帮助一并指挥。

(5) 发展的练习。

是指在幼儿已能初步演奏某作品的基础上,尝试进行各种创造性、发展性的学习活动。如改变配器方案,请个别幼儿指挥,交换乐器演奏,累加乐器演奏等。

七、幼儿园音乐欣赏活动的设计与指导

(一) 幼儿园音乐欣赏活动的教育内容

1. 倾听周围环境中的音响

在我们周围的环境中,无论是自然界,还是社会生活中都充满了各种音响,这些音响都是音乐家们进行创作的重要源泉。为此,教师应充分利用一切机会,自然地、有意识地引导幼儿倾听周围生活中的声音,丰富他们对声音的各种感性经验,培养其对周围生活中各种声音的倾听兴趣和倾听能力,从而为他们欣赏音乐作品打下良好的基础。

2. 欣赏音乐作品

音乐作品有歌曲和器乐曲两种,其内容主要有:

(1) 优秀的中外幼儿歌曲,包括民歌、童谣。

(2) 由中外优秀幼儿歌曲及优秀民歌改编的器乐曲。

(3) 专门为幼儿创作的简单器乐曲。

(4) 专门为幼儿创作的音乐童话的片段。

(5) 中外著名音乐作品或其中的片段。

3. 音乐欣赏的简单知识技能

(1) 了解音乐作品的名称、主要内容和常见表演形式。

(2) 了解常见乐器的名称。

(3) 能听出并理解作品的主要情绪、内容、形象及作品的主要结构。

(4) 能分辨常见人声和乐器的音色。

(5) 能根据音乐作品的音响展开想象、联想。

(6) 能运用一定的媒介表达对音乐的感受。

(二) 幼儿园音乐欣赏材料的选择

1. 音乐作品的选择

所选音乐作品在形式上应鲜明突出,结构应工整,长度应适宜,内容、形式和风格应丰富多样,结构布局应合理。此外,给幼儿欣赏的音乐作品应当是公认优秀的音乐作品,同时必须尽力选择最好的音乐音响。

(1) 歌曲方面。

内容、形象、情绪应是幼儿熟悉、喜爱和愿意接受的,歌词应是幼儿所能理解的。

(2) 器乐曲方面。

内容、形象、情绪应是幼儿熟悉、喜爱和愿意接受的;篇幅是比较短小的,必要时可对音乐作品进行一定的截选或改编。

2. 辅助材料的选择

为了帮助幼儿感受和理解音乐作品,教师在引导幼儿欣赏音乐时,除了要选择真正优秀的音乐作品,还要考虑采用适宜的辅助材料,如动作材料、语言材料、视觉材料等。

(1) 动作材料。

所选动作应与音乐节奏、旋律、结构、情感等相一致。

(2) 语言材料。

所选语言材料应优美,文学性强,其结构、内容、形象和情感与音乐相一致。

(3) 视觉材料。

所选视觉材料应形象、生动、有个性,艺术感染力强,其线条、构图、造型、色彩、形象、内容、情绪等与音乐相一致。

(三) 幼儿园音乐欣赏活动的设计与指导

1. 幼儿园音乐欣赏活动的导入方法

幼儿园音乐欣赏活动的导入方法有图片导入、文学作品导入、动作创编导入、歌唱导入、游戏导入和打击乐演奏导入等。

2. 幼儿园音乐欣赏活动的组织结构

以音乐欣赏为主要内容的"多通道参与模式"主要有三种基本的教学结构,其设计与指导的方法不尽相同。

(1) "层层深入"式音乐欣赏活动的组织结构。

"从整体入手、层层深入"的教学模式比较适合结构紧密、单纯、清晰的音乐作品。其一般教学步骤如下:

① 导入,引起兴趣。教师用容易引起幼儿学习兴趣的方式引出主题。

② 完整倾听,初步感知和理解音乐。教师组织幼儿完整倾听整首音乐,必要时可以用图片等直观教具或自己的表演来伴随音乐进行,以帮助幼儿初步感知和理解音乐。

③ 反复整体欣赏,感知、体验细节。在此步骤中,教师应组织幼儿反复地倾听整首音

乐,并同时通过不断改变参与的方式和要求来引导和帮助幼儿越来越深入、细致地感知和体验作品的形象、性质以及情趣。

(2)"层层累加"式音乐欣赏活动的组织结构。

"从局部入手、层层累加"的教学模式比较适合结构稍复杂,且含有独立而鲜明的主题形象的音乐作品。其一般教学步骤如下:

① 导入,引起兴趣。教师用容易引起幼儿学习兴趣的方式引出主题。

② 感知体验音乐作品中最具特色的部分。教师选用合适的参与方法,帮助幼儿把握作品中的某个细节部分。如一个节奏型、一个旋律动机、一个乐句、一个乐段等。

③ 感知体验整个作品的形象和情趣。在幼儿已掌握了局部音乐形象的基础上,帮助幼儿感知、体验整个作品的形象和情趣。

(3)"一一匹配"式音乐欣赏活动的组织结构。

"一一匹配"的教学结构比较适合各段落间对比比较鲜明的音乐作品和比较强调性质辨别的音乐作品。其一般教学步骤如下:

① 导入,引起兴趣。教师用容易引起幼儿学习兴趣的方式引出主题。

② 将音乐和非音乐的材料进行一一匹配。即先向幼儿提供一个或若干个他们更容易理解的艺术形象,如动作材料、视觉材料、语言材料等,然后再让幼儿倾听音乐,并尝试将音乐或音乐中的某部分与先前提供的艺术形象相匹配,以此帮助幼儿逐渐感受到各种不同艺术形式在表现相同情感、内容、结构等方面的共同点。

③ 用参与、表演、感知体验的方法完整地欣赏音乐作品。教师可选用创造性韵律活动或打击乐、游戏、表演等方法引导幼儿进一步参与欣赏。

附活动设计示例:小手爬(小班韵律活动)

小手爬

1=C 2/4

汪爱丽 词曲

| 1 12 | 3 34 | 5 56 | 5 - | 5 56 | 7 65 |
爬呀 爬呀 爬呀 爬 一 爬 爬到

| 1̇ 1̇ | 1̇ - | 1 17 | 6 65 | 4 43 | 2 - |
头 顶 上, 爬呀 爬呀 爬呀 爬,

| 7 76 | 56 54 | 3 2 | 1 - ‖ (5176 5432 | 1 1̇):‖
一 爬 爬 到 小 脚 上。

【活动目标】

(1)熟悉歌曲旋律,能根据歌词合拍地做"小手爬"的动作,并能在工整的乐句中,感受与表现旋律的上行与下行。

(2)在老师的引导下,能创编出其他的上行、下行的动作方式,创造出其他的行动主体,以及其他行动的起点和终点,并能根据创编的内容,采用对应部分替换歌词的方式边唱边表演。

(3) 积极参加创编活动,愿意吸纳同伴的创编思路,并能享受到创造、表演游戏带来的快乐。

【活动准备】

幼儿已具备用替换词的方法编填新歌的经验。

【活动过程】

1. 导入部分

(1) 告知幼儿要玩一个有趣的游戏,并交代游戏的玩法,即教师说出某个身体部位的名称后,幼儿立刻将双手轻放在该部位上。

(2) 教师用忽快、忽慢、忽重、忽轻的方法说出身体部位的名称,尽量用体态、语调、脸部表情去诱导幼儿,以激发幼儿的参与兴趣。

2. 基本部分

(1) 学习律动。

① 教师示范动作,引导幼儿参与学习创造性律动。

教师边清唱歌曲,边示范做"小手爬"的动作:将双手从双脚脚背开始,一拍一拍地轮流贴着腿、躯干、脸部往上"爬",一直"爬"到头顶上,正好唱完第一大句。接着,双手从头顶开始,一拍一拍向下"爬",第二大句唱完最后一个字时,正好"爬"到双脚的脚背上。

② 教师再次边范唱边做动作,同时引导幼儿关注动作和音乐的匹配关系。

"小手先爬到哪里?小手最后爬到哪里?"

"唱到哪个字的时候小手正好爬到头顶上?唱到哪个字的时候小手正好爬到小脚上?"

③ 教师带领幼儿边唱边按节拍做动作,并用较夸张的动作提醒幼儿在每句结束时爬到头顶或脚背上。

(2) 创编律动。

① 教师引导幼儿创编其他的上行和下行动作。

如:走、跑、跳、滚等,并想出其他的用手表现走、跑、跳、滚的动作。按照音乐的节拍边唱边一拍一拍地做想出来的动作。

② 教师引导幼儿创编其他的行为起点、终点。

如:向上,到眼睛上;向下,到膝盖上。

做动作前,先说好上面"爬"到哪儿,下面"爬"到哪儿,即在明确了创编内容后,再请幼儿边唱歌边做动作。

③ 教师引导幼儿创编不同的动作主体和行动的起点、终点。

如:想象自己是一只猴子、一只壁虎等,想想会在哪里爬?向上,爬到什么地方?向下,爬到什么地方?然后按照前面的要求边唱新歌词边一拍一拍按节拍做相应的动作表演。

3. 结束部分

请幼儿取自由、放松的姿势,轻闭双眼。教师用优美、柔和的声音按 3/4 拍演唱歌曲两遍。第二遍应比第一遍唱得更慢、更轻、更优美。

【活动延伸】

引导幼儿能按新词的形象需要,变化演唱和动作的速度、力度。如"跳"要唱得"跳跃",

"爬"要唱得比"走"慢,"老虎爬"要唱得比"猫爬"笨重等。

(选自《幼儿园音乐教学活动资源》,活动设计:黄莹、许卓娅)

第六节 幼儿园美术教育活动

一、幼儿园美术教育的目标

(一)幼儿园美术教育目标的结构及其分析

幼儿园美术教育是指通过美术这一媒介来促进幼儿在身体、认知、情感、个性、社会性等方面的整体和谐发展。

根据《幼儿园教育指导纲要(试行)》中对艺术领域的目标的规定,结合美术的学科特点以及幼儿的年龄特点,我们确定了幼儿园美术教育的总目标:

(1) 通过线条、形体、色彩等要素初步感受周围环境和美术作品中的形式美与内容美,对美具有敏感性。

(2) 积极投入美术活动,并通过各种造型要素自由表达自己的感受,体验美术创造的乐趣。

(3) 初步尝试不同美术工具和材料的操作,并用自己喜欢的方式大胆地表现自己的想法。

(二)幼儿园美术教育活动目标的撰写

幼儿园美术教育活动目标通常有3种表述方式,即行为目标、展开性目标和表现性目标。

1. 行为目标

行为目标陈述的是,幼儿的学习行为变化的结果,这种行为变化的结果是可以观察和测量的。它包括3个组成部分:(1)幼儿外显的美术行为表现,如"画出""搓出"等;(2)能观察到的这种行为表现的条件,如"画出""搓出"是"临摹的""在教师指导下的"还是"独立的行为";(3) 行为表现的公认的具体内涵,如"画出一群正在做游戏的小朋友""剪出一个窗花"。一般来说美术技能学习可采用行为目标的写法。

2. 展开性目标

展开性目标陈述的是幼儿学习行为变化的过程,它所关注的不是外部事先规定的目标,而是强调教师根据教育的实际进展给出相应的目标。在幼儿园美术教育活动中,幼儿的感受与体验、艺术修养和情操陶冶、人格的健全和完善可借助于展开性目标来完成。

3. 表现性目标

表现性目标陈述的是在用幼儿参与某种活动后得到的各不相同的结果,它所关注的是幼儿在活动中表现出来的某种程度上首创性的反应而不是事先规定的幼儿行为变化的结果。所以表现性目标强调的是幼儿行为结果的开放性。

二、幼儿园美术教育活动的内容

幼儿园美术教育活动的内容,一般可分为欣赏、绘画和手工三大方面。

1. 幼儿欣赏的教育内容

幼儿园欣赏教育活动是教师引导幼儿欣赏和感受美术作品、自然景物、周围环境中美好事物,了解对称、均衡等形式美的初步概念,感受其形式美和内容美,从而丰富幼儿的美感经验,培养其审美情感和审美评价能力的教育活动。

2. 幼儿绘画的教育内容

幼儿绘画教育活动是教师引导幼儿使用笔、纸等绘画工具和材料,运用线条、形状、色彩、构图等艺术形式语言创造出可视的、有空间感的艺术形象,培养幼儿的审美创造能力的教育活动。

3. 幼儿手工的教育内容

幼儿手工教育活动是教师引导幼儿使用不同的手工工具和材料,运用贴、撕、折、塑等手段制作不同形态的物体形象,培养幼儿的审美创造能力和动手能力,美化生活的一种教育活动。

三、幼儿园美术欣赏活动的设计与指导

(一)美术欣赏活动内容的选择

1. 日常生活中美的欣赏

在日常生活中,美是随处可见无所不在的,可欣赏东西很多,教师可以经常组织幼儿进行美的欣赏活动,如欣赏花伞、花手绢、新衣服、糖纸、包装盒等等。

2. 周围环境中美的欣赏

周围环境除了幼儿园内部环境,还有幼儿生活的生态环境,例如自然环境、节日环境、社区环境等。

3. 美术作品欣赏

美术作品欣赏是幼儿美术欣赏的主要内容,是幼儿美术欣赏活动的基本形式,美术作品可以是画家的画,也可以是工艺美术品、教师的范画和范例、幼儿图书里的画、幼儿的美术作品等。

(二)幼儿园美术欣赏教育活动的实施

1. 审美注意形成阶段的指导

所谓审美注意是指审美主体碰到具体对象的时候,把注意力集中和停留在对象的形式或结构上面。在这一阶段,可以顺应幼儿发展的特点让他们尽可能地进行直接的描述,也就是陈述作品外在的、可立即指称的视觉对象,而不涉及作品的含义及其价值的认定。如果作品是写实的,则要指出作品包含哪些形象。如果作品是抽象的,则要指出主要的形状、色彩及其运动的取向。为此,教师可以用提问的方式来进行。例如,教师可以问幼儿:"你在画上看到了什么?"

2. 感受阶段的指导

美术欣赏的第二个阶段就是感受阶段,这一阶段是教师指导的关键阶段。幼儿美术欣

赏的感受阶段经历了包括感知、想象、理解、情感在内的过程。首先,幼儿要借助自己的视觉器官获得有关美术欣赏对象的形式和内容方面的事实性资料。其次,他们要将这些由视觉器官获得的事实资料赋予某种意义,并认识各形象之间的关系。最后,幼儿根据自己的想象、理解进行审美判断。

当幼儿进入这一阶段后,教师的作用就是引导幼儿对作品的形式和内涵意义进行欣赏。为了实现这一目标,教师自己首先要对艺术的形式有一定的理解与欣赏能力。教师必须理解线条、形状、色彩、构图等形式语言可能的象征意义。其次,教师还必须理解对称与均衡、节奏与韵律、变化与统一等形式美的原理。教师除了提高自己的美术欣赏能力,丰富自己的美术欣赏知识外,还要选择相应的美术欣赏材料,给予幼儿足够的欣赏时间,让他们反复多次地进行感知、体验。同时,用通俗易懂的语言进行浅显而简明的描述,让幼儿通过充分、感性的体验,真正地理解这些基本艺术语言与形式美原理的内涵。

3. 审美判断形成阶段的指导

对幼儿评价阶段的指导的重点宜放在对作品的审美判断,以及解释作品对于人类美术活动的意义上,以帮助幼儿从多样化的作品表达方式中吸取审美经验,提高其审美判断能力和审美趣味。

(三)幼儿园美术欣赏教育活动实施的注意点

(1)美术欣赏的主要方法是对话法,是教师、幼儿与艺术作品三者之间的相互作用和相互交流。对话各方的关系应该是平等的,教师不要以自己的权威压制幼儿。

(2)要给幼儿利用多通道充分体验的时间,让他们的感知、想象、情感、思维、灵感、无意识等多种心理因素在相互渗透、补充、综合、交叉中起作用。

(3)教师要做好幼儿与美术文本之间的"审美期待"的中介,不但自己要学会提问题,还要教会幼儿提问题。

(4)教师可引导幼儿用多种方式来表达自己的审美感受。

四、幼儿园绘画活动的设计与指导

(一)命题画的指导

命题画是指由教师提出绘画的主题和要求,幼儿按照这一要求完成的绘画。命题画可以分为物体画和情节画,自然景物、日常用品、人物、植物、动物、交通工具与生产工具、建筑物及简单的生活事件等都可以成为命题画的内容。

1. 物体画的指导要点

(1)引导幼儿详细完整地观察、理解物体的结构特征,获得心理表象。

(2)引导他们采用涂染和线描两种方式来描绘物体。

(3)通过系列课题来帮助儿童掌握物体的造型。

2. 情节画的指导要点

(1)引导他们感知物体间现实的空间关系和画面上的空间关系。

(2)引导儿童通过在画面上设置一个构图中心以及画面色彩的设置来突出主题,这是情节画的关键所在。

(3) 引导儿童经过多样化的联系来学习画情节画,如添画、故事画、日记画、情境探索画等。

（二）意愿画的指导

幼儿的意愿画是指由幼儿自己独立地确定绘画的具体内容、形式和表现方法,教师作为支持者协助他们完成的绘画。其指导要点在于:

(1) 给幼儿一个宽松的创作环境。

(2) 通过提问题、谈话的方式帮助幼儿进行创作构思和表现。

(3) 评价绘画作品应注重创造性,对待不同的幼儿要尽可能地进行正面评价。

（三）装饰画的指导

幼儿的装饰画主要是指幼儿运用各种花纹、色彩在各种不同的纸形上按照形式美的规律进行装饰所完成的绘画。其指导要点在于:

(1) 通过欣赏的形式帮助幼儿理解装饰原理。

(2) 注意装饰画学习的循序渐进。

(3) 避免重技法轻创造的做法

五、幼儿园手工活动的设计与指导

幼儿手工活动有其自身的特点,它大约经历了意图到构思与设计,再到制作与修饰这样一个流程。每一个阶段需要教师进行有针对性的指导。

（一）产生意图阶段

这个阶段,应注意帮助幼儿逐步地将意图明朗化。

(1) 为幼儿创设与材料充分接触的环境与机会。

(2) 在手工游戏与欣赏手工作品的过程中逐渐明确制作的意图。

(3) 帮助幼儿活动并帮助其获得成功感,使之体验手工制作的乐趣。

（二）构思和设计阶段

构思分为三个环节:(1) 制作者在脑中选择已有表象,把它们作为创造新形象的基础;(2) 在脑中呈现初步完整的形象;(3) 通过比较,筛选出最佳方案。

设计是指把脑中的构思具体化为可视的工作方案的过程。在这一阶段,教师的指导可从下面几个方面入手。

(1) 帮助幼儿积累多种手工活动所需的立体表象。

(2) 引导幼儿在熟悉多种手工活动材料的基础上进行联想。

(3) 引导幼儿多欣赏工艺佳作,学习其造型、色彩、构成等艺术手法。

（三）制作与装饰阶段

制作是借助加工技巧对材料进行加工,改变材料的形态,从而实现设计方案的施工过程。幼儿的装饰,常用添加的方法。教师可以在这个阶段进行以下几方面的指导。

(1) 使幼儿学习多种工具和材料的基本使用方法,掌握手工制作的基本规律。

(2) 提供练习的机会,锻炼幼儿手动作的灵活性。

(3) 指导幼儿将临摹、仿制与独创相结合
(4) 引导幼儿将手工制作与绘画、游戏活动相结合。
(5) 正确评价幼儿的手工作品。
(6) 指导幼儿养成良好的手工活动的行为习惯。

附活动设计示例：图腾柱（大班美术活动）

【活动目标】
(1) 学习用油泥叠加、围合、盘塑等方法组合制作人物的五官。
(2) 通过观察图腾柱的特点，尝试用夸张变形的方法表现柱上人脸的形象。
(3) 感受原始部落神秘、奇特的文化。

【活动准备】
(1) 各种油泥、底版。
(2) 关于图腾的 PPT。

【活动过程】
1. 出示哈利酋长的形象，引起幼儿的兴趣

指导语：今天我们班来了些客人，是哈利酋长和他的手下。他带来了他们村子里一些图腾柱的图片。你们看看图腾柱上有些什么？

2. 教师演示 PPT，帮助幼儿理解图腾柱的艺术特征

(1) 引导幼儿观察图腾柱局部图，总结柱上人物特征——夸张变形。

指导语：图腾柱上是什么呀？你们觉得这些人的五官和我们的五官一样吗？哪里不一样？（夸张变形。）

小结：他们通过雕刻这些夸张变形的脸来吓唬野兽和敌人。

(2) 欣赏组图，观察并表述五官的不同表现形式。

指导语：他们的鼻子、眼睛等五官有什么不一样的地方？

3. 迁移经验，讨论制作方法

(1) 指导语：今天我们用油泥来制作图腾柱上人物的五官。

(2) 引导幼儿将整块泥分成自己需要的大小再进行制作。

指导语：这么大的一块泥，我只需要一点，怎么办？

(3) 引导幼儿用叠加、围合、盘塑等方法制作人物五官。

指导语：人物的五官我们可以用哪些方法制作？（叠加、围合、盘塑等方法。）

(4) 引导幼儿讨论制作顺序。

指导语：先做人物的五官，再装饰脸部空白的部位。

4. 幼儿尝试用油泥装饰人物的五官，教师进行指导

(1) 在教师引导下用叠加、围合、盘塑等方法制作人物五官。

(2) 提醒幼儿注意等作品的表面干后，运用压实的方法完成作品，然后竖起展示。

5. 欣赏同伴作品

（1）引导幼儿讲述自己的制作方法。

指导语：你们用了哪些方法制作图腾柱？

（2）感受不同的花纹、色彩搭配的美感。

指导语：你喜欢哪张脸？为什么？

【活动延伸】

与其他领域的融合。

第七节　幼儿园健康领域教育活动

1988年第13届世界健康教育大会提出："健康教育是一门研究传播健康知识和技术、影响个体和群体行为、预防疾病、消除危险因素、促进健康的科学。"健康教育的特征是追求教育对象的"知（健康知识）、信（健康观念）、行（健康行为）"三者转变的统一。

幼儿健康教育是遵循3—6/7岁幼儿身心发展的特点，提高幼儿健康认识，改善幼儿健康态度，培养幼儿健康行为，保持和促进幼儿健康的系统教育活动。健康教育是学前教育的重要组成部分，既是幼儿全面发展教育的基础，也是幼儿全面发展教育的有机组成部分。

《幼儿园教育指导纲要（试行）》明确要求："幼儿园必须把保护幼儿的生命和促进幼儿的健康放在工作的首位。"学龄前儿童健康具有无可替代的价值：对个体而言，健康是其幸福快乐的源泉；是其身体充分发展的前提；是其尽情游戏的动力；是其有效学习的保证。对人类来说，学龄前儿童健康是人类生命质量得以提高的基石，学龄前儿童健康水平的提高体现了人类社会的进步。因此，学龄前儿童健康是人类的财富，是对社会的贡献。学龄前儿童健康的价值决定了学龄前儿童健康教育的重要意义：是保护和促进幼儿健康成长的特殊需要，是幼儿进行全面素质教育的重要组成部分，对幼儿的德、智、美三育均具有积极的促进作用。总之，健康教育可以为幼儿一生的健康和生活奠定良好的基础。

一、幼儿健康教育的目标

（一）幼儿健康教育总目标

《幼儿园教育指导纲要（试行）》中提出的我国幼儿健康教育的总目标如下：

（1）适应幼儿园的生活，情绪稳定。

（2）生活、卫生习惯良好，有基本的生活能力。

（3）有初步的安全和健康知识，知道关心和保护自己。

（4）喜欢参加体育活动。

（二）幼儿健康教育年龄段目标

1. 小班（3—4岁）

（1）情绪情感。

① 情绪稳定，不哭闹，逐渐适应幼儿园的生活，愿意上幼儿园。

② 感受幼儿园的温暖、友好、自由、安全，逐步建立与教师和同伴的依恋关系。

③ 能识别并察觉到他人明显的情绪,愿意表达自己的情绪并能宣泄自己的消极情绪。

(2) 生活习惯。

① 初步养成良好的饮食、睡眠、盥洗、排泄等生活习惯,喜欢干净整齐。

② 愿意做一些力所能及的事情,有初步的生活自理能力;能将用完的物品放回原处。

③ 有良好的坐、立、行的姿势。

(3) 体能锻炼。

① 愿意参加体育活动,初步体验体育活动的乐趣;在成人引导下,能大胆参与户外体育活动。

② 初步掌握走、跑、跳、钻、爬等基本动作,愿意玩球;会按口令做各种动作和模仿操,动作较协调。

③ 喜欢尝试摆弄操作材料,参与小肌肉操作活动。

④ 尝试玩各种中小型运动器械,并初步了解活动中的安全常识。

(4) 安全保健。

① 有初步的安全与自我保护意识,知道简单的交通安全、生活安全等常识。

② 初步了解自己的生长过程、五官的主要功能及保护方法;身体不舒服时知道告诉成人,能配合医务人员进行预防接种。

③ 有初步的营养常识,爱吃各种食物。

2. 中班(4—5岁)

(1) 情绪情感。

① 喜欢幼儿园的集体生活,愿意遵守幼儿园生活常规和秩序。

② 能识别并觉察他人的情绪变化。

③ 愿意用较恰当的方式表达并调节自己的情绪。

(2) 生活习惯。

① 会穿脱衣裤、鞋袜,基本养成良好的生活卫生习惯,有爱护生活环境的意识和行为。

② 能够整理玩具、图书,愿意为他人服务,有基本的生活自理能力。

(3) 体能锻炼。

① 喜欢参加各项锻炼身体的活动,活动中能够克服困难。

② 大胆尝试投掷、攀登等基本动作,掌握球的多种玩法;有初步的队形队列意识,会做徒手操和韵律操,动作正确有力。

③ 乐意摆弄操作材料,动作较灵活,手眼协调。

④ 探索多种运动器材的玩法,注意体育活动中的自我保护,乐意在活动中互相合作,遵守规则。

⑤ 初步感受寒冷、炎热的变化,有不怕冷、不怕热的意识。

(4) 安全保健。

① 具有安全意识,知道交通、生活、交往中的安全常识。

② 认识人体皮肤和身体的主要器官,有一定的自我保护意识。

③ 知道不挑食能促进身体健康,具有营养保健意识,积极配合成人进行体检并愿意接

受疾病的预防和治疗。

3. 大班(5—6岁)

(1) 情绪情感。

① 情绪愉快,适应幼儿园生活。

② 能识别自己、他人的多种情绪变化。

③ 能用恰当的方式表达自己的情绪,尝试用多种方法调控情绪,保持良好的情绪状态。

(2) 生活习惯。

① 遵守幼儿园生活常规和秩序,养成良好的生活卫生习惯,爱护生活环境。

② 能做力所能及的事,愿意为集体和他人服务,体验成功的快乐。

(3) 体能锻炼。

① 乐意利用多种运动器械、操作材料进行体育活动,动作灵活到位。

② 体育活动中有创新、合作的意识,守纪律、讲秩序。

③ 尝试、探索多种体育游戏的方法,掌握基本动作技能,能用轻器械做韵律操和健身操。

④ 能操作较复杂的材料,动作灵活准确,手眼协调。

⑤ 基本掌握运动中的安全保护技能与方法。

⑥ 对不同的气候、环境变化有一定的适应能力,初步养成锻炼身体的习惯。

(4) 安全保健。

① 掌握简单的应对意外事故的常识,能及时避开危险场所。

② 认识身体内的主要器官,了解其主要功能,掌握保护器官的基本方法,懂得预防龋齿和换牙的卫生常识,初步形成自我保护意识。

③ 初步理解食物与健康的关系,知道预防常见疾病的简单方法。

教师必须树立健康第一的观点,明确保护幼儿生命和幼儿健康是幼儿园保教工作的首要任务,要充分了解幼儿身心发展的特点,掌握有关生理、运动、心理等方面的保健知识和简单的护理技能。健康教育的目标就是要求每个教师全身心地爱护、理解、照顾每一位幼儿,确保避免每个幼儿在实践中出现被忽视或损害的情况,使他们在快乐的童年生活中获得有益于身心发展的经验。

二、幼儿园健康教育的内容

《幼儿园教育指导纲要(试行)》中规定健康教育的教育要求有以下几点。

(1) 建立良好的师生、同伴关系,让幼儿在集体生活中感到温暖,心情愉快,形成安全感、信赖感。

(2) 与家长配合,根据幼儿的需要建立科学的生活常规。培养幼儿良好的饮食、睡眠、盥洗、排泄等生活习惯和生活自理能力。

(3) 教育幼儿爱清洁、讲卫生,注意保持个人和生活场所的整洁和卫生。

(4) 密切结合幼儿的生活进行安全、营养和保健教育,提高幼儿的自我保护意识和能力。

(5) 开展丰富多彩的户外游戏和体育活动,培养幼儿参加体育活动的兴趣和习惯,增强体质,提高对环境的适应能力。

(6) 用幼儿感兴趣的方式发展基本动作,提高动作的协调性、灵活性。

(7) 在体育活动中,培养幼儿坚强、勇敢、不怕困难的意志品质和主动、乐观、合作的态度。

幼儿园健康教育活动涉及的内容很广,总的来说,它包括身心保健和体能锻炼两大方面的活动内容。

(一) 身心保健活动的主要内容

(1) 生活习惯和能力。包括盥洗的有关知识和技能,穿脱衣服的有关知识和技能,保护个人和周围环境清洁卫生的有关知识、技能及情感态度,生活作息的有关知识和习惯,学习习惯,饮食卫生的习惯,坐、行、站、立的正确姿势等。

(2) 饮食与营养。包括饮食的有关知识和技能,常见食物的名称及其营养知识,营养与健康的关系,膳食平衡的简单知识等。

(3) 人体认识与保护。包括身体的主要器官及其主要功能,保护器官的基本知识和技能,预防接种的有关知识和态度,常见疾病的预防知识和治疗,常见外伤的简单处理知识和方法,预防龋齿及换牙的有关知识,心理健康的有关知识等。

(4) 保护自身安全。包括生活安全常识,活动安全常识,药物安全常识,应付和处理意外事故的简单知识与技能,自我保护能力等。

(二) 体能锻炼活动的主要内容

(1) 身体活动的知识和技能。包括走、跑、跳、投掷、平衡、钻爬、攀登等基本动作及有关知识,体育运动的有关知识与技能,等等。

(2) 身体素质练习。包括平衡、协调、灵敏、柔韧、力量、速度等身体机能练习的有关知识和技能,等等。

(3) 基本体操和队列队形练习。包括模仿操、徒手体操、轻器械体操、口令、信号与动作,列队、变化队形,等等。

健康领域的活动要充分尊重幼儿生长发育的规律,满足他们多方面发展的需要。幼儿园应该为幼儿提供健康、丰富的生活环境,积极开展具有针对性、多样性和趣味性的活动,培养幼儿对健康活动的兴趣和习惯。教师的态度和管理方式应该有助于形成安全温馨的心理环境,关注个体差异的同时,使每个幼儿都能得到适宜的锻炼和发展。

三、幼儿园健康教育的方法

(一) 幼儿身体保健教育的方法

身体保健教育有三种组织形式:渗透式(渗透于幼儿园一日活动中的生活环节和常规)、专门式(设计和组织身体保健的集体教学活动)和家园合作式。在身体保健活动中,常常使用以下方法。

1. 讲解演示法

教师边讲解边结合动作演示,或以实物、模型演示,具体而形象地向幼儿传授有关健康的知识和技能,提高幼儿对健康的认识水平。需要说明的是,演示的手段应多样化,尤其是运用电教手段进行直观而动态的演示,能激发幼儿的兴趣,增强幼儿对健康知识的理解。

2. 情境表演法

现场或通过录像向幼儿展示生活情景,让幼儿观察和分析情景中所涉及的健康问题。

3. 讨论评议法

在身体保健活动的过程中,引导幼儿提出自己的问题,发表自己的意见和看法,最后得出结论,形成共识。

4. 感知体验法

让幼儿通过各种感官和动手操作来认识和判别事物的主要特征。

5. 动作与行为练习法

让幼儿对已学过的生活技能、健康行为等进行反复练习,加深理解,形成稳定的技能和良好行为习惯的方法。

(二)幼儿体育活动的方法

1. 示范法

示范法是指教师(或指定的幼儿)以具体动作为范例,使幼儿了解所要学习动作的形象、结构、要领和过程。同时也运用错误动作的演示来帮助幼儿克服动作缺点,改进动作。

2. 讲解法

讲解法是指教师用语言向幼儿说明学习任务、动作名称、作用、要领及要求,用以指导幼儿掌握相关的体育知识、动作、技能和练习的方法等。

3. 完整法

完整法是从动作的开始到结束,不分部分和段落,完整进行教学或练习的方法。该方法的优点是便于幼儿完整掌握动作或练习动作,不会破坏动作的结构和割裂动作之间的联系。缺点是幼儿不易很快掌握动作的关键点和难点。

4. 分解法

分解法是指把完整的动作合理地分成几个部分或几个段落,然后按部分逐次地学习或练习,直至最后幼儿比较完整地掌握动作的方法。该方法的特点是可以简化动作掌握过程,缩短掌握动作的时间,同时有利于加强动作困难部分的学习,提高幼儿学习的信心。但是,如果运用不当,易使动作割裂,破坏动作结构,影响幼儿正确动作技能的形成。

5. 练习法

练习法是指根据学习任务,幼儿有目的地反复做某一动作以达到掌握动作技能和提高身体素质的方法。体育活动的所有方法都是与幼儿的身体练习分不开的。

6. 游戏法

游戏法是指在体育活动中,运用游戏的内容、方法组织幼儿练习动作技能的方法。

四、幼儿园健康教育活动的设计与指导

《幼儿园教育指导纲要(试行)》中对健康教育的指导要点有以下几点。

(1)幼儿园必须把保护幼儿的生命和促进幼儿的健康放在工作的首位。树立正确的健康观念,在重视幼儿身体健康的同时,要高度重视幼儿的心理健康。

（2）既要高度重视和满足幼儿受保护、受照顾的需要，又要尊重和满足他们不断增长的独立要求，避免过度保护和包办代替，鼓励并指导幼儿自理、自立的尝试。

（3）健康领域的活动要充分尊重幼儿生长发育的规律，严禁以任何名义进行有损幼儿健康的比赛、表演或训练等。

（4）培养幼儿对体育活动的兴趣是幼儿园体育活动的重要目标，要根据幼儿的特点组织生动有趣、形式多样的体育活动，吸引幼儿主动参与。

（一）幼儿健康活动的组织形式

1. 日常生活活动

幼儿园健康教育活动渗透在日常生活的每个环节，通常采用集体和个别教育的活动方式。这种活动方式在幼儿身心保健教育活动中显得尤为重要。首先，日常生活中的健康教育活动比有目的有计划进行的课程教育活动来得及时，因而可以不失时机地对幼儿进行教育；其次，日常生活中的健康教育能使课程上得到的健康教育内容有目的地延伸，有利于巩固幼儿的健康行为；最后，日常生活中的健康教育活动还有利于教师将集体健康行为的指导与个别健康行为的指导有机地结合起来，既面向全体，又能更好地实施因人施教。

2. 健康教育课程

正规性健康教育课程按照教育活动内容的差异，可分为身心保健教育活动和体能锻炼活动。它们是幼儿园健康教育活动的基本组成部分，通常采用集体教学的活动方式。

3. 户外体育活动

户外体育活动是体能锻炼活动的重要组织形式。其活动形式多种多样，但通常采用自选活动的方式。因此，户外体育活动更能发挥幼儿活动的积极性、主动性和创造性，也更有利于教师实施因人施教。《幼儿园工作规程》中指出，幼儿园户外体育活动的时间不得少于一小时。考虑到每次活动时间不宜过长，且活动的安排应注意动静交替，因此，幼儿户外体育活动的时间最好安排上下午各一次。具体活动时间应根据幼儿的年龄特点、活动内容及季节气候等条件而定。

4. 早操活动

早操活动是做操和晨间体育锻炼活动的总称。通常采用集体活动的方式。这种活动方式在全面锻炼幼儿身体、养成幼儿良好的身体姿态、培养幼儿自觉参与和积极参加体能锻炼的良好习惯等方面，都具有十分重要的作用。坚持每天做操，还有利于培养幼儿持之以恒、不怕寒暑的良好意志品质，并能有效地提高幼儿机体对环境的适应力，增强机体对疾病的抵抗力。

（二）幼儿体能锻炼活动的设计

广义的健康教育活动设计，是指课程层面的设计。它包括幼儿园健康教育活动的目标设计、内容设计、组织途径和方法设计等等。其设计的基本原理与幼儿园教育活动设计大致相同。由于幼儿园身心保健教育活动大多通过日常生活活动来进行，因此，我们主要以幼儿体能锻炼活动的设计为例进行阐述。

体能锻炼活动设计格式与一般幼儿园教学活动设计一样，主要环节包括活动名称、活动目标、活动准备、活动重难点、活动过程、活动反思与评价等六个主要环节。根据活动内容的需要,活动过程中会加入延伸活动的环节。

1. 幼儿体能锻炼活动的类型

幼儿体能锻炼活动一般有三种类型。一种是新授课,即以学习新教材,并把新教材作为体能锻炼活动的主要内容而展开的教学活动。另一种是复习课,即以幼儿已经学习过的教材作为体能锻炼活动的主要内容而展开的教学活动,活动的要求和锻炼方式等可适当改变。幼儿园最基本、最普遍采用的体能锻炼活动类型是综合活动。它包含两层含义:一是指活动的内容既有新的,又有已经学习过的,即新旧内容的综合;二是指活动中多种类型的活动内容综合,即既包括基本体操(含队列、队形),又包括模仿性活动、游戏(基本动作类游戏、身体素质练习游戏等)、运动技能练习等。从这个意义上理解,将幼儿体能锻炼活动划分为新授课和复习课,仅仅表明活动所要完成的任务的侧重点有些不同而已。

2. 幼儿体能锻炼活动的设计应依据人体机能变化规律

人体在运动过程中,生理机能的变化会经历上升、平稳、下降三个阶段。

(1) 上升阶段。

上升阶段包括两个过程。第一个过程是在进行体能锻炼活动前,知道或想到即将开展活动,人体在生理和心理上产生的选择性反应。一种是适应性积极反应,表现为人体血液中血糖含量的增加,心跳和呼吸加快,大脑的兴奋性提高,精神愉悦而振奋,等等。这些变化能使人体加速身体适应锻炼活动的需要。另一种是负性消极反应,表现为大脑的抑制性提高,情绪低落,乏力,且动作迟缓,对活动不感兴趣。根据这一规律,教师平时必须把每次体能锻炼活动组织好,让幼儿听到要开展体能锻炼活动就产生积极的情绪。另外,在组织活动的开始部分,应想方设法激发幼儿的活动兴趣,使幼儿情绪活跃起来。

第二个过程是通过适当的身体活动,克服器官、组织的机能惰性,提高其活动能力,使其较快地达到较高水平。为此,教师在活动的开始部分,应利用适当的热身活动或有针对性的辅助活动来准备,帮助幼儿调整活动开始时身体活动能力较低的状态,并使身体活动的能力较快地上升,以适应第二阶段活动的需要。上升阶段生理机能的变化,与人体的体质、训练水平、年龄特点及活动的内容等因素有关,其时间有长有短。幼儿身体各器官的惰性小,易动员,活动能力上升较快,所以开始部分活动的时间较短,运动负荷的增加稍快。

(2) 平稳阶段。

在平稳阶段,身体各器官活动能力已达较高水平,且能保持一段时间。这时身体活动效率高,学习的效果好,且能适应较激烈的体能锻炼活动。因此,这一阶段相当于体能锻炼活动的基本部分,在活动展开时,宜将难度较大、较新的教材或运动负荷较大的练习内容安排在这一阶段。一般运动负荷的高峰也出现在该阶段。平稳阶段持续时间的长短与幼儿的体质、训练水平、年龄、心理状态、活动内容的运动负荷和练习密度的大小等因素有关。在平稳阶段,幼儿的持续时间较成人短。因此,在这一阶段,教师应选择合适的活动内容,并控制好练习的密度和运动负荷,掌控好节奏,既要保证运动负荷高峰的出现,又要避免因运动负荷过大或高峰过早出现使幼儿过早发生疲劳。

(3) 下降阶段。

体能锻炼活动进行一段时间后,由于体内能量的消耗和身体机能恢复不足,身体出现疲劳,活动能力下降。这时,应停止较激烈的活动,安排一些缓冲活动,帮助幼儿逐步放松,一方面让幼儿较好地恢复身体机能,消除身体疲劳,另一方面保持幼儿对活动的兴趣,便于以后体能活动的开展。

3. 幼儿体能锻炼活动内容和时间安排

(1) 开始部分,时间一般占总时间的 10%—20%。

任务:组织幼儿,并稳定幼儿情绪、集中幼儿的注意力,使幼儿明确活动的内容和要求,激发他们参与体能锻炼活动的兴趣;通过身体活动,克服各器官、组织的惰性,提高其活动能力,发展主要肌群;根据基本部分的内容,做一些有针对性的热身活动,为下面的活动做好适应性准备。

内容:基本队列、队形练习,向幼儿说明活动的要求和主要内容;做一些基本体操、韵律活动或模仿活动;开展一些运动负荷不大,有利于发展幼儿体能的游戏,也可进行一些简单的舞蹈和律动等。

(2) 基本部分,时间一般占总时间的 70%—80%。

任务:学习新的或较难的活动内容,巩固和提高已学过的各类练习和游戏等,并通过幼儿自身的身体练习,提高幼儿的身体素质,发展幼儿的能力,培养幼儿良好的心理品质等。

内容:进行发展体能的游戏、基本体操以及其他各类游戏,一般以《幼儿园教育指导纲要(试行)》中规定的内容为主。一次活动一般安排 1—2 项活动内容,在内容的安排上应注意新旧搭配、动静交替、难易结合,全面锻炼幼儿的身体。

(3) 结束部分,时间一般占总时间的 10%—20%。

任务:降低幼儿大脑的兴奋性,使幼儿的身体由运动的紧张状态逐渐恢复到相对安静状态,放松肢体;合理地小结评价,有组织地结束活动;收拾和整理器材。

内容:轻松自然地走步;徒手放松练习;简单、轻松的体操或舞蹈;较安静的安抚游戏等。

4. 幼儿体能锻炼活动过程设计的游戏化

(1) 体能锻炼游戏设计的一般格式。

游戏的名称:为达到训练目的而采用游戏形式的名称。如"小熊过桥",也可以将练习内容本身作为游戏活动的名称。

游戏的目的:游戏活动最终要完成的任务。如上述游戏的目的就是"平衡练习"。

游戏的准备:包括游戏的场地布置、游戏的玩具和器材、游戏前的知识准备等。

游戏的玩法和规则(有时规则可独立):把练习的内容角色化、动作游戏化、过程情节化,并确定游戏的规则。把角色游戏的动作情节化,具有激发担任角色的幼儿活动动力,增加练习活动的趣味性的作用。而规则的制约性保证了游戏的内容具有良好的训练价值。

游戏的建议或注意事项:练习活动中的安全事项或其他需要特别说明的情况。

(2) 体能游戏设计的原则。

趣味性原则。体能锻炼中,机械的动作练习和单纯的身体素质练习,对幼儿来说是枯燥无味的。因此,教师应该把幼儿比较难以理解的动作和单调的素质练习变成具体的有趣的游戏情节,使其成为幼儿模仿生活和周围事物的有趣活动,促使幼儿特别愿意和喜欢去参加活动，自然而轻松地进行体能锻炼。与此同时，又给幼儿的身心带来愉悦、欢乐的感受，这是游戏应有的重要特征。

教育性原则。体能游戏的主要任务是促进幼儿身体的基本动作技能和素质的发展，但教育的相互渗透性或活动的综合性功能，又约定了游戏同样具有智育和德育的任务。如游戏"大风和树叶"，其目的是练习幼儿走跑交替的能力，但通过游戏又能使幼儿理解风力与树叶的活动之间的关系，这就是游戏所蕴含的教育性。

差异性原则。受不同年龄段幼儿的认知能力和身心发展水平的制约，幼儿不仅对游戏角色、情节、规则的理解存在着明显的年龄差异，而且学习新游戏的能力、对游戏目的性的认识、在游戏中表现出来的坚持性和合作性程度等，都存在着年龄差异。为此，在设计游戏时，教师应根据幼儿的年龄特点，有针对性地设计适合各年龄班幼儿活动的游戏。一般说来，小班游戏内容以模拟自然现象或动物的活动较适宜，而中、大班可逐步增加模拟社会活动的内容；小班的游戏角色为1—2种，中、大班可增加到3个或3个以上，且大班的游戏角色可以相互转换；小班游戏的情节较简单，中、大班的游戏可逐渐复杂化；小班的游戏规则限制性少，且无惩罚性规则，而中、大班的游戏可加强限制性和惩罚性规则。在设计体能锻炼游戏时，必须根据幼儿的年龄特点选择教学内容，规定游戏的活动量。

5. 幼儿体能锻炼活动场地的安排

幼儿园应当安排适合幼儿开展体能锻炼或户外游戏活动的场地。体能游戏场地的设备配置，以能够满足幼儿攀、爬、平衡、跳、投等大肌肉活动为主。无论是活动室设施、设备还是体能游戏场地的设施与设备都要注意安全性：

(1) 园内的地面要平坦防滑，所有出口及通道、楼道要畅通无阻。
(2) 设施和器材不可有尖角、裂片或铁钉等露出。
(3) 供幼儿操作的玩具、物品不含铅等有毒成分。
(4) 应用绿色、环保、化学刺激气味小的材料装饰活动室。
(5) 经常检查幼儿使用的设施、玩具、物品等，损坏的东西要及时修理、替换或丢弃。
(6) 保教人员具有基本的安全急救常识，安全急救设备充足，取用方便。

幼儿本身是一个有机整体，其各方面的发展是相互联系、相互影响的。陈鹤琴说过："幼儿离不开生活，生活离不开健康教育，幼儿的生活是丰富多彩的，健康教育也应把握时机。"因此幼儿健康教育就是生活教育，应当渗透在幼儿一日生活中、融合在各领域教育中，在人与人互动的过程中学习，在不断的操作探索中获得认知和技能，不断增强幼儿的健康意识，养成健康习惯，具备健康体魄。

附活动设计示例：优美的姿势（大班健康活动）

【活动目标】

(1) 初步了解正确的身体姿势对身体生长的重要性。
(2) 通过体验与练习，学习站、坐、走的正确姿势。
(3) 愿意在同伴和教师面前大胆展示。

【活动准备】

经验准备:在"认识自己的身体"活动中认识了脊椎和关节。

教学准备:(1)病态脊椎和大腿骨骼的 X 光照片各 1 张,表现幼儿日常生活中正确和错误的坐姿、站姿的照片;(2)保健医生讲解示范站、坐的正确姿势。

【活动重难点】

活动重点:初步了解正确的身体姿势对身体生长的重要性。

活动难点:掌握学习站、坐、走的正确姿势。

【活动过程】

1. 经验唤起,了解正确姿势对身体生长的作用

(1)教师出示 X 光照片,引发幼儿思考讨论。

演示病态脊椎的 X 光照片,了解不正确姿势对脊椎的影响。

演示变形的腿部 X 光照片,了解不正确姿势对腿骨骼生长的影响。

(2)师幼讨论,了解不正确姿势对身体带来的伤害以及造成的行动的不便。

2. 学习坐、站的正确姿势

(1)保健医生讲解并示范正确的坐姿(头正、身直、脚放平)。

(2)幼儿练习正确的坐姿。

(3)保健医生讲解、示范正确的站姿(头正、身直、腿也直)。

(4)幼儿练习正确的站姿。

(5)设计提示标识。

师:我们学会了正确的站、坐姿势。但是如果我们忘记了正确的姿势时,可以用什么来提醒呢?

幼儿讨论后取得共识:设计坐姿和站姿的提示卡,教师制作。

3. 经验巩固,判别正确的坐、站姿势

(1)这里有一些小朋友的坐姿照片,大家看看,说说哪张照片里的坐姿是正确的,哪张是错误的? 为什么?(幼儿观察、判断并说出理由。)

(2)这里有一些小朋友的站姿照片,大家看看、说说哪张照片里的站姿是正确的,哪张是错误的? 为什么?(幼儿观察、判断并说出理由。)

4. 探索行走的正确姿势

(1)小朋友们学会了正确的坐姿和站姿,那么,正确的走路姿势是怎样的呢? 谁愿意来试一试呢?

幼儿自主上台展示,其他幼儿表述自己认为的正确走姿。

(2)提升与总结:通过探索和讨论,我们知道了行走的正确姿势是"头正、两眼向前看、身直、步伐不大不小,两臂自然前后摆动"。

(3)幼儿自由分组,上台展示正确的行走姿势。

5. 结束

师:今天,小朋友们学习了优美的坐姿、站姿和走路的姿势,小朋友们在日常生活中一定要坚持。

★拓展训练

一、单项选择题

1. 以下关于幼儿园美术教育不正确的论述是(　　)。
   A. 帮助幼儿学习、掌握一定的美术知识和技能是幼儿园美术教育的终极目标
   B. 幼儿美术是幼儿个性的表现
   C. 帮助幼儿发现自我、表现自我是幼儿园美术教育目标制定的重要依据
   D. 幼儿美术学科本身的特点是幼儿园美术教育目标制定的重要依据

2. 鸟飞、鱼游、刮风、下雨、花开、树长等动作属于韵律动作中的(　　)。
   A. 模仿动作　　　　　　　　B. 基本动作
   C. 舞蹈动作　　　　　　　　D. 表演动作

3. "在老师的启发下,创造性地做出不同的鸟飞动作",这一目标属于(　　)。
   A. 发展音乐感的目标　　　　B. 发展学习能力的目标
   C. 发展个性、社会化的目标　D. 全面发展的目标

4. 根据幼儿的年龄、兴趣和能力,设计多样化的活动内容,并把幼儿分成若干小组分别进行活动的方法称为(　　)。
   A. 集体活动　　　　　　　　B. 小组活动
   C. 个别活动　　　　　　　　D. 竞赛活动

5. 利用一些生活中常见的物品或材料,让幼儿通过自己的操作进行尝试和探索。这样的教育活动方法属于(　　)。
   A. 观察法　　B. 游戏法　　C. 实验法　　D. 操作法

6. 以下属于幼儿社会行为培养的具体内容的是(　　)。
   A. 能够认识自己　　　　　　B. 形成良好的个性
   C. 形成积极的情感体验　　　D. 引导幼儿遵守规则

7. 进行幼儿园社会教育时,教师采用认知提示、情绪追忆、情感换位、巩固深化、情境表演的程序,这属于(　　)的运用过程。
   A. 语言法　　　　　　　　　B. 移情法
   C. 角色扮演法　　　　　　　D. 直观形象法

二、简答题

简述幼儿园教育活动的含义。

三、材料分析题

1. 请对下述案例中教师的教学行为加以评析,并提出改进措施。

某教师在组织中班科学实验活动"认识磁铁"前,在讲台上放了磁铁及铁钉、纸片等材料。活动开始,教师先拿出一块磁铁,告诉幼儿这是磁铁,接着说,你们看,磁铁能吸住什么东西呢?教师就在一堆钉子、瓦片的材料中,将铁钉吸起,并告诉幼儿磁铁能吸铁的东西,磁铁不能吸纸片或塑料制品,然后教师又重新演示一遍,将实验的结论告诉幼儿,最后请幼儿拿起磁铁,在桌上材料盒里操作一遍,随后活动结束。

2. 分析中班散文《春雨沙沙》活动的目标。

《春雨沙沙》活动目标

1. 感受散文描绘的美丽画面,理解春雨给大地带来万紫千红的景象。
2. 丰富词汇:"飘""衔""织"等动词。学习有感情地朗诵。
3. 萌发热爱春天的美好情感。

四、活动设计题

请设计一份大班歌唱教育活动方案——《小鸟小鸟》。

要求写出:(1) 活动目标;(2) 活动准备;(3) 活动过程;(4) 活动延伸

参考答案

一、单项选择题

1. A 2. A 3. B 4. B 5. C 6. D 7. B

二、简答题

幼儿园教育活动从根本上说是一种师幼交往的过程,教师、幼儿是教育活动最基本的主体和参与者,也是教育活动最直接的体现者。因此,幼儿园教育活动首先是教师和幼儿主体的活动,其次,幼儿园的教育活动也应具有明确的目的性和一定的规范性。

三、材料分析题

1. 该教师的问题在于直接告知幼儿有关科学原理,没有提供给幼儿主动探索的机会。

改进措施:

(1) 教师应提供给幼儿多种性质的材料,让幼儿亲自动手操作。

(2) 应给幼儿充分实验的时间,让其观察实验过程中的现象,主动建构粗浅的科学概念。

2. 该活动目标体现了幼儿园文学活动目标制定的全面性、针对性、一致性这三个要求。

(1) 全面性:活动目标从认知、能力、情感态度三方面来确定。

(2) 针对性:能针对《春雨沙沙》这一文学作品的特点和内容,提出具体的、可操作性的目标要求。

(3) 一致性:目标的表述能够从幼儿的角度提出,采用行为目标的表述方式,语言表达简洁明了,并遵循由易到难,循序渐进的原则,做到与年龄段目标和总目标保持一致,充分发挥幼儿园文学教育的功能。

四、活动设计题

小鸟小鸟(大班)

【活动目标】

1. 在绘画过程中倾听歌曲,熟悉旋律,初步学唱歌曲。
2. 迁移问答式歌唱经验。通过图谱、绘画等形式,理解并创编部分歌词。
3. 在创编活动中,享受创造和分享他人创造成果的快乐。

【活动准备】

1. 已有问答式歌唱的经验。

2. 教具:小鸟一个、纸笔若干。

3. 黑板一块。

【活动过程】

1. 导入活动:提出问题,引发好奇

(1) 教师:看,小鸟飞来了(教师出示小鸟教具),它要问小朋友两个问题。

(2) 教师清唱歌曲第一大句问句部分:"在哪里,有阳光? 在哪里,有花香?"

2. 幼儿想象和绘画,利用事物间相关关系的原有经验,了解、理解和创编歌词

(1) 教师提出任务并提供有效的操作方法及流程。

教师:今天,我们要用绘画的方式回答上面的两个问题,请小朋友从小椅子下面拿出纸和笔,想一想,我们只有一张纸,但是需要回答两个问题,怎么画呢?

(2) 教师手持教具小鸟,边唱歌边欣赏幼儿的绘画作品。幼儿边思考边绘画,同时边利用无意注意接受教师范唱提供的歌曲信息。(教师一般需要范唱5遍幼儿才基本上可以完成想象和绘画。)

3. 幼儿交流各自的创意,然后倾听教师范唱的新编歌词

(1) 教师请部分幼儿介绍自己绘画作品的内容。

(2) 教师继续范唱,并在幼儿的作品中挑选合适的范例(阳光、花香的绘画各一幅)。

(3) 教师边演唱歌曲,边画图谱(第一大句问句部分)。

(4) 教师引导幼儿将两幅图画分贴在图谱中"?"的下方。

(5) 教师引导幼儿迁移一问一答的歌唱经验,尝试演唱歌曲的问答句。(如教师问:"在哪里,有阳光? 在哪里,有花香?"幼儿答:"山坡上,有阳光,花园里,有花香。")

4. 教师利用图谱帮助幼儿感知3/8拍弱起节奏和音量的强弱变化

(1) 教师完整演唱歌曲,并在演唱"啦啦啦"之处,用画"相互连接的圆弧线"表现鸟翅的方法来暗示3/8拍弱起的节奏特征。

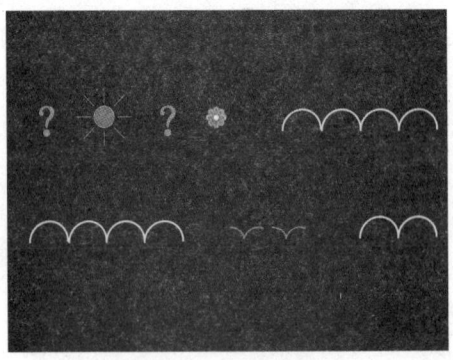

(2) 教师带领幼儿第1次专门练习边唱副歌"啦啦啦"边"书空画圆弧线"一次。

(3) 教师带领幼儿第2次专门练习边唱副歌"啦啦啦"边"书空画圆弧线"一次,要求唱出大鸟飞和小鸟飞的不一样的感觉,帮助幼儿增强对音量变化感知的敏感性。

5. 教师带领幼儿练习完整演唱歌曲和学习使用指图的方法来指挥

（1）教师：现在让小鸟带领我们一起来试着唱唱我们自己创编的小鸟歌吧。（教师使用顶端贴了微型小鸟教具的教鞭，边指图边带领幼儿进行第一遍完整歌唱练习。）

（2）教师：谁愿意上来和这只小鸟一起带着大家唱歌？（教师从幼儿志愿者中选择一人）你需要老师帮助吗？（一般选择二至三位幼儿尝试指挥。）

（3）幼儿一边唱歌，一边学小鸟即兴舞蹈。活动结束。

【活动延伸】

可进行交流性的合作演唱。如一幼儿唱问句，另一幼儿按照自己的画面内容编唱答句，副歌部分两人一起演唱。

第七章　幼儿园教育评价

学习导航

学前教育评价是指以幼儿园为评价主体，指向幼儿园内部教育与保育活动的一种评价活动。本章学习重点：理解学前教育的含义和作用、目的和方法、内容和类型，并能结合实际问题进行分析。

聚焦考试大纲

1. 了解幼儿园教育评价的目的与方法，能对保育教育工作进行评价与反思。
2. 能够利用评价手段发现教育活动中出现的问题，提出改进建议。

一、幼儿园教育评价的概念

教育评价是通过系统地收集和分析信息，对教育活动满足社会与个体需要的程度做出判断，以促进教育教学发展的实践活动。《幼儿园教育指导纲要（试行）》（以下简称《纲要》）指出："教育评价是幼儿园教育工作的重要组成部分，是了解教育的适宜性、有效性，调整和改进工作，促进每一个幼儿发展，提高教育质量的必要手段。"教育评价是为了了解幼儿的发展需要，以便提供更加适宜的、有利的帮助和指导。

（一）评价目的——为什么评

一般来说，课程评价的目的可以分为以下两种。第一种，研究、完善和发展课程。以研究、完善和发展课程为目的的课程评价，要求在课程评价过程中，不断地发现问题。它强调课程评价的过程性、调整性、促进性。这种评价过程即是研究过程，不仅能发展、完善旧课程、开发新课程，而且会使评价者自身的专业文化水平得到发展和提高。第二种，管理课程。以管理课程为目的的评价，一般以选择、推广课程与鉴定学前教育质量为其主要功能。选择、推广一种课程模式，需要通过对课程方案进行理性分析，或者对其实际效果进行评定。对课程的性质、特点、使用范围等做出价值判断，然后才决定是否可以采用，是否值得推广。

> **真题链接**
> （2014年上）（简答题）简述幼儿园课程评价的目的。
> 【参考答案】 一是研究、完善幼儿园旧课程，发展幼儿园新课程；二是选择、推广一种课程模式，通过对课程方案、性质、特点、使用范围、实际效果等做出价值判断，以决定是否可以采用或值得推广。

（二）评价内容——评什么

课程评价的对象包括课程方案、课程方案的实施过程与课程方案的最后效果三个部分。

1. 课程方案评价

评价学前教育课程方案，主要要了解两个方面内容：第一，方案以及方案中的各个要素、部分是否依据了科学的原理、原则，是否以先进的课程理论为指导；第二，课程结构是否合理，各要素之间是否具有较高的内部一致性，是否符合原先的指导思想。值得注意的是，我们所说的学前教育课程方案的范围很宽泛，大到课程的整体规划，小到具体的一个教育活动的设计。

2. 课程实施过程评价

评价学前教育机构课程方案实施过程，主要包括以下几个方面。

（1）儿童在教育活动中的反应，指主动性、参与程度、情绪表现等。

（2）教师的教育态度和行为，指对儿童的控制程度、课堂管理方式、教育机制和技巧等。

（3）教师与儿童互动的质量。优秀的教师能对儿童的互动行为保持高度关注，并给予积极回应，注重对儿童的肯定，且适时参与到儿童的活动中，有效牵引教师与儿童互动良性循环过程。

（4）儿童学习环境的创设和利用等。《纲要》指出："环境是重要的教育资源，应通过环境的创设与利用，有效地促进幼儿的发展。"环境是学前教育课程实施中不可忽视的重要组成部分，它能通过斑斓的色彩、具体的形象、合理的布局随时随地影响着儿童，通过情感交融与互动，每时每刻都在儿童教育中发挥着隐性的教育价值。

3. 课程效果评价

评价课程方案效果，一般是通过对儿童的发展评价来确定的。包括：评价儿童学习后的发展状况；发展状况与课程目标的符合程度；产生了哪些非预期的结果；了解教师发生了哪些变化，有怎样的提高等。

二、幼儿园教育评价的原则

（一）科学性原则

科学性原则是指构建思想道德教育评价指标体系，评价的实施过程和方法的选择，都要符合实际，概括起来说有如下几层意思：一是要贴近幼儿的实际和生活；二是要符合幼儿身心成长的特点和接受能力；三是要采用科学方法收集评价信息，以事实为根据和基础进行价值判断。

坚持科学性原则，具体要注意以下几点：一要把握评价信息的客观性，切忌主观臆断；二要把握信息的全面性，切忌依据片面的信息作结论；三要切忌评价者根据自己对评价对象的了解和认识定位被评者，从而使评价"移位"；四要尊重被评者个体的差异性，切勿一个标准、一种方法、一种模式地一刀切。

科学性原则是教育评价的重要原则之一。只有坚持这一原则,才能保证教育评价符合幼儿的实际和身心发展的规律,从而使评价具有客观性、科学性和准确性;才能引导思想道德教育工作贴近幼儿的实际,贴近幼儿的生活,符合幼儿的身心成长实际,从而增强教育工作的针对性和实效性,增强思想道德教育工作的吸引力和感染力;才能激发幼儿的心理期望和动机,使其乐于接受教育,充实思想,规范行为,发展自我。

坚持科学性原则,具体要求如下:

(1) 教学评价必须具有可信度与可靠性,必须建立在科学的基础上,有充分的科学依据和科学方法。

(2) 教学评价要以正确的教育思想和教学理论为指导,遵循课堂教学的规律、原则,适应深化课堂教学改革的要求和各学科的特点。

(二) 客观性原则

客观性原则是指在进行教学评价时,从测量的标准和方法到评价者所持有的态度,特别是最终的评价结果,都应该符合客观实际,不能主观臆断或参入个人情感。因为教学评价的目的在于给学生的学和教师的教以客观的价值判断,如果缺乏客观性就失去了评价的意义,因此而导致教学决策的错误。

客观性原则的要求:

(1) 评价标准客观,不带随意性。

(2) 评论方法要客观,不带偶然性。

(3) 评论态度要客观,不带主观性。

(三) 指导性原则

新课程理念下的课堂评价中,教师对学生的指导性评价至关重要。指导性原则要做到:

(1) 明确评价的指导思想在于帮助师生改进教学,提高教学质量。

(2) 评价的信息反馈要及时。

(3) 重视实践过程中形成性的评价,不能只进行总结性的评价,要把两者结合起来,达到及时矫正的作用。

(4) 与被评价者共同分析评价结果,查找因果关系,做到切合实际,确有实效。

(四) 发展性原则

发展性教学,顾名思义,是促进学生获得全面发展的教学,发展性教学是以学生为主体,通过学生的主动学习促进主体性发展的一种教学思想和教学方式,其实质体现了现代教育的特征。

发展性教学的核心是现代教学观念。现代教学观是在20世纪50年代后,随着科技革命的到来及教育改革的深入发展,在重大历史变革时期所产生的具有强大生命力的现代教育观念。现代教育学从主体教育论出发,要求确立整体综合的观点、发展的观点、结构的观点、主体的观点、活动和实践的观点、教学认识的社会性观点。发展性教学的目标是促进学生的主体发展。主体性是人作为社会活动主体的本质属性,它包括自主性、主动性和创造性三个方面。

一是自主性,是对自我的认识和实现自我的不断完善,在思想观念和行为上,集中表现为自尊、自立、自决、自强等自我意识,符合实际的自我评价,积极的自我体验和主动的自我调控能力。

二是主动性,其实质是对现实的选择,对外界适应的能动性。主动性主要表现为有很高的成就动机、很强的竞争意识、浓厚的学习兴趣和强烈的求知欲望,主动积极地参与学习,有很强的社会适应性。这里所谓的社会适应性是指个体逐步接受现实社会的生活方式、道德规范、行为准则的过程,社会适应性强的人,表现为好的合群性、利他性和社交能力。

三是创造性,是对现实的超越,是主体性发展的最高表现。主体性强的人在创造性方面,不仅表现为有强烈的创新意识,而且表现为具有创造性思维能力和动手实践能力。正是自主性、主动性和创造性,培养了学生良好的个性,使学生得到生动、活泼、主动的发展,这也是发展性主体教学的定位。

发展性评价基于一定的培养目标,这些目标指明了被评价者发展的方向,也构成了评价的依据。这些目标主要来自课程标准,也要充分考虑被评价者的实际情况。发展性评价将着眼点放在被评价者的未来,包括大众教育和终身学习的需要。着眼于教学的主客体发展,为体现教学的更大价值而实施评价,进而促进主客体关系的积极发展。要贯彻这一原则,应做到:

(1)发展性教学评价注重过程评价。发展性评价强调收集并保存表明被评价者发展状况的关键资料,对这些资料的呈现和分析能够形成对被评价者发展变化的认识,并在此基础上针对被评价者的优势和不足给予被评价者激励或具体的、有针对性的改进建议。

(2)发展性主体教学关注个体差异。个体的差异不仅指考试成绩的差异,还包括生理特点、心理特征、兴趣爱好等各个方面的不同特点,这要求正确判断每个被评价者的不同特点及其发展潜力,为被评价者提出适合其发展的具体的有针对性的建议。

(3)发展性主体教学强调评价主体多元化。评价主体多元化是指评价者应该是参与活动的全体对象的代表。以评价学生的某次学习活动为例,评价者应该包括教师、家长、学生、学校领导和其他与该学习活动有关的人。这里特别重视教师的自我评价与教学反思,自评与他评相结合。

(4)既要立足现实,又要面向未来,把握教学价值关系的发展趋势。

(5)评价人员要努力更新自己的教学观,使评价工作具有时代性。

(6)既注重学生在教学中的潜能挖掘又注重可持续发展后续动因的培养。

除此以外还有方向性原则、计划性原则、整体性原则、目的性原则、可行性原则、自评和他评相结合的原则。

三、幼儿园教育评价的作用

(一)导向功能

所谓评价的导向功能,是评价可以引导评价对象趋向于理想的目标。教育评价是目的性、规范性很强的活动,合理的评价活动具有明确的评价目的、预设的评价标准以及严格的评价程序,就像一根"指挥棒",对教育发展起着"定标导航"的作用。

（二）诊断功能

教育评价通过获取教育活动的实际状态、影响教育活动过程发展方向的各种因素以及教育活动对参与者的影响等方面的信息，对其进行整理、分析，能够发现教育活动或被评对象哪些方面欠缺或偏离目标的要求，使被评对象发扬成绩，改进不足。

（三）鉴定功能

鉴定，意指对教育活动成效优劣的甄别。鉴定具有选拔、分等的效能，能实现对同类评价对象之间优劣高低的比较。在教育评价中，鉴定可以归为三种类型。

1. 水平鉴定

根据一定的标准，鉴定评价对象达到标准的程度。

2. 评优鉴定

通过对评价对象相互之间的比较，评定优者。

3. 资格鉴定

对评价对象是否具有从事某种活动的资格进行鉴定。

（四）改进功能

所谓评价的改进功能是指通过评价发现存在的问题，并及时反馈信息，促使评价对象不断完善与优化。正如美国著名教育评论学专家斯塔弗宾斯所言："评价的目的不在证明，而在改进。"泰勒也曾说过："教育目标的分析、教育评价和教育计划是不断地循环着，当你在吟味教育评价的效果时，便会屡次对那些建立在教育前提的'目标'发生改良修正的联想，同时也会提出教授法或指导计划的修正方向。目标和指导计划修正以后，又要求指导法的修正，也要求评价计划的修正，它们是互为循环的。因此，教育评价正可促进教育的正常化。"

（五）激励功能

所谓评价的激励功能，是指教育评价的正确应用，能够激发评价对象的内在动力，调动他们的潜能，增进他们工作的积极性与创造性等。如在学习中，效果的好坏、成绩的优劣，始终是学生最关心的问题。这种渴望了解自己学习结果的心理趋向，本身就具有激励作用。

（六）监控功能

所谓评价的监控功能，是评价可以通过依据预期的目标制定的评价系统和评价标准，监控评价对象的变化情况，对于偏离目标的行为及时进行调整，实现对评价对象的控制。

真题链接

（2013年下）（单项选择题）幼儿教师了解幼儿的最主要的目的是（　　）。

A. 为了更好地促进儿童发展提供依据

B. 为教师专业成长提供依据

C. 为建立幼儿档案提供依据

D. 为检查评比提供依据

【参考答案】　C

四、幼儿园教育评价的类型

教育评价的种类因不同的分类标准而不同,直到目前尚无统一的分类标准,下面介绍六种主要分类方式。

1. 诊断性评价、形成性评价和总结性评价

根据教育评价在教学活动中的不同时机,可以将教育评价分为诊断性评价、形成性评价和总结性评价。

(1) 诊断性评价又被称为准备性评价。在教育、教学或学习的计划实施的前期阶段进行,重在对幼儿已形成的知识、能力、情感等发展状况做出合理的评价,为教学计划的有效实施提供可能的信息资源。

(2) 形成性评价。在教学和学习过程中进行,一般以学习内容的一个单元为评价点,采用及时的反馈,并根据幼儿个体的差异进行有针对性的矫正。相较于其他两种评价类型,它测试的次数比较频繁,概括的水平较低。

(3) 总结性评价。在教学和学习后进行。是对教学和学习的全过程的检验,评估距离最终目标的程度,并对学生进行必要的区分,一般在学期中和学期末进行。相较于其他两种评价类型,它测试的次数较少,概括的水平也较高,对测试内容和范围的要求都要高于前两种。

2. 相对评价、绝对评价和个体内差异评价

根据教育评价的价值标准不同,可以将教育评价分为相对评价、绝对评价、个体内差异评价。

(1) 相对评价又叫常模参照性评价。指的是评价时以幼儿所在的团体的平均成绩为参照标准(即所谓常模),根据其在团体中的相对位置或名次来给予评价。

(2) 绝对评价又被称为标准参照评价,是在被评价对象的整体之外,确定一个客观标准,将被评价对象与这个客观标准进行比较,以判断其是否达到标准程度的评价。

(3) 个体内差异评价。是以被评价对象的自身某一时期的发展水平为标准,以判断其发展状况的评价。

3. 定量评价与定性评价

按照评价的分析方法,可将教育评价分为定量评价和定性评价。

(1) 定量评价,这是将评价对象进行数量化的分析和计算,从而判断出它的价值。它有助于一些概念精确化,加强评价的区分度,降低评价的主观性和模糊性,增加评价的说服力。

(2) 定性评价,这是将评价对象做概念、程度上的质的规定,然后进行分析评定,以说明评价对象的性质或程度。这种评价比定量评价简便易行,但不如定量评价精确具体。但是,在实际评价工作中,有些可以量化,有些不能量化或不易量化,所以应该将定量评价和定性评价结合起来。

4. 正式评价和非正式评价

根据教学评价的严谨程度,有正式评价和非正式评价之分

(1) 正式评价指幼儿在相同的情况下按受相同的评估,且采用的评价工具比较客观,如测验、问卷等。

(2)非正式评价则是针对个别的幼儿的评价,并且评价的资料大多是采用非正式方式收集的,如观察、谈话等。有时,教师可以采用非正式评价作为正式评价的补充。

五、教育评价的要素

教育评价的要素包括教育观念、教育目标、教育内容、教师和幼儿五方面。

(一)教育观念

1. 终身教育的理念

"终身教育"这一概念自1965年在联合国教科文组织主持召开的成人教育促进国际会议期间,由联合国教科文组织成人教育局局长法国的保罗·朗格朗(Purl Lengrand)正式提出以来,短短数年,已经在世界各国广泛传播。近三十年来关于终身教育概念的讨论可谓众说纷纭,甚至迄今为止也没有统一的权威性定论。这一事实不仅从某一侧面反映出了这一崭新的教育理念在全世界所受到的关注和重视程度,同时也证实了该理念在形成科学的概念方面所必需的全面解释与严密论证尚存在理论和实践上的差距。

终身教育所意味的,并不是指一个具体的实体,而是泛指某种思想或原则,或者说是指某种一系列的关系与研究方法。概括而言,也即指人的一生的教育与个人及社会生活全体的教育的总和。

2. 以人为本的幼儿教育

以人为本是二十一世纪教育的核心理念,这一观念对从事幼儿教育的工作者提出了新的挑战。幼儿教育中的以人为本,必须体现"以人为尊、以人为重、以人为先"的价值取向,一切为了儿童的发展。在幼儿评价中应渗透以人为本的教育理念,注重幼儿的心理品质的培养、幼儿的道德品质的熏陶、幼儿文化修养的渗透以及幼儿审美情趣的养成。

3. 面向全体学生的幼儿教育

面向全体学生的含义是指学校、教师应该平等地对待所有学生,无论他们的年龄、性别、文化背景、家庭出身如何,不管他们生在农村还是城市、是否残疾,也不管他们对生命科学是否有兴趣,教师都应该赋予他们同等学习的机会,使所有学生在学校都能接受同等水平的教育,以提高他们的科学素养。

4. 幼儿教育的整体观

幼儿教育的整体观是我们对于幼儿教育整体性、系统性的基本看法。《纲要》明确指出,幼儿园教育活动的组织应注重综合性、生活性和趣味性。如何体现《纲要》的精神,如何使幼儿教育真正具有整体性?这就要求我们有系统、整体的思想,形成幼儿教育的整体观,并努力实践这些观念。

幼儿的发展是整体的、全面的,幼儿教育应注重整体性和全面性;幼儿一日生活中的各项活动都对幼儿发展有重要的价值,应有机地整合各项活动,努力提高各项活动的整体成效;幼儿园课程的内容可以相对地划分为一些领域,应充分挖掘和利用各领域的内在联系,对课程内容进行合理的、有效的整合;幼儿园、家庭及社区有丰富的教育资源,应充分发挥各种教育资源的整体性影响;幼儿园课程实施的方法、形式及手段丰富多样,应有机地、综合地利用这些方法、形式和手段。

幼儿教育的整合,最终应该也必然会落实到具体的课程实施过程之中。在此,有必要明确两个概念,一是课程整合,也称课程综合,另一个是综合课程。课程综合是一种课程设计的技术或行为,而综合课程是一种课程的模式。我们倡导课程综合,是强调课程内容的有机联系,使课程内容成为一个有机的整体,注重教育影响的整体性,而不是全面地、普遍地倡导选择或建设综合课程,因为,课程模式的选择必须是现实和历史的有机统一,必须从幼儿园课程的现状和条件出发。作为一种真正意义上的综合课程,对师资有特殊的要求,并非所有的幼儿园都能做到这一点,也并非所有的幼儿园都应该做这种选择。但是,根据《纲要》的精神,所有的幼儿园都应该树立并努力实践整体教育的观念,发挥各种教育因素的整体影响,努力提高教育质量,更好地促进幼儿的发展。

5. 教与学中的儿童发展观

《纲要》在教育与发展之间仍然坚持了"既要尊重幼儿的主体地位,又要发挥教师的主导作用"的观点。值得指出的是,过去我们在运用这一观点进行实践时往往将两者割裂开来理解,走向或"放任幼儿"或"控制幼儿"的极端,而这次《纲要》是在"以幼儿发展为本"这一理念的前提下坚持这一观点的,揭示了两者之间的内在联系性。因为学前教育的根本目的是促进幼儿发展,幼儿的主体地位表达了幼儿是发展的主人,教师的主导作用则表达了幼儿的理想发展离不开教师。于是尊重幼儿的主体地位,就表现为支持幼儿自主发展;发挥教师的主导作用,就是在支持中引导(所以《纲要》更强调的是教师作为幼儿发展引导者的地位,11次提到"引导幼儿"),支持幼儿的自主发展。在支持中引导,实际上强调了师幼互动中教师和幼儿双方的主观能动性,这样,教育与发展就融为一体了。可见《纲要》正是为避免过去历次改革在两极价值取向上的偏颇,力图在教育目的和幼儿发展之间寻找平衡点,警示着每个教师自觉把握其间的适宜关系。

6. 多元理论与幼儿教育评价

多元智力理论强调智力的社会文化性,坚信"人类所有的智力活动都是在各自的文化背景中展现的"(加德纳),认为不应将智力视为超越文化和社会环境而独立存在的东西,而这正是传统智力评价的主要弊端之一。多元智力理论以平等的眼光看待所有的文化,主张在评价中充分尊重不同文化中智力表现的多样性,充分尊重不同社会环境中儿童个体经验的差异性,在一个宽松、公平、多元文化的环境中,让所有的儿童都能表现和发展其自身文化认同的智力,而不是让那些因文化选择而被忽视的智力得不到应有的认可和尊重。正是在这个意义上,多元智力理论对每一种智力主体都一视同仁,将各种智力主体置于同等重要的位置,强调智力本身的公平性,视每种智力如七色光谱上的一种色彩一样,各有其不可替代的美妙。"多彩光谱"的名称正暗喻着这一理念。

(二)教育目标

1. 目标的年龄适宜性

目标的年龄适宜性是指活动所确定的目标与特定年龄班的幼儿发展的特点和规律是否一致。过易和过难的目标都是不适宜的目标。

2. 目标的可落实性

目标的可落实性是指活动的目标是否具体、明确,是否易于衡量。

3. 目标的和谐性

目标的和谐性是指重点或核心目标是否突出，认识的目标与相关的学习策略、相关的情感的目标是否有机地得到反映。目标是否存在罗列过多、缺乏有机联系和核心目标不突出的表现。

4. 目标实际的达成度

目标实际的达成度是指在实际的活动过程中，计划的目标实现的程度，以及非计划的对幼儿有重要意义且与活动有有机联系的目标实现的情况。达成的目标与原定的目标是否存在不一致，这种不一致是否合理等。

（三）教学内容

1. 内容与年龄的适宜性

内容与年龄适宜性是指所选的内容与特定年龄段幼儿的发展特点是否一致，是否最有利于幼儿的接受和发展。

2. 内容与目标的一致性

内容与目标的一致性包含质和量两个方面。一方面是指所选的内容是否最大限度地包含了活动的目标，内容和目标间的不一致将直接影响目标的实现；另一方面是指内容容量的适宜性，即活动的内容的多少是否最有利于目标的实现，内容过多和过少都是不合适的。

3. 内容的科学性

内容的科学性是指所呈现和解释的活动内容是否科学、准确，给幼儿的知识和概念是否会影响幼儿进一步的学习。

4. 内容的生活性

内容的生活性是指所选择的内容是否适合特定的地域和文化，即活动的内容是否能反映适合幼儿的现实生活，是否能引发幼儿的有效学习。

5. 相关环境材料的适宜性

环境、材料的适宜性是指与特定活动相对应的环境、材料是否能在质和量两个方面最大限度地支持幼儿的学习，能否满足幼儿探索、操作和交往等活动的需要。

6. 内容实际的完成情况

内容实际的完成情况是指在活动过程中，预定的内容是否全面完成，有没有完成一些计划外的活动内容，它是在什么特定的情境下发生的，这样合理与否等。

（四）教师

1. 教师讲解的适宜性

教师讲解的适宜性是指教师对特定活动内容的讲述、解释是否适宜，讲解的适宜性不是用所占时间衡量的，而是衡量是否到位，即是否有利于幼儿进一步的学习，是否能促进幼儿思考。讲解不清晰和低层次的重复讲解都是不合适的。幼儿的学习主要不是通过教师的讲解实现的，而是通过幼儿自己的交往及其他实践性活动实现的。

2. 教师教学策略的适宜性

教师教学策略的适宜性是指教师面对特定的教学问题情境，尤其是面对幼儿的学习状况所采用的旨在激励、指导、传授、帮助、启发的具体策略是否合适。这是针对特定的幼儿和特定的问题情境而言的。

3. 教师对幼儿的关注

教师对幼儿的关注主要是对幼儿在活动中的状况的关注,具体地说,包括对幼儿的现实需要、兴趣、活动投入度、遇到的具体问题等方面的关注。衡量教师对幼儿关注程度的主要内容是对活动过程中幼儿出现的一些重要事项是否注意,并采取包括忽略在内的有效策略。

4. 教师评价幼儿的适宜性

教师评价的适宜性是指教师在活动过程中,及活动结束后,是否根据需要,开展适当的评价。教师的评价可以针对个别幼儿,也可以针对小组或全班幼儿。可专门评价,也可以在情境中评价。但评价一定要从需要出发,不能流于形式,或为评价而评价。活动评价应注重过程中、情境中的评价。

(五) 幼儿

1. 幼儿的投入程度

幼儿的投入程度是指幼儿在活动中注意力是否集中,是否有活动的积极性和主动性,思维是否活跃,是否表现出创造性。

2. 幼儿的互动机会

幼儿的互动机会是指活动中是否有适宜的幼儿与同伴、与成人的互动机会。幼儿的互动也是一种重要的学习途径和方式。但互动也要从需要出发,无实际问题的所谓讨论、没有合作必要的所谓合作都不是适宜的互动。

3. 幼儿面临的挑战

幼儿面临的挑战是指活动过程中幼儿是否获得新的经验,是否面临问题并努力去解决问题,幼儿是否有效地运用了已有的经验。换言之,活动有没有将幼儿带到最近发展区。

4. 幼儿的学习习惯

幼儿的学习习惯是指幼儿活动的坚持性以及轮流、合作及分享等基本行为技能的掌握情况等。

六、对儿童发展的评价

(1) 身体的发展,包括大肌肉发展、小肌肉发展、自我保健、生活能力等。

(2) 认知的发展,包括数的概念、智力、自然概念和语言能力等。

(3) 社会性发展,包括品德行为、情绪情感、社会发展、交往能力以及个性特征等。

七、对教师发展的评价

(1) 教师职业道德素质的发展,包括热爱学生、团结协作、为人师表等。

(2) 教师知识素养的发展,包括文化基础知识、专业知识、教育科学知识等。

(3) 教师能力素养的发展,包括语言表达能力、组织管理能力、组织教育与教学能力、自我调控与反思能力等。

(4) 教师职业心理健康的发展,包括师德、工作情绪、人际关系、人格等。

八、对幼儿园教育活动的评价

(一)目标、内容

(1) 教育目标明确,要求具体,符合幼儿实际。

(2) 体、智、德、美相互渗透。

(3) 内容处理重点突出,详略得当,涉及的内容正确、科学。

(二)方式、方法

(1) 以游戏为教学的主要手段,注重游戏的教育性。

(2) 教学方法、教学手段、教学形式选择和使用符合内容需要和幼儿实际。

(3) 因材施教、分类指导,善于处理偶发事件。

(三)程序、结构

(1) 教学结构完整、程序严密,活动之间的过渡和转换能用来作为儿童学习的良机,自然、平稳地引导儿童从一项活动转换到另一项活动,既不匆忙,又不让儿童长时间地等待。

(2) 程序、结构符合幼儿活动和学习心理,符合动静交替,符合个人活动与小组活动和全班集体活动、室内活动与室外活动、小肌肉活动与大肌肉活动、以教师为中心的活动与以幼儿为中心的活动等方面的平衡的原则。

(四)教师的基本素质

(1) 准备充分,能根据计划组织教学活动,指导意识和能力强,具有灵活的应变能力。

(2) 尊重幼儿的意愿,培养幼儿学习的主动性、自信心和独立能力,教态自然。

(3) 创设与教学目的相适应的教学环境,为幼儿提供比较充分的实践活动材料及玩具。

(4) 语言生动、规范,富有启发性,熟练掌握必要的技能。

(五)教学效果

(1) 达到预期的教育目的和要求,效果好。

(2) 幼儿心情愉快、主动参与,学习习惯良好,具有一定的学习能力。

真题链接

(2013年下)(单项选择题)幼儿园教育工作评价应当(　　)。

A. 以行政人员评价为主,专家等参与评价为辅

B. 以园长自评为主,教师等参与评价为辅

C. 以教师自评为主,园长等参与评价为辅

D. 以家长评价为主,幼儿等参与评价为辅

【参考答案】　C

> ★拓展训练

单项选择题

1. 幼儿园教育评价最主要的作用是(　　)。
   A. 鉴定与选拔作用
   B. 导向作用
   C. 诊断与改进作用
   D. 调节作用

2. 幼儿园教育评价以(　　)为根本目的。
   A. 促进教育的可持续发展
   B. 促进幼儿的个性、社会性发展
   C. 培养优秀的教师
   D. 培养社会主义接班人

3. 幼儿园教育评价的目标重在(　　)。
   A. 促进幼儿全面发展
   B. 使幼儿健康成长
   C. 选拔
   D. 辨别教师优劣

4. 评价教学活动的结构安排是否紧凑、有序,属于幼儿园教育评价中的(　　)评价。
   A. 活动内容　　　　　　　B. 活动过程
   C. 活动方法　　　　　　　D. 活动效果

5. 幼儿的成长记录档案袋属于(　　)评价。
   A. 差异性　　　　　　　　B. 发展性
   C. 社会性　　　　　　　　D. 自我

6. 幼儿刚入园时,幼儿园会对他进行一个智力测验,这属于(　　)。
   A. 相对性评价　　　　　　B. 绝对性评价
   C. 诊断性评价　　　　　　D. 形成性评价

参考答案

1. C　2. A　3. A　4. B　5. B　6. C

《保育知识与能力(幼儿园)》模拟试题

(考试时间120分钟 满分150分)

一、单项选择题(本大题共20小题,每小题1分,共20分)

1. 幼儿把音阶想象成"走楼梯",这一想象属于( )。
   A. 无意想象　　B. 再造想象　　C. 创造想象　　D. 随意想象

2. 5岁幼儿只能辨别自己的左右,无法辨别他人的左右,这一思维特征属于( )。
   A. 自我中心思维　　　　　　B. 可逆性思维
   C. 直觉行动思维　　　　　　D. 守恒思维

3. "妈妈皮球"这一句子表现形式简略、结构不完整,通常被称为( )。
   A. 单词句　　B. 电报句　　C. 双词句　　D. 多词句

4. 皮亚杰认为0—2岁儿童思维的发展是( )。
   A. 感知运动阶段　　　　　　B. 前运算阶段
   C. 具体运算阶段　　　　　　D. 形式运算阶段

5. 5—6岁幼儿能参加较复杂的集体游戏和活动,说明幼儿注意的( )。
   A. 稳定性较好　　B. 分配能力较强　　C. 范围较大　　D. 选择性较强

6. 建立我国第一个幼儿教育研究中心,并亲自主持幼稚园研究工作,提出"活教育"思想的是( )。
   A. 张雪门　　B. 张宗麟　　C. 陈鹤琴　　D. 陶行知

7. 1907年,在罗马贫民区创办"儿童之家",重视对3—6岁幼儿进行感官教育的幼儿教育家是( )。
   A. 福禄贝尔　　B. 蒙台梭利　　C. 夸美纽斯　　D. 卢梭

8. 下列哪种食物中含铁较少?( )
   A. 黑木耳　　B. 海带　　C. 乳类　　D. 动物肝脏

9. 制作幼儿食品正确的做法是( )。
   A. 淘米次数要多,宜用长期浸泡米
   B. 煮粥放碱香
   C. 宜反复高温油炸

D. 食物宜切成小块,烹制软烂

10. 发烧,咽痛,一天内出疹,出疹2—3天内可见杨梅状舌,出现这种症状及体征的传染病是(　　)。

　　A. 水痘　　　　B. 麻疹　　　　C. 猩红热　　　　D. 幼儿急疹

二、简答题(本大题共2小题,每小题15分,共30分)

1. 简述格塞尔双生子爬梯实验对早期教育的启示。
2. 简述水痘病的病症及预防。

三、论述题(本大题1小题,20分)

结合实例论述班级管理的内容。

四、材料分析题(本大题共2小题,每小题20分,共40分)

1. 分析大班绘画活动"农贸市场"的教学目标,并提出修改意见。

大班绘画活动"农贸市场"教学目标:

(1) 引导幼儿学画各种人物。

(2) 培养幼儿的想象力。

2. 分析小班歌唱活动"小鸡小鸡在哪里"的教学目标,并提出修改意见。

小班歌唱活动"小鸡小鸡在哪里"教学目标:

(1) 教幼儿唱准曲调。

(2) 能整齐地开始演唱。

小鸡小鸡在哪里

1＝C　4/4

1　1　3　3　｜2　2　1　—　｜3　3　5　5　｜4　4　3　—｜
小　鸡　小　鸡　在　哪　里?　　叽　叽　叽　叽　在　这　里。

6　6　5　3　｜4　5　3　—　｜6　6　5　3　｜2　2　1　—‖
小　鸡　小　鸡　在　哪　里?　　叽　叽　叽　叽　在　这　里。

五、活动设计题(40分)

请设计一份小班绘画教育活动计划——"弯弯曲曲的小路"。

要求写出:(1) 活动目标;(2) 活动准备;(3) 活动过程;(4) 活动延伸。

参考答案

一、单项选择题

1. A 2. A 3. B 4. A 5. B 6. C 7. B 8. C 9. D 10. C

二、简答题

1. (1)避免超前教育;(2)尊重孩子的实际水平;(3)耐心等待孩子的成熟。

2. 发病初期1—2天多有低热,随后出皮疹。皮疹出现顺序为头皮—面部—躯干—四肢。初起时为红色丘疹,1天左右变为水疱,3—4天后水疱干缩、变为痂皮,痂皮脱落,一般不留疤痕。皮疹分批出现,丘疹、水疱、痂皮可同时存在,皮肤瘙痒。

预防:保持小儿活动室、睡眠室空气流通。少带幼儿到公共场所,避免让幼儿接触病人。发现病儿应及时隔离、治疗,隔离至皮疹全部干燥、结痂,没有新皮疹出现方可回班。接触者检疫21天。病儿停留过的房间开窗通风3小时。

三、论述题

(1)生活管理。

幼儿园生活管理是为了保证幼儿的身体正常发育、心理健康成长,保教人员围绕幼儿在园起居、饮食等生活活动的需要而进行的管理工作。生活管理包括睡眠、饮食、如厕、衣着等全部生活内容,是保育工作的重要内容,是教育工作的前提与基础,是班级管理的主要内容。生活管理可以满足幼儿在园生活的物质需要,为幼儿健康成长提供物质环境。

(2)教育管理。

幼儿园班级教育管理是指保教人员在班主任教师带领下对班级幼儿进行调查研究,对教育过程精心设计、组织,对教育效果进行细致评估的一系列工作。教育管理是幼儿园教师最经常和最基本的管理工作,也是幼儿园各项管理工作的核心内容。

四、材料分析题

1. 分析:该教学目标笼统且不全面,缺少应该完成的任务,没有充分挖掘课题中的教育资源;前后表述不一致,没有从过程统一的角度来写;想象力的培养不是本活动的主要目标。

由此可修改目标如下:

① 在观察的基础上,学习用绘画手段表现农贸市场中买卖的人群和各种蔬菜、水果、鱼、家禽等形象,发展观察力、形象记忆力和表现力。

② 学习合理布置画面,表现农贸市场的热闹景象,发展空间构图能力。

③ 学习有主色调地搭配色彩,表现画面内容。

2. 分析:(1)该教学目标陈述主语不统一。第一条目标将教师作为行为发出的主体,而第二条目标则将幼儿作为行为发出的主体。

(2)两条目标均强调了音乐知识或技能方面的要求。这与"要让幼儿在音乐活动中获得全面和谐发展的整体经验"的原则不符。

(3)集体音乐教学活动的目标应该包含三个方面:

① 音乐知识技能的获得与学习能力的发展。

② 学习技能、策略的获得与学习能力的发展。

③ 价值观念的获得与积极的个性与社会性的发展。

由此可修改目标如下：

(1) 学习用自然的声音歌唱，初步掌握与教师进行对唱的方法。

(2) 根据生活经验，用替换词的方法创编歌词中动物名称及叫声部分。

(3) 在对唱游戏中，体验与教师进行歌声、目光交流的愉悦。

五、活动设计题

弯弯曲曲的小路

【活动目标】

(1) 尝试用水粉笔画连接线，知道中间不能断开。

(2) 变换使用粗、细两支画笔，表现不同宽窄的小路。

(3) 想好以后，大胆下笔，画出流畅、连贯的线条。

【活动准备】

(1) 作业纸(画好4—6种动物头像)。

(2) 水粉画笔(大、小号两种)，水粉颜料。

(3) 未完成的范例一幅，实物地图一张。

【活动过程】

(1) 出示实物地图，观察道路的部分。

指导语：这是一张地图，地图有什么用？上面有些什么？这些弯弯曲曲的线表示什么？

(2) 出示未完成的范例，观察学习道路的画法。

指导语：小象要出去玩啦，它也想画一张地图，看看怎么走可以到动物朋友的家。

a. 观察道路的画法。

指导语：小象准备去谁家玩？我们来看一看。

小象怎么去小猫家玩？

教师强调：连接线不能断开，每一个地方都要玩到。

b. 徒手练习画连接线。

指导语：伸出小手，我们带小动物一起旅行吧。

(3) 幼儿绘画小路，教师指导。

指导要点：

① 变换使用粗、细两支画笔，表现不同宽窄的小路。

② 大胆下笔，线条流畅、连贯。

③ 找空地方画，保持画面的整洁。

(4) 欣赏作品，相互评价。

说一说：你最喜欢哪幅地图？哪幅地图看得最清楚？哪幅地图上有大路有小路？哪幅地图每一个地方都玩到了？

【活动延伸】

可以请幼儿把画好的物体先剪成纸片，归类放入盘中。待上课时，幼儿先选择画好物体的纸片用胶棒黏贴在白纸的相应位置上，再画出弯弯曲曲的小路连接景物，完成地图绘制。

后　记

本书是为幼儿园教师资格申请者编写的辅导教材,教材的编写者全部是师范院校从事幼儿教师教育研究以及幼儿教师培养培训工作的专家教授。全书严格根据幼儿园保教知识与能力考试大纲的要求编写,共七个章节,具体分工如下:第一章由余春瑛、徐琳老师编写,第二章由田燕、邬春芹老师编写,第三章由潘扬老师编写,第四章由谈亦文老师编写,第五章由尹坚勤、何洁老师编写,第六章由谈亦文、徐群、余春瑛、徐琳等老师编写,第七章由徐琳老师编写。

在编写过程中,我们参考了大量的相关著述,限于篇幅等原因,未能一一说明,在此向原作者致歉并表示衷心的感谢! 同时,由于时间和水平所限,书中可能还有一些疏漏之处,恳请考生和专家批评指正,我们深表谢忱!

编者
2017 年 8 月